WiSt-Taschenbücher
Wirtschaftswissenschaftliches Studium

herausgegeben von
Prof. Dr. Erwin Dichtl
Prof. Dr. Otmar Issing

Wissenschaftliches Arbeiten

Technik – Methodik – Form

von

Dr. Manuel R. Theisen

2., überarbeitete und aktualisierte Auflage

Verlag Franz Vahlen München

Anschrift des Verfassers:
Dipl.-Kfm. Dr. *Manuel R. Theisen*
Universität Regensburg
Institut für Betriebswirtschaftslehre
Universitätsstr. 31
8400 Regensburg 1

CIP-Kurztitelaufnahme der Deutschen Bibliothek

Theisen, Manuel R.:
Wissenschaftliches Arbeiten : Technik – Methodik – Form / von Manuel R. Theisen. – 2., überarb. u. aktualisierte Aufl. – München : Vahlen, 1986. –
(WiSt-Taschenbücher)
ISBN 3 8006 1135 X

ISBN 3 8006 1135 X

Graphiken: Hans Georg Müller, München
Satz und Druck der C. H. Beck'schen Buchdruckerei, Nördlingen

Geleitwort

Wissenschaftliches Bemühen bedeutet für jeden, der Betriebswirtschaftslehre, Volkswirtschaftslehre oder ein sozialwissenschaftliches Fach studiert, vom ersten Tag an auch ein Arbeiten im rein handwerklichen Sinne. Dazu bedarf es ungeachtet aller sonstigen Voraussetzungen, die zu erfüllen sind, eines bewährten und verläßlichen, gleichwohl nicht sichtbaren Instrumentariums.

Die Anfertigung einer schriftlichen Arbeit setzt ein systematisches, methodisch einwandfreies Vorgehen, eine vernünftige Arbeitsorganisation und die Beachtung bestimmter Formvorschriften voraus. Als Ausgangspunkt für eigene Überlegungen ist vor allem geeignete Literatur zu berücksichtigen, eine Aufgabe, die angesichts des ungestümen Wachstums des verfügbaren Informationspotentials allein schon die meisten überfordert und sie nach Hilfe Ausschau halten läßt.

Mit der vorliegenden Schrift, die auf umfangreicher Bedarfsforschung fußt, wird erstmals eine umfassende und gründliche Anleitung für die Anfertigung wirtschaftswissenschaftlicher Arbeiten gegeben. Von der Hausarbeit oder Klausur über Seminar- und Diplomarbeit bis hin zur Dissertation und Habilitationsschrift behandelt der Verfasser (fast) alle damit jeweils verbundenen Probleme einschlägiger Art. Er geht dabei weit über den für kürzere Leitfäden üblichen Rahmen hinaus und vermittelt eine Fülle von Ratschlägen und Tips, von denen jeder für sich schon im Einzelfall von großem Nutzen sein kann. Für die literarische Untermauerung einer fachbezogenen Arbeit ist darüber hinaus die von ihm vorgenommene Zusammenstellung der relevanten Nachschlagewerke, Bibliographien und Dokumentationsdienste eine echte Fundgrube.

Die Ratschläge zur Arbeitsorganisation und zur Ausgestaltung schriftlicher Arbeiten gründen erkennbar auf einer mehrjährigen Praxis des Autors, der als Betriebswirt und Jurist Monographien, zahlreiche wissenschaftliche Aufsätze und über achtzig Buchbesprechungen verfaßt hat.

Der 25. Band der Reihe „Wirtschaftswissenschaftliches Studium" ist ein Arbeitsbuch im wahren Sinne des Wortes. Seinen Inhalt gründlich zu nutzen scheint mir eine gute Voraussetzung und Chance für erfolgreiches wissenschaftliches Arbeiten zu sein. Wenn, wie *Graham Greene* einmal scharfsinnig bemerkte, Erfahrung die Summe der gemachten Fehler sei, dann kann man hiermit auf wenig kostspielige Weise viel Erfahrung kaufen.

Mannheim, im April 1984 *Erwin Dichtl*

Junge Leute sollten bei ihrer Lektüre so vorsichtig sein, wie alte Menschen bei ihrer Ernährung. Sie sollten nicht zuviel essen. Und sie sollten gut kauen.

Winston S. Churchill

Vorwort zur 2. Auflage

„Wissen ist Macht. Wir wissen nichts. Macht nichts!" (Neuerer deutscher Volksmund) Oder doch? Denn: Wege zu suchen (und zu finden), Wissen zu erwerben, ist Intelligenz.

Ich freue mich, daß schon so viele „wissenschaftliche Arbeiter" den Nutzen einer entsprechenden Anleitung erkannt haben, daß nur zehn Wochen nach der Auslieferung meiner Schrift ein umfangreicher Nachdruck und jetzt bereits eine zweite Auflage erforderlich wurden; gerne hat der Verlag darüber hinaus auch die Genehmigung zur Übertragung des Textes in Blindenschrift gegeben.

Der gesamte Text einschließlich aller bibliographischen Angaben wurde für die zweite Auflage gründlich überarbeitet und aktualisiert. Zahlreiche Ratschläge und Ergänzungen verdanke ich kritischen Lesern und Benutzern. Herrn Prof. Dr. *Herbert Hax* (Köln) und Herrn Prof. Dr. *Siegfried Hummel* (Dortmund) möchte ich stellvertretend für die vielen wertvollen Empfehlungen und Hinweise aus dem Kreis der Hochschullehrer danken. Herrn Dipl.-Ing. (FH) *Martin Schaller* (Regensburg) bin ich für die sorgfältige Erstellung einiger Graphiken sowie des Namensverzeichnisses verbunden; Herrn *Henry S. Glass* (Hamburg) habe ich besonders für die Hilfestellung und Beratung bezüglich des „going public" zu danken.

Die Hoffnung, daß meine Ausführungen jetzt noch besser geworden sind als in der ersten Auflage, bedeutet noch nicht, daß sie gut sind: Hierzu bin ich weiterhin auf ihre Kritik und ihre Verbesserungsvorschläge angewiesen.

Regensburg/München, im Juli 1986 *Manuel R. Theisen*

Aus dem Vorwort zur 1. Auflage

„Manche Beobachtungen und Erfahrungen, teils eigene, teils solche von geschätzten Sachkennern, scheinen zu beweisen, daß die jungen .. [Studenten] nicht immer den rechten Weg einschlagen, um durch das Studium ... eine gründliche Vorbildung für ihren Beruf sich anzueignen. Gewiß fehlt es nicht an Winken und Weisungen, die von .. berufenen Lehrern ... ihnen erteilt werden; aber das gesprochene Wort verklingt zu rasch, und das unbekümmerte Gemüt der sorglosen Jugend glaubt der Lehren zu viele zu hören, als daß sie der einen oder anderen großes Gewicht beilegte."

Diese Feststellung, vor genau achtzig Jahren 1904 von *Paul Posener* in dem Vorwort seines Pionierwerkes „Anleitung zu wissenschaftlichem Arbeiten" niedergelegt, hat über die Zeit nichts an ihrer Aktualität verloren. Winke und Weisungen sind allerdings zahlreiche hinzugekommen, aber die eingehende Lektüre und Analyse dieser Texte bestätigt nur den Mangel an geeigneten Vorlagen, wie er sich in der universitären Praxis zumindest im Bereich der Wirtschafts- und Sozialwissenschaften tagtäglich manifestiert. Ungeachtet der anhaltenden Bemühungen im Rahmen von entsprechenden Lehrveranstaltungen und Kolloquien zur Technik und Methodik der wissenschaftlichen Arbeit, bleiben die Ergebnisse schriftlicher Prüfungsarbeiten weit häufiger als erforderlich hinter den Erwartungen aller Beteiligten zurück. Die vorliegende Schrift soll deshalb eine Hilfe für alle diejenigen sein, die bisher keine Möglichkeit hatten, sich entsprechende Techniken und Methodenkenntnisse anzueignen.

Den Dekanen der deutschsprachigen Universitäten im In- und Ausland habe ich für ihre große Unterstützung im Rahmen einer von mir durchgeführten Befragung zu Existenz und Umfang entsprechender Lehrveranstaltungen und Arbeitspapiere an ihren Universitäten zu danken (vgl. WiSt 13 [1984], S. 373–375); die Fülle an Informationen, Anregungen und Hinweisen, die mich auf diesem Wege erreicht hat, war mir eine sehr große Hilfe bei meinem Bemühen, möglichst umfassend auch Besonderheiten einzelner Universitäten in Deutschland, Österreich und der Schweiz berücksichtigen zu können ...

Die Zahl meiner Diskussionspartner ist zu groß, um allen in dem ihnen gebührendem Maße zu danken. Frau Bibliotheks-Oberinspektorin *Helena Hüwels* hat mir entscheidende Ratschläge zu allen bibliothekarischen Einzelheiten gegeben, Frau *Sylvie Heider* und Herr Dipl.-Kfm. *Michael Heider* (Wien/München), Herr Dipl.-Kfm. *Wolfgang Hinterberger* (Regensburg), Herr Dipl.-Kfm. Dr. *Michael Mahler* (Augsburg), Herr Dipl.-Volkswirt Dr. *Matthias Mors* (Oxford) und Frau Dipl.-Volkswirtin *Ariane Widdau* (Köln/Trier) waren aufmerksame und kritische Leser meiner Manuskripte. Meine Kollegen von der Wirtschaftswissenschaftlichen Fakultät haben mich überzeugt, von der Erstellung einer Auswahlbibliographie der Fachzeitschriften abzusehen, schließlich haben aber insbesondere meine Studenten nicht nur den Anlaß zu dieser Schrift gegeben, sondern auch zahlreiche Korrekturen verursacht und Verbesserungen vorgenommen; Frau *Veronika Behr* und Frau *Helena Eichenseher* haben geduldig mehrere Fassungen des Textes geschrieben: Ihnen allen sei ebenso gedankt wie den vielen, hier nicht namentlich aufführbaren hilfreichen Geistern in den Bibliotheken und Informationsstellen, Dokumentationsdiensten und Verlagen. Den Herausgebern der WiSt-Taschenbuch-Reihe, den Herren Prof. Dr. *Erwin Dichtl* und Prof. Dr. *Otmar Issing,* schulde ich Dank für die Bereitschaft zur Aufnahme meiner Schrift in die von ihnen betreute Schriftenreihe.

Allen Benutzern und Lesern dieses Buches, allen Genannten und Ungenannten, allen, die auf einzelne oder zahlreiche meiner Ausführungen schimpfen (oder in Lobeshymnen ausbrechen), sei schließlich verraten, daß ich gerade auf ihre Äußerungen und Meinungen gespannt bin, da letztlich nur diesem Kreis mein Bemühen gilt. Ich danke schon heute dafür, daß sie alle mir damit helfen, die – allein von mir zu verantwortenden – großen Fehler und Mängel meiner Ausführungen erkennen und verbessern zu können.

Regensburg/München, im März 1984 *Manuel R. Theisen*

Inhaltsübersicht

A. Gebrauchsanweisung 1

B. Der wissenschaftliche Arbeitsprozeß 3

I. Planung 5

II. Vorarbeiten 20

III. Materialübersicht und Themenabgrenzung 29

IV. Materialauswahl 61

V. Materialauswertung 83

VI. Manuskript 109

VII. Ergebnisgestaltung und Typoskript 150

VIII. Veröffentlichung und Druck 182

C. Ratschläge für einen schlechten wissenschaftlichen Arbeiter 191

Inhaltsverzeichnis

Geleitwort V
Vorwort zur 2. Auflage VII
Aus dem Vorwort zur 1. Auflage VIII
Inhaltsübersicht XI
Inhaltsverzeichnis XIII
Darstellungsverzeichnis XVII
Abkürzungsverzeichnis XVIII

A. Gebrauchsanweisung 1

B. Der wissenschaftliche Arbeitsprozeß 3

I. Planung 5
1. Projektplanung 6
a. Protokoll 7
b. Thesenpapier 7
c. Übungs-/Hausarbeit 8
d. Referat, Seminararbeit 8
e. Klausur 9
f. Diplomarbeit 10
g. Dissertation 11
h. Habilitation 11
2. Kostenplanung 12
3. Zeit- und Terminplanung 13
4. **Beispiel:** Arbeitsplanung für eine Diplomarbeit (12 Wochen) 16

II. Vorarbeiten 20
1. Arbeitsplatz 20
a. Bibliothek 21
b. Seminarraum 22
c. Wohnung 23
2. Arbeitsmittel 24
3. Arbeitsorganisation 27

III. Materialübersicht und Themenabgrenzung 29
1. Nachschlagewerke 30
a. Konversationslexika, Sprachwörterbücher 30
b. Fachlexika 32
c. Fachhandwörterbücher 33

2. Bibliothekskataloge 34
a. Formalkatalog 35
b. Schlagwort-/Stichwortkatalog 36
c. Systematischer Katalog 37
d. Standortkatalog 37
e. Kreuzkatalog 38
3. Bibliographien 38
a. Bibliographien der Bibliographien 40
b. Allgemeinbibliographien 41
c. Spezialbibliographien 43
α. Hochschulschriften 43
β. Zeitschriften 45
γ. Amtliches Schrifttum 45
d. Buchhandelsbibliographien 46
e. Fachbibliographien 47
4. Amtliche Veröffentlichungen 48
a. Gesetzgebung 49
b. Rechtsprechung 50
c. Verwaltung 51
5. Periodika 52
a. Jahrbücher 53
b. Fachzeitschriften 54
c. Zeitungen und Magazine 55
6. Literaturlisten, Handapparate 55
7. Informations- und Dokumentationsdienste 57

IV. Materialauswahl 61

1. Materialbewertung 61
a. Anlesen 62
α. Prüfschema: Bücher 63
β. Prüfschema: Aufsätze 67
b. Buchbesprechungen 68
c. Closed-circle-system 70
2. Materialbeschaffung 72
a. Quellen 73
α. Eigene Erhebungen 73
β. Fremde Erhebungen 74
γ. Amtliche Veröffentlichungen 75
δ. Halbamtliche Veröffentlichungen 77
ε. Private Unterlagen 77
b. Sekundärmaterial 79
α. Ausleihe 79
β. Kopie 80
γ. Erwerb 81

V. Materialauswertung 83

1. Gliederung 83
   a. Numerische Ordnung 85
   b. Alpha-numerische Ordnung 87
2. Karteien 89
   a. Verfasserkartei 90
   b. Schlagwortkartei 98
   c. Sachkartei 100
3. Materialablage 101
   a. Fremdes Material 102
      α. Exzerpte 102
      β. Buchzeichen 103
   b. Eigenes Material 105
4. **Exkurs:** Besprechungen und Konsultationen 107

VI. Manuskript 109

1. Schriftform 109
2. Text 111
   a. Aufbau 112
      α. Einleitung 113
      β. Hauptteil 114
      γ. Schluß 114
   b. Stil 115
   c. Perspektive 118
3. Zitate 119
   a. Technik 121
      α. Vollbeleg 121
      β. Kurzbeleg 124
   b. Formen 127
      α. Direktes Zitat 127
      β. Indirektes Zitat 130
      γ. Sekundär-Zitat 132
      δ. Zitat im Zitat 133
      ε. Spezialliteratur 135
4. Anmerkungen 138
5. Darstellungen 140
   a. Bedeutung 140
   b. Gestaltung 142
   c. **Exkurs:** „Raubrittereffekt" 144
6. Text-Ergänzungen 146
   a. Exkurs 146
   b. Anhang 147
   c. Glossar 149
   d. Anlage 149

VII. Ergebnisgestaltung und Typoskript 150
1. Schreibtechnik 150
a. Schriftbild 150
b. Überschriften und Einzüge 154
c. Seitenzählung 156
2. Titelblätter 157
3. Vortexte 158
a. Motto, Sprichwort 159
b. Widmung 159
c. Geleitwort 160
d. Vorwort 160
4. Verzeichnisse 161
a. Inhalt 161
b. Darstellungen 163
c. Abkürzungen 163
d. Symbole 165
e. Literatur 165
α. Bücher 167
β. Sammelwerke 170
γ. Zeitschriftenaufsätze 171
f. Rechtsprechung 173
g. Quellen 175
h. Werke 176
i. Schlagworte, Namen und Orte 176
5. Nachtexte 179
a. Nachwort 179
b. Vermerke 179
c. Lebenslauf 180
6. Exkurs: Ein klarer Fall 181
VIII. Veröffentlichung und Druck 182
1. Vervielfältigung 182
2. Druck 183
a. Dissertationsdruck 183
b. Buchdruck 185
3. Korrektur 187

C. Ratschläge für einen schlechten wissenschaftlichen Arbeiter 191

Anhang: DIN-Normen zum wissenschaftlichen Arbeiten 195

Literaturverzeichnis 197
Rechtsprechungsverzeichnis 205
Quellenverzeichnis 205
Namensverzeichnis 207
Schlagwortverzeichnis 211

Darstellungsverzeichnis

Darstellung 1: Elemente der Arbeitsplanung 6
Darstellung 2: Manuskriptarten 6
Darstellung 3: Phasen des wissenschaftlichen Arbeitsprozesses 15
Darstellung 4: Zeit- und Terminplan für die Anfertigung einer Diplomarbeit (Bearbeitungszeit 12 Wochen) 19
Darstellung 5: Arbeitsplatz 21
Darstellung 6: Katalogsysteme 35
Darstellung 7: Bibliographiekategorien nach Inhalt und Zweck 39
Darstellung 8: Quellen amtlicher Veröffentlichungen in der Bundesrepublik Deutschland 48
Darstellung 9: Periodika 53
Darstellung 10: Teilaufgaben der Materialauswahl 61
Darstellung 11: Verfahrensschritte der Materialbewertung 62
Darstellung 12: Quellenmaterial 72
Darstellung 13: Numerische Gliederung nach dem Linienprinzip 86
Darstellung 14: Numerische Gliederung nach dem Abstufungsprinzip 86
Darstellung 15: Bezeichnungen im alpha-numerischen Gliederungssystem nach dem Linienprinzip 87
Darstellung 16: Bezeichnungen im alpha-numerischen Gliederungssystem nach dem Abstufungsprinzip 87
Darstellung 17: Karteisysteme 89
Darstellung 18: Beispiele für Verfasserkarten 95
Darstellung 19: Leit- bzw. Legendenkarte 98
Darstellung 20: Schlagwortkarte, Schlagwort: Kartei, -anlage 100
Darstellung 21: Buchzeichen in fremden Quellen 104
Darstellung 22: Manuskriptbestandteile 111
Darstellung 23: Zitatformen 127
Darstellung 24: Anmerkungsarten 138
Darstellung 25: Darstellungen im Anhang (Falttafel) 141
Darstellung 26: Beispiel einer Tabelle mit Beschriftung 144
Darstellung 27: Tätigkeit eines Raubritters an Sommertagen bei gutem Wetter 145
Darstellung 28: Eigener Lösungsvorschlag für den ,,Raubrittereffekt" 146
Darstellung 29: Vortexte 158
Darstellung 30: Verzeichnisse 161

Abkürzungsverzeichnis

AG	Die Aktiengesellschaft (Zeitschrift)
Aufl.	Auflage
Ausg.	Ausgabe bzw. ausgegeben
AZ	Aktenzeichen
BAG	Bundesarbeitsgericht
Bd. (e)	Band bzw. Bände
Bearb.	Bearbeiter bzw. bearbeitet
begr.	begründet
BFH	Bundesfinanzhof
BGB	Bürgerliches Gesetzbuch
BGBl.	Bundesgesetzblatt
BGH	Bundesgerichtshof
BR-DS	Bundesrats-Drucksache
BSG	Bundessozialgericht
BT-DS	Bundestags-Drucksache
BVerfG	Bundesverfassungsgericht
BVerwG	Bundesverwaltungsgericht
DB	Der Betrieb (Zeitschrift)
DUZ	Deutsche Universitätszeitung
ed.	edition bzw. edited
EFG	Entscheidungen der Finanzgerichte (Zeitschrift)
ern.	erneuert(e)
erw.	erweitert(e)
EStG	Einkommensteuergesetz
FG	Finanzgericht
FN	Fußnote
GmbH-Rdsch.	GmbH-Rundschau (Zeitschrift)
GRUR	Gewerblicher Rechtsschutz und Urheberrecht (Zeitschrift)
GWB	Gesetz gegen Wettbewerbsbeschränkungen
HGB	Handelsgesetzbuch
Hrsg.	Herausgeber bzw. herausgegeben
IdW	Institut der Wirtschaftsprüfer
ISBN	International Standard Book Number
Jg.	Jahrgang
jr.	junior
JuS	Juristische Schulung (Zeitschrift)
Lfg.	Lieferung
lit.	litera (Buchstabe)

masch.	maschinenschriftlich
m. w. N.	mit weiteren Nachweisen
NJW	Neue Juristische Wochenschrift
OLG	Oberlandesgericht
RegE	Regierungsentwurf
Rev.	Revision
Rez.	Rezensent bzw. rezensiert
RGBl.	Reichsgesetzblatt
rkr.	rechtskräftig
SZ	Süddeutsche Zeitung
UB	Universitäts-Bibliothek
Überarb.	Überarbeiter bzw. überarbeitet
Übers.	Übersetzer bzw. übersetzt
Univ.	Universität bzw. university
UrhG	Urheberrechtsgesetz
Urt.	Urteil
verb.	verbessert(e)
vervielfl.	vervielfältigt
Vol.	Volume
WiSo	Wirtschafts- und Sozialwissenschaft
WiSt	Wirtschaftswissenschaftliches Studium (Zeitschrift)
WP	Wirtschaftsprüfer
WS	Winter-Semester
ZfbF	Zeitschrift für betriebswirtschaftliche Forschung
zit.	zitiert
zugl.	zugleich
ZVglRWiss	Zeitschrift für Vergleichende Rechtswissenschaft

A. Gebrauchsanweisung

1. Ein erfolgreiches Studium ist ohne Kenntnis der **Methoden** und **Techniken** des wissenschaftlichen Arbeitens sowie der erforderlichen **Formvorschriften** kaum möglich. Wer eine wissenschaftliche Arbeit schreiben will oder als Prüfungsleistung verfassen muß, ist folglich gut beraten, wenn er eine entsprechende **Anleitung** studiert – die Praxis fehlt ihm zunächst trotzdem.

2. Das vorliegende Buch ist eine solche Anleitung. Zugleich ist es aber von der ersten bis zur letzten Seite ein **praktisches Beispiel** wissenschaftlicher Arbeit. Es enthält wörtliche und sinngemäße Zitate, Graphiken und Tabellen im Text, Literaturempfehlungen, Anmerkungen und Querverweise in den Fußnoten, einen Anhang und Verzeichnisse zum Schluß der Arbeit. Während Sie also diese Anleitung studieren, lernen Sie gleichzeitig die praktische Umsetzung Ihrer eben erst erworbenen theoretischen Kenntnisse.

3. Wer das Buch gekauft hat, bevor er zur Abfassung einer schriftlichen Arbeit verpflichtet ist, sollte sich die Zeit nehmen, es **in Ruhe zu lesen.** Er wird mit der Lektüre sehr schnell einen persönlichen **Ratgeber** kennenlernen. Viele systematische Schwächen in der eigenen Arbeitsorganisation können so bereits zu Beginn des wirtschaftswissenschaftlichen Studiums über Bord geworfen werden.

4. Studentinnen und Studenten, die unmittelbar vor einer schriftlichen **Prüfungsarbeit** stehen, sollten einen möglichst großen Teil der Ausführungen noch **vor Beginn** ihrer Arbeit **durchlesen.** Drängen Termine, ist nach der Lektüre der Kapitel I bis III sofort mit dem eigenen Projekt zu beginnen. Um möglichst viel Zeit und Nerven zu sparen, sind die **weiteren Kapitel** aber umgehend **nach Arbeitsfortschritt** zu **studieren.**

5. Für diejenigen, die – vielleicht in einer Verzweiflungsphase – erst während einer wissenschaftlichen Arbeit auf dieses Buch aufmerksam werden sowie für **Fortgeschrittene** und Routiniers auf diesem Gebiet enthält jedes Kapitel (und damit jeder Arbeitsschritt) eine Reihe **praxisbezogener Tips** und **Anregungen;** sie werden zur kritischen Überprüfung empfohlen. Darüber hinaus ermöglichen umfas-

sende **Beispiele** sowie ein ausführliches Namens- und Schlagwortverzeichnis auch einen problembezogenen Einstieg in alle technischen, methodischen und formalen Einzelfragen.

6. Die Ausführungen sollen aber nicht nur theoretische sowie praktische Kenntnisse zum wissenschaftlichen Arbeitsprozeß vermitteln. Der Band sollte vielmehr als **konkretes Arbeitsmittel** am Schreibtisch genutzt werden. Nur wem nicht bereits an Hand eines praktischen Beispiels die Antwort auf sein Problem gegeben wird, sollte im Einzelfall die Erklärungen und Erläuterungen eingehender studieren.

7. Im Interesse einer praxisbezogenen Arbeitshilfe wird auf die Darstellung falscher oder auch nur diskussionswürdiger, aber veralteter Techniken und Formen ebenso wie auf (wissenschafts-)theoretische oder aber allgemein-philosophische Ausführungen verzichtet. Die **Formvorschriften** werden – ungeachtet der zahlreichen Alternativen – als **zwingende Regelungen** formuliert, da nur so ein nach den geltenden Konventionen konsequent formal korrektes Arbeiten gewährleistet werden kann; Abweichungen mögen in Einzelfällen oder generell zulässig sein. Insofern beschränke ich mich auf die Darstellung **einer korrekten Form** wissenschaftlichen Arbeitens: Experimente sollten ohnehin besser auf dem wissenschaftlichen Arbeitsgebiet selbst unternommen werden.

8. Meinen Ausführungen wünsche ich nicht nur Leser, sondern darüber hinaus – möglichst zufriedene – Anwender und Benutzer. Diese **Anleitung** und die damit ausgesprochenen **Empfehlungen** kann nur der wirklich **brauchen,** der sie für seine eigene wissenschaftliche Arbeit nachhaltig **gebraucht.** Das Buch sollte als Arbeitsmittel – ebenso wie Block und Bleistift – im Griffbereich am Arbeitsplatz stehen, Signaturen und Standortvermerke der zitierten Literatur oder weiterer Arbeitshilfen sind sofort am Rand zu notieren, wichtige Angaben und Hinweise sind anzustreichen bzw. zu markieren.

9. Dem folgenden **Ratschlag** des Nobelpreisträgers *Peter B. Medawar* ist wenig hinzuzufügen: „Der bei weitem beste Weg, um in der Forschung Tüchtiges zu leisten, ist, damit anzufangen“[1]:

10. An die Arbeit!

---

[1] *Medawar, P. B.*, Ratschläge, 1984, S. 40.

B. Der wissenschaftliche Arbeitsprozeß

Als Student der Wirtschaftswissenschaften lernt man bereits zu Beginn die Grundlagen und die Notwendigkeit der betrieblichen wie gesamtwirtschaftlichen Planung und Planungsrechnung kennen.[1] Ungeachtet dieser ersten theoretischen Kenntnisse nutzen erfahrungsgemäß nur wenige Studenten dieses Wissen auch für die **praktische Organisation** ihres **eigenen Studiums.**

Die schwierige Situation an den Universitäten, bedingt durch die steigende Zahl der Studierenden, die Höchststudiendauer-Regelungen sowie weitere Einschränkungen erfordert aber ein ökonomisches, planmäßiges Vorgehen: Jeder Studierende sollte deshalb im Rahmen eines „Selbstmanagements"[2] seinen eigenen Studienplan und -verlauf grob skizzieren und laufend fortschreiben. Die Prüfungsordnung, der Studienführer und weitere Informationsblätter des Studienortes geben hier wichtige Hinweise. Eine Reihe **studientechnischer Gründe** zwingen zu einer solchen **Planung:**

- **Zulassungsbeschränkungen** zu Klausurenkursen und obligatorischen Übungen zum Scheinerwerb (Teilnehmerbegrenzung, thematische Schwerpunkte u. a.)
- **Vorlesungszyklen** der Dozenten ohne Möglichkeit des zwischenzeitlichen Quereinstiegs (Übungen nur in jedem Wintersemester, dreisemestrige Vorlesungszyklen u. a.)
- **Mindeststudiennachweise** und -belege (Scheine, Prüfungen, Testate u. a.) als Zulassungsvoraussetzung für weitere Studienabschnitte (Mindestleistungserfordernisse für Diplom-Vorprüfung, Seminarzulassung u. a.)
- **Vergabetermine** für einzelne Prüfungsleistungen (Diplomarbeiten-Vergabe, Zulassungszeiträume für Kurse und Seminare u. a.)
- **Vorschriften** bezüglich der Möglichkeit bzw. Notwendigkeit zur **Wiederholung** einzelner Studienabschnitte oder Prüfungsleistungen (Klausurenwiederholung innerhalb des sich anschließenden Semesters u. a.)
- **Befristung** einzelner **Prüfungsfächer** bzw. Lehrgebiete und -inhalte aus hochschulorganisatorischen Gründen (Abschaffung oder erhebliche Ände-

---

[1] Zur betrieblichen Planung vgl. *Schweitzer, M.*, Planung, 1985, S. 101–150 m. w. N.

[2] Vgl. *Müller-Klement, K. G./Seiwert, L. J.*, Zielwirksam, 1985, S. 22–31; *Seiwert, L. J.*, Selbstmanagement, 1984, S. 368–404.

rungen eines Prüfungsgebietes, Ausscheiden eines Dozenten, Vakanz eines Lehrstuhls u. a.)
- **Fristen** einzelner **Prüfungsvorschriften** und **Prüfungsordnungen** (Änderung der Höchststudiendauer oder der zugelassenen Fächerkombination u. a.)

Als **persönliche Gründe** können hier nur beispielhaft genannt werden:

- **Tätigkeiten** und **Jobs** zur Finanzierung des Studiums während oder außerhalb der Vorlesungszeiten
- **Abwesenheit** aus familiären Gründen während der Studienzeit (Mithilfe zu Hause oder im Betrieb der Eltern, Ernte u. a.)
- Gewünschte (oder studiennotwendige) **Praktika** und **Lehrzeiten**
- Studienbegleitende oder -ergänzende **Ortswechsel** und/oder **Auslandsaufenthalte**
- Persönliche **Urlaubs- und Reisepläne,** Freizeitgestaltung und Hobbys mit bestimmten Zeiterfordernissen (Skifahren, Segeln/Surfen, Jagd u. a.)

Um sich auch die Freiheit des Studiums im Studium zu sichern, sollte eine Studien(grob)planung als unverzichtbare Gestaltungshilfe vorgenommen werden.

Studienplanung im hier empfohlenen Sinne soll aber den BWL- bzw. VWL-Studenten nicht vorzeitig zum Bürokratie-Freund machen oder seine Spontaneität beeinträchtigen. Erspart werden soll ihm jedoch das sehr ärgerliche „Hätte ich doch gewußt, daß ...“, „Jetzt ist es zu spät, um ...“ und „Ein zweites Mal würde ich es anders machen!“ – In diesem Sinne vergrößert Planung auch die Freude am Studium – und den Studienerfolg.[3]

---

[3] Weiter einführende Literatur zur Studienplanung und -organisation vgl. *Hülshoff, F./Kaldewey, R.*, Erfolg, 1984; *Hanfland, F.*, Studium, 1978; *Weber, W./Kolb, M.*, Einführung, 1977; *Henninger, W.*, UniStart, 1984; *Hummel, Th.*, Studium, 1984; *Keller, G.*, Studiertechniken, 1984, S. 23–28; *Hammer, G.*, Praxis, 1977, S. 13–17.

I. Planung

Schwerpunkt des wirtschaftswissenschaftlichen Studiums als eines Teilgebietes der Geisteswissenschaften ist definitionsgemäß die **Kopf-Arbeit.** Ebenso wie für jede manuelle Tätigkeit gibt es auch für sie mindestens zwei Wege, die erforderlichen Grundlagen zu erlernen:

- Ein Weg geht über das **systematische Studium** von Anleitungen zum wissenschaftlichen Arbeiten, den Besuch theoretischer Kurse und Veranstaltungen und praktischer Übungen unter fachkundiger Leitung sowie der Expertenbefragung (konventionelle Methode).
- Als Alternative kann das **„learning by doing"** benannt werden, ein dem „training on the job" aus der Personalwirtschaft zugrundeliegendes Verfahren:[4] Ohne oder mit nur geringer Vorbildung werden (Teil-)Aufgaben des Studiums angegangen und in einem Versuchs- und Irrtums-Prozeß („trail and error") gelöst. Häufige Konsequenz: „Studium im Walzer-Takt" (Zwei-vor – Eins-zurück; unkonventionelle Methode: „Freistil").

Das zum Teil sehr beliebte Verfahren des **„Sich-Durchwurstelns"** („muddling through"),[5] also die Arbeit ohne jede – auch nicht nachträgliche – Systematik soll hier außer Betracht bleiben: über längere Zeit angewendet ist dieses Vorgehen überwiegend das Problem der **Studienabbrecher.**

Für die (fortschrittlichen) Anhänger bzw. Liebhaber der konventionellen Methode sind die folgenden Ausführungen geschrieben; anderen vermögen sie, soweit der Zufall sie auf dieses Buch lenkt, hoffentlich noch rechtzeitig Erkenntnisse vermitteln.

Jede geistige Arbeit erfordert eine **Mindestplanung.** So zwingt der gewünschte Besuch einer Vorlesung dazu, sich Raum, Zeit und die erforderlichen Hilfsmittel zu vermerken. Umfassendere Aufgaben wie die Abfassung einer Haus- bzw. Seminararbeit oder einer Di-

---

[4] Vgl. *Eckardstein, D.v./Schnellinger, F.,* Personalpolitik, 1978, S. 106–159.
[5] Vgl. dazu *Golde, R. A.,* Durchwursteln, 1978.

plomarbeit verlangen eine inhaltlich wie zeitlich komplexere Planung.

Die **Kenntnis** und Beachtung der **Methoden und Techniken** des wissenschaftlichen Arbeitens ist für alle universitären Aufgaben gleichermaßen eine **Grundvoraussetzung;** unterschiedlich ist alleine der konkrete Umfang und die Art der Problemlösung in jedem Einzelfall.

Eine **systematische Arbeitsplanung** umfaßt folgende Teilaufgaben (vgl. *Darst.* 1).

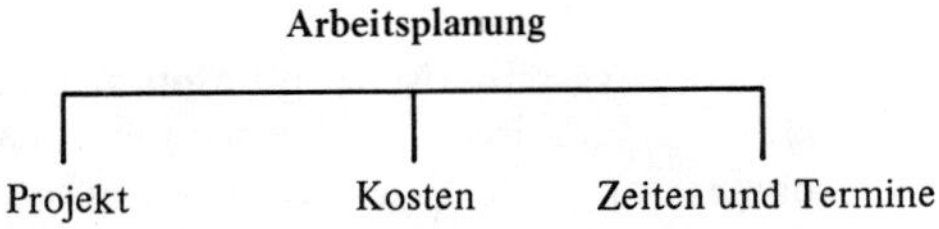

Darst. 1: Elemente der Arbeitsplanung

1. Projektplanung

Die übliche Form aller fachbezogenen Aufzeichnungen von Geisteswissenschaftlern ist das **Manuskript,** die schriftliche Ausarbeitung der gewonnenen Erkenntnisse. Der Nachweis der Fähigkeit zu wissenschaftlicher Arbeit wird im Hochschulbereich insbesondere in folgenden Formen (Manuskriptarten) verlangt (vgl. *Darst.* 2).[6]

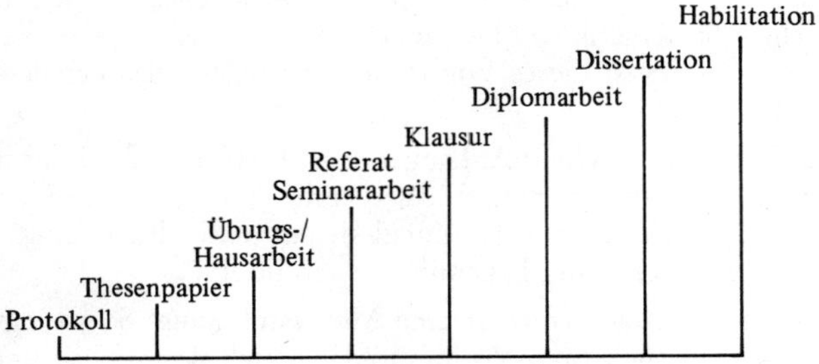

Darst. 2: Manuskriptarten

[6] Vgl. *Standop, E.,* Form, 1984, S. 11–14; *Hülshoff, F./Kaldewey, R.,* Erfolg, 1984, S. 187f.; *Poenicke, K./Wodke-Repplinger, I.,* Arbeiten, 1977, S. 84–94; *Seidenspinner, G.,* Arbeiten, 1976, S. 13–23; *Zimmermann, J.,* Diplomarbeit, 1975, S. 16–20.

a. Protokoll

Das **Protokoll** (Mitschrift) informiert über

- Fragen der technischen Seminar- bzw. Veranstaltungsorganisation
- eventuelle Veränderungen der Arbeitskonzeption und des Arbeitsplanes
- Inhalt und Stand der Sachdiskussion[7]

In einem **Verlaufsprotokoll** werden Ablauf und Inhalt einer Übung, eines Seminars oder eines Kolloquiums (Gesprächs- bzw. Diskussionsrunde) durch den studentischen Protokollanten festgehalten. Wichtig ist dabei, daß alle den **Ablauf der Sitzung** charakterisierenden Beiträge sinngemäß und – soweit möglich – mit dem Namen des jeweiligen Teilnehmers festgehalten werden. Literaturangaben oder weiterführende Hinweise einzelner Teilnehmer und des Sitzungsleiters hat der Protokollant zu überprüfen und – gegebenenfalls technisch ergänzt – in das Protokoll aufzunehmen. Wichtige **Formulierungen** (z. B. Definitionen und Begriffe) müssen wörtlich festgehalten werden. Kommentierungen bzw. Stellungnahmen des Protokollanten sind grundsätzlich nicht zulässig; soweit diese aber ausdrücklich von ihm im Rahmen der Aufgabenstellung verlangt werden, sind sie als solche zu kennzeichnen bzw. im Text erkennbar abzusetzen.

In einem – meist knapperen – **Ergebnis- bzw. Beschlußprotokoll** werden in verdichteter Form nur die wichtigsten Gedanken und **Diskussionsergebnisse** erfaßt. Im Verlauf der Sitzung diskutierte, später aber verworfene bzw. in einen Kompromiß oder ein sonstiges Ergebnis eingegangene Gedanken und Beiträge werden nicht einzeln festgehalten. Auch im Ergebnisprotokoll dürfen nur objektiv nachvollziehbare Tatbestände wiedergegeben werden; soweit eine eigene wertende Stellungnahme als zusätzliche Aufgabe gefordert wird, ist diese gesondert als solche zu bezeichnen.

b. Thesenpapier

Als Thesenpapier wird meist die knappe **Zusammenfassung** der wichtigsten Ergebnisse einer wissenschaftlichen Arbeit oder Untersuchung bezeichnet. Im Gegensatz zu einem Protokoll geht hier regelmäßig die Meinung des Verfassers – gegebenenfalls in starker Akzentuierung – in die Formulierung mit ein. Die einzelnen Thesen –

---

[7] Vgl. *Binder, A.* u. a., Techniken, 1982, S. 59.

fortlaufend numeriert –, sollten jeweils nicht mehr als einige wenige Sätze umfassen, die **präzise Aussagen** enthalten. Thesenpapiere werden sowohl als eigenständiger Leistungsnachweis als auch als Zusammenfassung einer Haus- oder Seminararbeit verlangt und dienen insbesondere als Grundlage für die Diskussion der Arbeitsergebnisse eines Referenten im Rahmen einer Seminarveranstaltung.

c. Übungs-/Hausarbeit

Als eigenständige Leistung oder als Voraussetzung für die Zulassung zu einer Seminararbeit oder einem Referat werden Übungs- oder Hausarbeiten angefertigt. Zur **Vertiefung** des Übungsstoffes vorlesungsbegleitender **Veranstaltungen** werden in dieser Form Nachweise für die aktive Mitarbeit der Studierenden erbracht. Im Rahmen einführender Veranstaltungen können dabei auch begrenzte empirische Untersuchungen oder Befragungen sowie Literaturrecherchen oder Materialsammlungen gefordert werden. Derartige – vom Dozenten korrigierte, nicht immer aber auch bewertete – Arbeiten sollten als Übungsmöglichkeiten für das wissenschaftliche Arbeiten auch dann wahrgenommen werden, wenn sie nicht zwingend vorgeschrieben sind.

d. Referat, Seminararbeit

Referate bzw. Seminararbeiten sind neben der Diplomarbeit regelmäßig die wichtigsten schriftlichen Prüfungsarbeiten außerhalb der Vordiplom- bzw. Diplomabschlußprüfung. Diese schriftlichen Ausarbeitungen umfassen meist eine **Spezialuntersuchung** aus einem von dem Seminarleiter vorgegebenen Themenkreis; nach Form und Aufbau müssen diese Arbeiten uneingeschränkt den hier im folgenden aufgezeigten Regeln des formal korrekten wissenschaftlichen Arbeitens entsprechen. Der Bearbeiter hat regelmäßig **selbständig** die erforderliche Literatur zu ermitteln und zu beschaffen; vorgegebene „Einstiegsliteratur" ist systematisch um themenspezifische Titel (erheblich) zu erweitern. Alle für notwendig erachteten Texte sind kritisch auszuwerten und unter eigener **Stellungnahme** problembezogen in der Arbeit zur Diskussion zu stellen.

Die Begriffe Referat und Seminararbeit werden heute meist synonym verwendet, wenngleich nur ein Referat bereits den mündlichen **Vortrag** durch den Verfasser definitionsgemäß mit einschließt; damit ist automatisch eine gesonderte Vorbereitung der (in beiden Fällen erforderlichen) schriftlichen Ausarbeitungen für den mündlichen Vortrag verbunden. Eine schriftliche Neu- oder Umformulierung des Textes ist aber dennoch regelmäßig nicht erforderlich, da der freie Vortrag im Rahmen eines Seminars erwartet oder als **Prüfungsbestandteil** sogar vorausgesetzt wird. Die Entscheidung darüber, welche Seminararbeit in der Veranstaltung referiert wird, trifft bei mehreren Bearbeitern des gleichen Themas der Seminarleiter auf der Grundlage didaktischer und/oder prüfungstechnischer Überlegungen. Erst die in den letzten Jahren stark angestiegene Zahl der Studierenden hat dazu geführt, daß immer mehr Referate aus Zeitgründen im Ergebnis zu ausschließlich schriftlich vorgelegten Seminar-Hausarbeiten werden; die einzelnen Referenten kommen in diesen Fällen meist nur mit einem Thesenpapier oder im Rahmen der allgemeinen Diskussion in der Seminarveranstaltung zu Wort. Eine gewisse Abhilfe wird in Seminararbeiten gesehen, die als **Team-Arbeit** von zwei oder mehreren Bearbeitern eingereicht werden können. Bei solchen Ausarbeitungen muß aber darauf geachtet werden, daß die von jedem Teammitglied in eigener Verantwortung verfaßten Referatteile bzw. -abschnitte ebenso wie gemeinsam erarbeitete Kapitel durch entsprechende Angaben für den Seminarleiter einwandfrei erkennbar – und damit bewertbar – sind.

e. Klausur

Die Klausur ist eine **unter Aufsicht** nach Zeitvorgabe zu erbringende schriftliche **Prüfungsarbeit.** Der Umfang und Inhalt sowie das Maß eigenständiger wissenschaftlicher Leistung wird wesentlich durch den Studienablauf bestimmt.

In den ersten Klausuren zum Abschluß der Grundlagenfächer wird noch überwiegend die **Reproduktion** (Wiedergabe) der erworbenen Fakten- und Methodenkenntnisse verlangt. Bei Seminar- und insbesondere den Diplomprüfungsklausuren tritt dagegen der Nachweis der Fähigkeit zu eigenständigem wissenschaftlichen Denken sowie zu **problembezogener kritischer Diskussion** in den Vordergrund.

Bei allen Klausuren empfiehlt es sich dringend, den eigentlichen Ausführungen eine **Gliederung** voranzustellen: Die hierzu erforderliche Stoffsammlung und Systematisierung **erleichtert** eine geordnete und konsequente **Bearbeitung** der gestellten Fragen und schließt von Anfang an Wiederholungen sowie ungewichtete Schwerpunkte weitgehend aus. Zudem verschafft eine solche Gliederung dem Korrektor einen ersten **Überblick** und gewährt ihm gleichzeitig einen unmittelbaren **Einstieg** in den individuellen Argumentationsaufbau des jeweiligen Verfassers.[8]

f. Diplomarbeit

Die Diplomarbeit ist als schriftliche Prüfungsarbeit Bestandteil der Diplomprüfung. Wichtigste prüfungstechnische Funktion dieser – zeitlich meist befristeten – Arbeit ist der Nachweis der Fähigkeit zu selbständigem wissenschaftlichen Arbeiten. Hierzu ist nach den näheren Bestimmungen der jeweils geltenden Prüfungsordnung ein Thema zu bearbeiten, d.h. unter Auswertung und Verarbeitung der themenspezifischen Literatur zur Diskussion zu stellen. Neben einer solchen systematischen **Aufbereitung** und kritischen **Stellungnahme** können aber auch in begrenztem Umfang eigenständige **empirische Untersuchungen** verlangt werden. Sowohl die Zeitvorgabe (zwischen zwei und zwölf Monaten) als auch der in der Regel vorgeschriebene höchstzulässige Gesamtumfang der Arbeit zwingt alle Kandidaten gleichermaßen zu einem disziplinierten Vorgehen; diese Rahmenbedingungen sichern die **Vergleichbarkeit** der Prüfungsleistungen.

Auch wenn Diplomarbeiten regelmäßig nicht zur Veröffentlichung bestimmt sind, muß bei der Abfassung genau auf die Formvorschriften geachtet sowie die Technik und Methodik des wissenschaftlichen Arbeitens berücksichtigt werden; ein (nicht unwesentlicher) Verstoß gegen die Vorschriften über die Zitierung und Kennzeichnung fremder Gedanken[9] führt z.B. regelmäßig zu einem Bewertungsabschlag, in schwerwiegenden Fällen zur Ablehnung der Prüfungsleistung mit den entsprechenden Konsequenzen.[10] Ungeachtet der rechtlichen Regelungen des Prüfungsortes gilt uneingeschränkt, daß der Anfertigung der Diplomarbeit nicht allein aus prüfungs- und notentechnischen Gründen höchste Aufmerksamkeit geschenkt werden sollte: Wegen der problematischen Vergleichbarkeit der Noten zwi-

---

[8] Zur Klausurtechnik vgl. *Petri, K.*, Anleitung, 1979, S. 339–342; *Seidenspinner, G.*, Arbeiten, 1976, S. 14–19; *Scheibler, A.*, Technik, 1976, S. 233–238.

[9] Vgl. dazu unten Kapitel VI, Abschnitt 3, lit. b., S. 127–137.

[10] Zum Problem der eidesstattlichen Versicherung und deren Formulierung vgl. unten Kapitel VII, Abschnitt 5, lit. b., S. 179f.

schen den einzelnen Universitäten verlangen potentielle Arbeitgeber von Bewerbern in zunehmendem Maße (wieder) die Vorlage ihrer Diplomarbeit. Damit wird diese Einzelleistung über ihren Charakter als Bestandteil der Diplomprüfung hinaus nach **Inhalt** und **Form** zur – oft ausschlaggebenden – Visitenkarte des einzelnen Bewerbers.

g. Dissertation

Als Dissertation (Doktorarbeit) wird eine Arbeit bezeichnet, die zur Erlangung des **Doktorgrades** der jeweiligen Fachrichtung verfaßt wird. Nach Abschluß der Diplomprüfung sind nach den näheren Bestimmungen der Promotionsordnungen hierzu regelmäßig nur diejenigen Examensabsolventen berechtigt, die ein „sehr gutes" bzw. „gutes" Examensergebnis erzielen konnten (Prädikatsexamen).

Die Doktorarbeit sollte eine thematisch geschlossene, **eigenständige** und in ihren wesentlichen Teilen ursprüngliche **Auseinandersetzung** mit einem vom betreuenden Fachvertreter (Doktorvater) in Abstimmung mit dem Kandidaten erstellten Thema darstellen. Nach erfolgreichem Abschluß der Arbeit und einer mündlichen Prüfung (Rigorosum) und/oder der Verteidigung der wesentlichen Thesen der Arbeit (Disputation) muß die Dissertation in der von der Fakultät genehmigten Fassung veröffentlicht werden; damit wird eine wissenschafts-öffentliche Kontrolle hergestellt. Die erforderliche methodische Fundierung der Ausführungen, der Einbezug aller bedeutenden themenspezifischen Literatur sowie deren kritische Diskussion und eigenständige Weiterentwicklung gewähren jedem Forscher auf gleichem oder ähnlichem Gebiet eine wichtige Quelle und Fundgrube für eigene Arbeits- bzw. Untersuchungsansätze.

h. Habilitation

Die Habilitationsschrift wird von promovierten Wissenschaftlern angefertigt, die für den Universitäts- bzw. Hochschulbereich die **Lehrbefähigung** (venia legendi), d. h. die Möglichkeit, akademische Vorlesungen in eigener Verantwortung zu halten, anstreben. Die Voraussetzungen zur Zulassung sowie die weiteren Erfordernisse im Rahmen des Habilitationsverfahrens regeln sich nach den Vorschriften der Habilitationsordnung.

Die Habilitationsschrift muß eine umfassende **wissenschaftliche Monographie** darstellen, die neue wesentliche Forschungsergebnisse und -erkenntnisse aus dem Fachgebiet enthält, für die der Bewerber (Habilitand) die Lehrbefugnis zu erwerben beabsichtigt.

2. Kostenplanung

Die Anfertigung umfangreicherer Seminararbeiten, der Diplomarbeit und insbesondere einer Dissertation ist mit – zum Teil erheblichen – Kosten verbunden. Solche **Kosten** entstehen insbesondere durch:

- Materialbeschaffung (Bücher, Fotokopien, Büromaterial u. a.)
- Kommunikation (Porto, Telefon u. a.)
- Reisen (auswärtige Bibliotheks- und Archivbesuche, Expertenbefragung, Exkursionen u. a.)
- Schreibarbeiten
- Vervielfältigung, Bindearbeiten bzw. Druck

Sobald ein entsprechendes Projekt seiner Art und seinem Umfang nach feststeht, sollte deshalb eine **Kostenplanung** für den Bearbeitungszeitraum erstellt werden. Die voraussichtlichen Kosten können nach eigenen sowie den Erfahrungen fortgeschrittener Studienkollegen bzw. Doktoranden abgeschätzt werden.

Wichtige Gründe sprechen für eine derartige Kostenplanung:

- Erstens verhindert eine überschlägige Kostenplanung **Finanzierungsprobleme** insbesondere gegen Ende der Arbeitsanfertigung; hier schafft eine gewisse Rücklagenbildung Platz und Zeit für die zu diesem Termin regelmäßig drängenderen Abschlußarbeiten.
- Zweitens ist die Kostenplanung eng mit der im folgenden darzustellenden **Zeitplanung** verbunden: So verursacht z. B. die externe Anfertigung der Reinschrift durch ein Schreibbüro (oder eine Sekretärin) zwar höhere Kosten, verschafft aber gleichzeitig einen größeren zeitlichen Spielraum für die Anfertigung und Überarbeitung des Manuskriptes (und umgekehrt).
- Drittens erleichtert eine rechtzeitige Kostenübersicht in Einzelfällen auch die Beantragung von **Sach- und Geldmitteln** bei Dritten.[11] Soweit entsprechende Fördermittel und Beihilfen beansprucht werden können, ist eine rechtzeitige Kostenplanung umso notwendiger, je kürzer die insgesamt zur Verfügung stehende Bearbeitungszeit ist.

---

[11] Zur umfassenden Information über Förderungsmöglichkeiten vgl. *Deutsches Studentenwerk*, Förderungsmöglichkeiten, 1985.

Grundsätzlich sollte beim Einsatz der erforderlichen Hilfs- und Arbeitsmittel ökonomisch, aber nicht zu knapp kalkuliert werden: Schlechte bzw. mangelhafte **arbeitsorganisatorische Grundlagen** sowie eine insgesamt nachlässige äußere Form der Prüfungsarbeit können nicht nur zu formalen Beanstandungen, sondern darüber hinaus auch zu **materiellen, inhaltlichen Mängeln** führen. Eine Verdoppelung des Mitteleinsatzes durch wiederholtes Anfertigen der Arbeit könnte die Konsequenz sein.

3. Zeit- und Terminplanung

Steht das Projekt fest und sind die erforderlichen Finanzmittel eingeplant, so ist **in jedem** Fall eine **Zeit- und Terminplanung** vorzunehmen.[12] Bei befristeten Arbeiten (Seminar- und Diplomarbeiten) mit offiziellen Abgabeterminen stellt die **Zeit** erfahrungsgemäß **den Minimumfaktor** dar, bei unbefristeten Arbeiten (z. B. freien wissenschaftlichen Arbeiten bzw. Dissertationen) führt eine entsprechende Planung erst zu einer gewissen **Strukturierung** des Vorhabens. Schriftlich fixierte Arbeitspläne schaffen zudem Teil-Leistungsziele, deren Erreichbarkeit auch die Motivation zum Arbeiten stärkt. Darüber hinaus müssen einzelne Arbeitsschritte nicht ständig neu geplant und (um)organisiert werden.[13]

Aufgaben der Zeit- und Terminplanung:

- Abstimmung und Koordinierung der einzelnen, zum Teil parallel laufenden bzw. sich überschneidenden Arbeitsschritte
- Gewichtung der einzelnen Abschnitte und Berücksichtigung von Prioritäten
- Berücksichtigung der sonstigen Aktivitäten und Beschränkungen
- Kontrolle des eigenen Arbeitsfortschrittes

---

[12] Zur Bedeutung und Technik der Zeit- und Terminplanung vgl. *Wittmann, W.*, Betriebswirtschaftslehre, 1982, S. 178f.; *Hülshoff, F./Kaldewey, R.*, Erfolg, 1984, S. 189–193; *Kaiser, A.*, Anleitung, 1978, S. 37f.; *Rösner, H.*, Seminararbeit, 1985, S. 27f., 44–46; *Seidenspinner, G.*, Arbeiten, 1976, S. 28–30; *Hanf, R.*, Anfertigung, 1976, S. 34f.; *Kohn, H./Weber, O.*, Uni, 1984, S. 130f.; *Schlösser, K.*, Studium, 1979, S. 48–54; einen wichtigen Hinweis verdanke ich *Kliemann, H.*, Anleitungen, 1973, S. 133: „Gemeinsame Planung ... vermag auch die Schwierigkeiten einer Studentenehe zu meistern."

[13] Vgl. *Michelitsch-Traeger, J./Seel, H.*, Lerntechniken I, 1982, S. 31.

Wichtige **Voraussetzungen** für eine funktionsgerechte Zeit- und Terminplanung sind:

- Kenntnis aller erforderlichen Arbeitsschritte des wissenschaftlichen Arbeitsprozesses
- Kenntnis der sonstigen Arbeitsbelastung und weiteren Aktivitäten
- Realistische Abschätzung der eigenen Arbeitsbereitschaft und -fähigkeit

Die angeführten Voraussetzungen können nur individuell abgeschätzt und berücksichtigt werden. Im Laufe des Studiums erfährt aber jeder bei kritischer Beobachtung seine entsprechenden Stärken und Schwächen. Allgemeine Regeln für effiziente **Arbeitszeiten** sowie die optimale Arbeitsdauer pro Tag, Woche oder Monat sind deswegen ebenso willkürlich wie generelle Verhaltensmaßregeln oder Durchhalteappelle. Selbstverständlich ist allerdings, daß man den eigenen Arbeitstag nach seinen **produktivsten Phasen** einteilt. So sollten Tätigkeiten, die ein hohes Maß an Konzentration erfordern, jeweils zu Beginn einer neuen Arbeitsphase, andere, wie das Sortieren von Karteien, das Bibliographieren oder die Literaturbeschaffung, in Zeiten mit geringerer Leistungsbereitschaft gelegt werden.[14] Bei den ersten Anzeichen von Ermüdung sind Pausen einzulegen, auf „bittere Pillen" (Psychopharmaka u. a.) ist zugunsten einer vernünftigen, nicht zu sehr belastenden Ernährung zu verzichten.

Die außerhalb des Projektes bereits sicheren (oder wahrscheinlichen) zeitlichen **Beschränkungen** sind unbedingt vorab zu erfassen. So müssen z. B. beachtet werden:

- Sonn- und Feiertage, gegebenenfalls Samstage, an denen eine Bibliotheksarbeit nicht möglich ist
- Vorlesungs-, Klausuren- bzw. Arbeitsgruppentermine sowie der hierzu erforderliche Vorbereitungs- und Nachbereitungszeitbedarf
- Bereits feststehende bzw. eingeplante außeruniversitäre (z. B. familiäre) Verpflichtungen
- Arbeitsfreie Tage, Urlaubstage

Je länger einzelne **Unterbrechungen** geplant sind, desto mehr Zeitverlust ist für die Aufbruch- und Wiedereinarbeitungsphase zusätzlich zu berücksichtigen („Cooling-down"- bzw. „Warming-up"-Phasen).

---

[14] Vgl. *Wittmann, W.*, Betriebswirtschaftslehre, 1982, S. 279.

Die unter Beachtung dieser Einschränkungen ermittelte (noch) verfügbare Zeit ist mit dem (geschätzten) Zeitbedarf der einzelnen Arbeitsschritte abzustimmen.

Der wissenschaftliche Arbeitsprozeß läßt sich – unabhängig von Art und Umfang des konkreten Projektes – in folgende Phasen einteilen (vgl. *Darst. 3*).

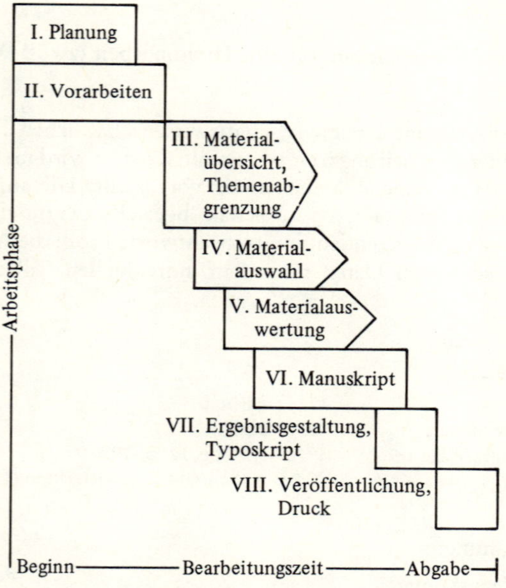

Darst. 3: Phasen des wissenschaftlichen Arbeitsprozesses

Da der konkrete Zeitbedarf für die einzelnen Arbeitsschritte – abgesehen von einigen technischen Details – nicht exakt angegeben werden kann, ist eine **flexible Planung** zwangsläufig erforderlich. Zunächst ist deshalb die Zuordnung der einzelnen, zum Teil sich überschneidenden Phasen zu bestimmten **Zeiträumen** innerhalb der Bearbeitungsdauer vorzunehmen. Im Rahmen der notwendigen Eigenkontrolle haben dann regelmäßig **Planfortschreibungen** unter Berücksichtigung der bereits erledigten Arbeitsschritte zu erfolgen (rollende Planung). Die seit Arbeitsbeginn vorhandene Grundplanung verhindert ein „Davonlaufen der Zeit", gleichzeitig kommt ihr eine gewisse **Warnfunktion** zu, indem sie sich indirekt auch disziplinierend auf die Arbeitsweise und -methode auswirken wird. Wie bei einem Autorennen sind alleine Start und Ziel fixe Größen; die Art und Weise der Absolvierung der Rennstrecke bestimmen zum einen die technischen Daten, in weit größerem Maß aber das Know-how, Geschick und Talent des Fahrers.

4. Beispiel: Arbeitsplanung für eine Diplomarbeit (zwölf Wochen)

Für die Anfertigung einer wirtschaftswissenschaftlichen Diplomarbeit mit einer Bearbeitungszeit von zwölf Wochen wird im folgenden der **Entwurf** für eine Arbeitsplanung vorgestellt. Die angegebenen Daten sind auf einen fiktiven Einzelfall abgestellt, der möglichst viele der regelmäßig auftretenden Fragen beantworten soll; die Anpassung an die persönlichen Daten muß dem individuellen Fall überlassen bleiben.

Projektplanung:

Projekt:	Diplomarbeit
Bearbeitungsdauer:	12 Wochen
Bearbeitungszeitraum:	17. 2. 1986 bis 12. 5. 1986
Umfang:	70 bis 90 Schreibmaschinenseiten (DIN-A-4)

Kostenplanung:

Bücher, Manuskripte:	ca. 80 DM
Büromaterial, Kopien:	ca. 60 DM
Porto, Telefon etc.:	ca. 30 DM
Reisen, Exkursionen:	–
Typoskript-Erstellung (Schreibbüro):	ca. 370 DM
Vervielfältigung der Reinschrift (2 Kopien), Buchbinder:	ca. 60 DM
insgesamt	ca. 600 DM

Damit ergibt sich für den Bearbeitungszeitraum eine monatliche **Rücklage** von ca. 200 DM. Soweit diese Aufwendungen nicht als Betriebsausgaben oder Werbungskosten bei anderen Einkünften einkommensteuerlich geltend gemacht werden können, sind sie gemäß § 10 Abs. 1 Nr. 7 EStG steuerlich als Sonderausgaben bis zu 900 bzw. 1200 DM vom Gesamtbetrag der Einkünfte abzugsfähig.

Zeitplanung:[15]

Bearbeitungszeitraum:	84	Tage
./. 12 Sonntage	12	Tage
./. Vorlesungs- und Veranstaltungstermine		
17. 2.–21. 2. insgesamt	2,5	Tage
25. 2. Abschlußklausur WS 85/86	0,5	Tage
2. 5.–9. 5. Vorlesungen u. a. insgesamt	2	Tage
28./29. 3. und 31. 3. (Osterfeiertage)	3	Tage
1. Mai (Tag der Arbeit)	1	Tag
8. Mai (Christi Himmelfahrt)	1	Tag
volle Arbeitstage	62	Tage (ca. 74 vH)

Erklärungen zu Darstellung 4:

1. In der **Vorspalte** werden die einzelnen Phasen des Arbeitsprozesses abgetragen. Jedem **Arbeitsschritt** und den damit verbundenen Arbeiten und Problemen im Anschluß an die Planung ist im folgenden ein Kapitel gewidmet (vgl. Kapitel II–VIII).

Die phasenweise isolierte Darstellung soll nicht verdecken, daß eine teilweise oder vollständige **zeitliche Parallelität** für einige Arbeitsschritte ebenso selbstverständlich wie für andere eine strenge Reihenfolge zwingend ist.

2. In der **Vorzeile** wird der **Bearbeitungszeitraum** in Wochen (bei Dissertationen in Monaten) abgetragen. Individuell eingesetzt werden müssen die Termine und Daten des konkreten Projektes unter Berücksichtigung der Wochen-, Sonn- und Feiertage. Die Zeitskala beginnt mit der „minus-ersten"-Woche, um die **Vorarbeiten** außerhalb des offiziellen Bearbeitungszeitraumes in die Planung miteinbeziehen zu können.

3. Nach Berücksichtigung der arbeitsbezogenen Zeiträume und Daten sollten die Tage der **Arbeitsverhinderung** gemäß der Berechnung der verfügbaren Zeit schraffiert bzw. farbig – gegebenenfalls mit Unterscheidung zwischen Bibliothekssperre und persönlicher Verhinderung – markiert werden. Eine solche optische Verdeutlichung zeigt geplante **Arbeitsunterbrechungen** rechtzeitig an und verhindert die (versehentliche) Planung von Aktivitäten zur Unzeit (Kopieren

---

[15] Das Beispiel ist auf folgende Vorlesungszeiten bezogen: Wintersemester: 4. 11. 85 bis 28. 2. 86; Sommersemester: 1. 5. 86 bis 31. 7. 86. Zur Zeitplanung mit Hilfe der Netzplantechnik vgl. *Müller-Merbach, H.*, Einführung, 1976, S. 181–196.

an einem Sonntag, Besprechung mit dem Betreuer an einem Feiertag u. a.).

4. Die in dem Plan eingetragenen, dunkel gekreuzten Arbeitszeiten sind **Empfehlungen,** Dauer und Lage einzelner Arbeitsschritte können zum Teil projektabhängig erheblich variieren. Mit schraffierten Balken können evtl. erforderliche Wiederholungs- bzw. Vertiefungsphasen angezeigt werden; ihre Planung ist nur insoweit erforderlich, als damit die Parallelität verschiedener Aktivitäten und der potentielle Zeitbedarf dem Grunde nach angezeigt werden soll.

5. Jeweils nach Abschluß eines Arbeitsschrittes kann die **Ist**-Zeit der geplanten **Soll**-(Vorgabe-)Zeit gegenübergestellt werden. Dieses Vorgehen ermöglicht eine unmittelbare **Erfolgskontrolle** und schafft gleichzeitig die notwendigen Daten für eine **Planrevision** im Rahmen der rollenden Planung.

Abschließende Bemerkung:

Das vorgestellte Planungsmodell erscheint sicherlich auf den ersten Blick als perfektionistisch, zeitraubend und von der eigentlichen Arbeit ablenkend.

Berücksichtigt man aber diese arbeitsorganisatorischen **Vorschläge,** wird man deren großen **Nutzen** sehr schnell kennen- und schätzenlernen. Fast spielerisch werden so methodische Kenntnisse erworben und in die Praxis umgesetzt. Gleichzeitig stärkt jede Teilleistung als Planerfüllung auch entsprechend die Motivation und damit nicht zuletzt den **Studienerfolg:**

> „Als ein wichtiges methodisches Hilfsmittel, den Fortschritt unserer Schulungsarbeit und den Grad der Beherrschung unserer neuen Methoden fortlaufend zu überprüfen, möchten wir die **Erfolgsüberwachung** [Hervorhebung nicht im Original] empfehlen ... Wenn man weiß, daß nach dem Ablauf einer gewissen Frist eine Erfolgsüberwachung fällig ist, so wird die Neigung zu einer schlaffen und nachlässigen Handhabung der Selbstbefehlstechnik eine erhebliche Abschwächung erfahren. Solche Kontrollen sind nicht nur gefürchtet, wenn sie vom Vorgesetzten durchgeführt werden; auch vor dem eigenen Richter steht man gern makellos da und scheut sich, seine eigenen Schwächen bloßzulegen."[16]

---

[16] *Kern, B.,* Arbeit, 1961, S. 36f.

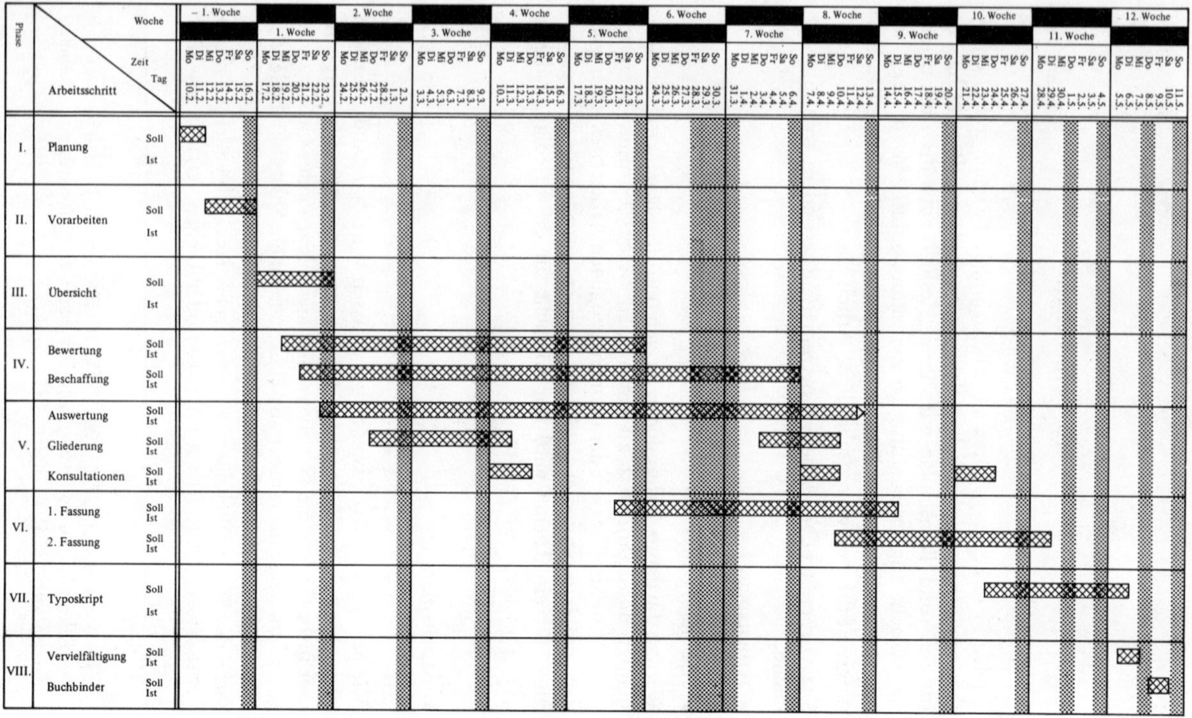

Darst. 4: Zeit- und Terminplan für die Anfertigung einer Diplomarbeit (Bearbeitungszeit 12 Wochen)

II. Vorarbeiten

Zu den Vorarbeiten gehören alle Maßnahmen, die einen technischen, aber noch **keinen inhaltlichen Bezug** zum geplanten Projekt haben. Im Zeit- und Terminplan wird ihnen deshalb auch die „minus-erste"-Woche zugeordnet, also der Zeitraum unmittelbar **vor** der **Themenvergabe** bzw. dem Termin, von dem ab die befristete Bearbeitungszeit für eine wissenschaftliche Arbeit läuft.

Die vorbereitenden Arbeiten betreffen insbesondere folgende Bereiche:

- Arbeitsplatz
- Arbeitsmittel
- Arbeitsorganisation

Werden die damit verbundenen Fragen und Probleme vorab berücksichtigt und zumindest zu einem Teil bereits erledigt, kann am „Start" unmittelbar mit der themenbezogenen Arbeit begonnen werden: die erste und meist stärkste Motivation (oder sogar Begeisterung) für ein Thema wird nur so nicht für die Erledigung dieser „Präliminarien" vergeudet.

1. Arbeitsplatz

Alle potentiellen Arbeitsplätze zu erfassen wäre eine Studie für sich wert. Moderne Arbeitsmittel wie bereits jedes Handdiktiergerät, aber insbesondere die Datenverarbeitungsanlagen jeder Größe zwingen schon lange nicht mehr ausschließlich an ein Schreibkatheder à la *Goethe*. So urteilte auch das *Hessische Finanzgericht* in Kassel, daß es Sache des Steuerpflichtigen sei, zu entscheiden, „ob er seine für den Beruf erforderliche Arbeit im Sitzen oder Liegen verrichten will".[1]

[1] FG Kassel Urt. vom 27. 1. 1983, NJW 36 (1983), S. 1632; dazu mit weiteren Beispielen zur Frage der steuerlich abzugsfähigen Kosten für einen Arbeitsplatz: *Münch, E. M. v.*, Sitzen, 1983, S. 62.

Ungeachtet der vielfältigen Möglichkeiten wird der Studierende jedoch-zumindest teilweise-auch an folgenden traditionellen Arbeitsplätzen antreten (vgl. *Darst. 5*).

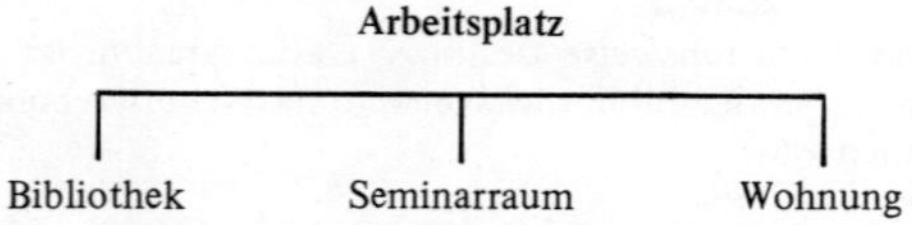

Darst. 5: Arbeitsplatz

Einige wichtige, da zeitintensive **Vorbereitungen** können für jeden dieser Arbeitsplätze getroffen werden. Je begrenzter die Bearbeitungszeit ist (und diese Zeit ist regelmäßig zu knapp!), desto dringlicher ist eine solche Präparation.

a. Bibliothek

Selbstverständlich (!?) kennt jeder Student ,,seine" Bibliothek seit den ersten Monaten des Studiums. Sowohl die Lektüre der einführenden Lehrbücher als auch die Vorbereitung auf die Klausuren zu den Grundlagen-Scheinen machen ihn vertraut mit der Atmosphäre und dem technischen Ablauf der Seminar-, Fachbereichs- bzw. Fakultätsbibliothek; **Bibliotheksführungen** in den ersten Semestern vermitteln wichtige zusätzliche Kenntnisse.

Erfahrungsgemäß aber tauchen trotzdem Dutzende von Fragen zur **Bibliotheksbenutzung und -ordnung** regelmäßig erst dann auf, wenn mit einer umfassenderen Haus-, Seminar- oder Diplomarbeit angefangen werden soll. Die notwendigsten **Informationen** und **Fragen,** die spätestens in der Vorbereitungsphase eingeholt bzw. geklärt werden sollten, sind:[2]

- Bibliotheksbenutzungsordnung
- Regelmäßige Öffnungszeiten und gegebenenfalls Bibliotheksferien bzw. -schließungen an oder zwischen Feiertagen
- Art, Ordnung und Benutzung der verschiedenen Bibliothekskataloge

---

[2] Zu Fragen der Bibliotheksbenutzung vgl. auch *Poenicke, K./Wodke-Repplinger, I.*, Arbeiten, 1977, S. 47–50; *Hülshoff, F./Kaldewey, R.*, Erfolg, 1984, S. 170–173; *Hanfland, F.*, Studium, S. 82–87; *Wittmann, W.*, Betriebswirtschaftslehre, 1982, S. 271–276; *Leonhard, J.-F.*, Buch, 1984, S. 22–27.

- Möglichkeiten, technische Erfordernisse und zeitliche Begrenzung (Fristen) der Sofort-, Tages- und Wochenendausleihe sowie der Fernleihe
- Name, Büro und Zuständigkeit des jeweiligen Bibliotheksbeauftragten, der als Ansprechpartner für Beschaffungsprobleme (Fundorte, Neuerwerbungen u. a.) in Frage kommt
- Standort und Funktionsweise des sog. Desideratenbuches (Wunschbuches), mit dem bei der Bibliotheksverwaltung Neuerwerbungen angeregt werden können

Diese Informationen müssen für die eigene Seminar-, Fachbereichs- bzw. Fakultätsbibliothek eingeholt werden. Darüber hinaus sollten diese Fragen aber mindestens auch noch für die Zentralbibliothek, das Magazin, die Lehrbuchsammlung sowie die Bibliotheken der Nachbardisziplinen (Juristische Bibliothek u. a.) geklärt werden, da vor der Themenvergabe naturgemäß noch keine genauen Kenntnisse über die, für die Arbeit schließlich erforderlichen **Fachbibliotheken** vorhanden sind. Der Zeit- und Arbeitsaufwand, der während der Bearbeitungszeit durch die Unkenntnis unterschiedlicher Öffnungszeiten, verschiedener Ausleihbestimmungen bzw. -formulare und anderes mehr verursacht wird, kann nur so erfolgreich minimiert werden!

b. Seminarraum

Soweit dem Bearbeiter eines Projektes in der Bibliothek oder im Seminar eines Institutes ein Arbeitsplatz zur Anfertigung seiner Arbeit zur Verfügung gestellt wird, sind im Rahmen der Vorbereitung die damit verbundenen **technischen** und **organisatorischen Bedingungen** näher zu erkunden. Hierzu geben fortgeschrittenere Studienkollegen sowie die zuständigen Dozenten bzw. Assistenten und das jeweilige Lehrstuhlpersonal Auskunft. Soweit Bibliotheks-, Aufsichts- oder Institutspersonal während der Bearbeitung zu Rate gezogen werden kann (oder muß), ist es im Einzelfall sicher nicht unangemessen, sich vorher bereits kurz vorzustellen; eine unbürokratische **Hilfe** bzw. eine erforderliche **Ausnahmeregelung** wird einem ,,Bekannten“ sicherlich seltener als einem unbekannten, ,,namenlosen Studenten“ verweigert werden.

Diese Form **persönlicher Vorbereitung** ist aber in besonderem Maße für den die Arbeit bzw. das Projekt betreuenden Professor und/oder dessen Assistenten angeraten. Vor Beginn einer Arbeit sollten deshalb die **Sprechzeiten und -orte** der betreffenden Personen während der Bearbeitungszeit (!) in Erfahrung gebracht werden. In der vorlesungsfreien Zeit – in der in zunehmendem Maße gerade umfassendere wissenschaftliche Arbeiten zu schreiben sind – gilt es auch Urlaubs- bzw. sonstige Abwesenheitszeiten der Betreuer zu erfragen; diese Daten müssen im Zeit- und Terminplan entsprechend eingetragen werden.

Bei erfahreneren Studienkollegen des gleichen Faches sollten darüber hinaus Informationen zum **Umgang** mit den Fachbetreuern gesammelt werden. Einige fach- und/oder personenspezifische **Eigenarten** lassen sich so bereits im Vorfeld berücksichtigen und ersparen die Zeit für entsprechende eigene Erfahrungen.

c. Wohnung

Wer in seiner Studentenbude oder im Zimmer der Wohnung der Eltern seinen (Haupt-)Arbeitsplatz bezieht, muß selber wissen, welche Atmosphäre ihm am angenehmsten ist. Vor Beginn der Arbeitsaufnahme zu Hause müssen jedoch die Möglichkeiten zu kurz- wie längerfristiger **Ausleihe** von Büchern aus den verschiedensten Fachbibliotheken geklärt werden. Darüber hinaus ist bereits bei der Zeitplanung zu beachten, daß zu Hause ein kurzfristiges Überprüfen von Zitaten ebenso ausgeschlossen ist wie die umgehende Klärung einzelner Spezialbegriffe und -ansätze oder eine weiterführende Literatursuche; der hierzu erforderliche, zum Teil erhebliche **zeitliche Mehrbedarf** ist von Anfang an zu berücksichtigen.

Am häuslichen Arbeitsplatz sollte die Möglichkeit gegeben sein, das benötigte Material ausbreiten und gegebenenfalls auch so über Tage oder Wochen liegen lassen zu können. Pin-Boards bzw. Kork- oder Styroporplatten können hier als zusätzliche, wichtige **Arbeitshilfe** zur optischen Aufbereitung eines Themas benutzt werden: die einzelnen Gliederungspunkte lassen sich ebenso wie komplexe Zusammenhänge mit graphischen Mitteln verdeutlichen und können so besser mit den **Augen** und **Fingern nachvollzogen** werden. Darüber hinaus können Ideen, Vermerke und Zitate während der Bearbeitungszeit zum entsprechenden Gliederungspunkt geheftet werden; die erforderliche **Flexibilität** im Aufbau einer Arbeit ist mit diesem System in hohem Maße sichergestellt. **Gewarnt** werden muß allerdings vor der Absicht bzw. dem – zum Scheitern verurteilten – **Versuch, alle** benötigte **Literatur** zu **kopieren** und nach Hause zu schleppen: eine nicht unerhebliche Zahl von Studenten hat auf diesem Wege allein den großen Kopierschein namhafter Kopier-Geräte-Hersteller, nicht aber den erwünschten Leistungsnachweis oder das angestrebte Diplom erhalten, denn: „**Kopieren heißt nicht Kapieren**"! Arbeitsschritte wie die anschließend beschriebene Materialübersicht und Materialauswahl lassen sich darüber hinaus nicht „dislozieren"; diese Arbeiten können sinnvoll nur in den Bibliotheken und den sonstigen Materialstandorten erledigt werden.

Wer gerne zu Hause arbeitet, muß in erhöhtem Maße eine **disziplinierte** Zeit- und Termin-(Tages-)Planung durchführen. **Feste Zeiten** sind für die zwingend erforderliche Bibliotheksarbeit sowie weitere Tätigkeiten außerhalb des heimischen Arbeitsplatzes **einzuplanen** und **einzuhalten.** Wird diese Empfehlung nicht beachtet, nehmen bei der Arbeit zu Hause die Rüstzeiten, d. h. insbesondere die mehrfachen An- und Abfahrten bzw. -wege sehr schnell überhand, die eigentliche Arbeit bleibt im wahrsten Sinne des Wortes „auf der Strecke".

Soweit in wechselndem Umfang zum Teil zu Hause, zum Teil an der Universität gearbeitet wird, kann es sich empfehlen, einzelne **Arbeitsunterlagen** wie Karteien oder Exzerpte **doppelt** anzulegen, um den Umfang des Materialtransportes zu minimieren. Ein zu großer organisatorischer Aufwand sollte allerdings vermieden, das eigentliche Arbeitsprojekt zu keinem Zeitpunkt dabei aus den Augen verloren werden. Eine allein arbeitsorganisatorisch begründete Geschäftigkeit kostet die Energie, die so dringend für die wissenschaftliche Arbeit selbst benötigt wird.

2. Arbeitsmittel

Eine Auflistung auch nur der neuesten Schreibgeräte und Arbeitsmittel im einzelnen ist ausgeschlossen. Jeder Student muß nach 13 Schuljahren selber wissen, mit welcher Art von Arbeitsmitteln er am besten zurecht kommt. Empfehlenswert ist es allerdings – soweit dazu die Möglichkeit besteht –, spätestens vor Anfertigung der Diplomarbeit ein **Bürobedarfsgeschäft** oder die entsprechende Abteilung eines großen Kaufhauses zu **besuchen,** mindestens aber deren Warenkataloge zu studieren. Eine Reihe von **Informationen** über neuere arbeitsorganisatorische Hilfen kann so gewonnen werden; wichtige Einzelheiten zu bewährten Arbeitsmitteln werden im folgenden im Zusammenhang mit dem jeweiligen Arbeitsschritt erklärt. Einige grundsätzliche **Anmerkungen** zu den wichtigsten Arbeitsmitteln vorab:

- Nur **eine Papiergröße** (DIN-A-4) verwenden, das verhindert das „Abtauchen“ bzw. Verschwinden wichtiger Informationen; soweit kleinere Formate vorliegen (z. B. bei Zeitungsausschnitten), sind die Informationsträger sofort auf DIN-A-4-Papier **aufzukleben** oder -zuheften, größere Formate sollten – entsprechend gefaltet – eingeordnet werden.
- Nur **gelochtes, holzfreies Papier** verwenden, besser als fliegende Blätter sind Schreibblöcke, die vor der ersten Benutzung bereits im Ganzen **gelocht** werden sollten, da im Einzelfall der Locher häufig nicht zur Hand ist.
- Papier ausschließlich **einseitig beschreiben,** laufend **numerieren** und immer mit **Datum versehen.**
- Grundsätzlich sollten **Aktenordner,** keine Ringbücher oder ähnliches verwendet werden; die **Ablage** ist nur so jederzeit mit einem einfachen Locher zu erledigen, fremde Papiere und Unterlagen können ausgetauscht bzw. ohne Verzug eingeordnet werden.
- Soweit keine abweichende feste Gewohnheit besteht, sollte mit (**Druck-**)**Bleistiften** geschrieben werden; Korrekturen und kleinere Einschübe im Manuskript und auf anderen Arbeitsmitteln (z. B. Karteikarten) lassen sich so lesbar und ordentlich anbringen, mehrfaches Durchstreichen kann durch Radierung vermieden werden. Nur ein mit Bleistift verfaßtes Manuskript läßt mehrfaches Überarbeiten ohne zeitraubendes, wiederholtes Schreiben einzelner Textpassagen zu.
- Stabile linierte, **verschiedenfarbige Karteikarten** verwenden, wobei Pastelltöne bevorzugt werden sollten. Intensive Farben sind unpraktisch, da sich auf ihnen Tintenstriche und Bleistiftschrift schlecht abheben; zudem sollten eigene farbige **Markierungen** möglich sein. Zu beachten ist, daß die Farben der Karteikarten und der benutzten Stifte auch bei künstlichem Licht unterschieden werden können (15 vH aller Menschen sind farbenblind!).
- Geeignete **Formate** sind DIN-A-7 (halbe Postkarte) für die Verfasserkartei, DIN-A-5 (doppelte Postkarte) für alle sonstigen Karteien. Das häufig empfohlene Postkartenformat (DIN-A-6) ist – zumindest bei durchschnittlich dimensionierter Handschrift – entweder zu knapp (Schlagwortkartei) oder zu reichlich (Verfasserkartei).
- Zur Karteikartenaufbewahrung **offene Kästen,** sog. Tröge, benutzen, die angemessen aber nicht überdimensioniert sein sollten (für eine Diplomarbeit reicht in der Regel ein Fassungsvermögen von 300 Karten). Die (verschließbaren) Kästen mit Deckel sind teuer, neigen – da bei der Arbeit aufgeklappt – permanent zum Umfallen und sind zudem sehr sperrig. Nur

bei häufigem Arbeitsplatzwechsel ist deshalb ein geschlossener Kasten notwendig.

- Für die Karteikarten-Kennzeichnung sind verschieden-farbige und -gestaltete **„Reiter“** aus Plastik oder Metall zu besorgen; diese Reiter müssen aber einen Dorn haben, damit sie unverrückbar an der Karteikarte fixiert werden können.
- Um ein Zusammenrutschen und Umfallen der anfangs noch wenigen Karteikarten zu vermeiden, kann auf dem (glatten) Innenboden des Karteikartenkastens jeweils ein Tesakrepp-Streifen (oder ein Streifen Velours-Folie) aufgeklebt werden. Zudem sollten ausreichend Pappen in Form eines Dreiecks oder Trapezes in die jeweilige Karteikartengröße übersteigender Höhe als sog. **Karteiwächter** oder **Alarmkarten** bereitgehalten werden; sie markieren die Stelle einer herausgenommenen Karteikarte und erleichtern zudem das schnelle **Nachsuchen** ebenso wie die unverzichtbaren (alphabetischen oder numerischen) **Leit-** oder sog. **Tabkarten.**

Einige oder vielleicht die meisten dieser Ratschläge erscheinen **penibel,** schließlich „weiß man, wie man zu arbeiten hat“. Auch ich habe einige dieser **Tips** erst im Laufe meiner wissenschaftlichen Tätigkeit erhalten, sie aber ausnahmslos **akzeptiert:** Sie sparen alle viel Zeit und (überflüssigen) Ärger!

Falls andere **technische Arbeitsmittel** in Frage kommen, muß deren **Verfügbarkeit** und die **Kenntnis** ihrer Bedienung sichergestellt sein. Häufig benutzte Arbeitsmittel sind:

- Mechanische, elektrische oder elektronische Schreibmaschinen bzw. Textautomaten
- Diktiergeräte und sonstige Aufzeichnungsmaschinen
- Datensicht- und -erfassungsgeräte, Textverarbeitungseinheiten, PC
- Film-, Foto-, Video- bzw. sonstige Reproduktionsgeräte
- Kopier- und Vervielfältigungsapparate

Die sorgfältige **Information** über die im Einzelfall sinnvoll einsetzbare (Mindest-)Technik maximiert die effektiv produktive Arbeitszeit. Ein unvorhergesehener Wechsel der benutzten Geräte bzw. Programme während der Bearbeitung kostet dagegen nicht nur Nerven, sondern ist zudem meist auch sehr zeitraubend. So kann beispielsweise die Verwendung falscher, d. h. mit dem Abspielgerät der Sekretärin bzw. des Schreibbüros nicht kompatibler (vereinbarer) Tonbandkassetten den gesamten **Zeitplan** in der Nähe des kritischen Zielzeitpunktes platzen lassen, nicht kopierfähige Zeichnungen oder Tabellen können ungezählte Überstunden bedingen.

Ebenfalls rechtzeitig in der Vorbereitungsphase sind Informationen über die Verfügbarkeit erforderlicher **Hilfskräfte** einzuholen und gegebenenfalls entsprechende **Termine** zu vereinbaren:

- **Übersetzer** bzw. Übersetzungsbüros, falls fremdsprachliche Texte eventuell verarbeitet werden müssen und entsprechende Kenntnisse möglicherweise nicht (oder nicht ausreichend) vorhanden sind;
- **Programmierer** und **Datenverarbeitungsspezialisten** einschließlich der voraussichtlich benötigten Maschinenzeiten, soweit entsprechende Daten erfaßt und verarbeitet werden müssen;
- **Schreibkräfte** bzw. Schreibbüros, soweit die Reinschrift, das Typoskript, nicht von eigener (oder befreundeter) Hand angefertigt wird;
- **Buchbinder,** soweit Prüfungsarbeiten wie Diplomarbeiten oder Dissertationen in gehefteter bzw. gebundener Form abgegeben werden müssen und schließlich:
- **Bekannte oder Freunde,** die zur gelegentlichen Diskussion einzelner Punkte ebenso wie für eine kritische Lektüre und die abschließende stilistische Debatte zur Verfügung stehen.

Der **Personalcomputer** (PC) wird in zunehmendem Maße im Hochschulbereich (auch) zur unmittelbaren Erstellung von wissenschaftlichen Arbeiten genutzt. Ein Manuskript ist dabei – je nach EDV-Kenntnissen und Fingerfertigkeit des Bearbeiters – nicht mehr erforderlich; die Textverarbeitung und Korrektur erfolgt unmittelbar über den Bildschirm. Zur Erstellung wissenschaftlicher Arbeiten auf derartigen Wortprozessoren gelten ohne Einschränkung die nachfolgenden Richtlinien und Empfehlungen. An die **Textverarbeitungssysteme** und **-programme** für wissenschaftliche/technische Texte müssen also dieselben Anforderungen gestellt werden, wie an eine Reinschrift, die auf traditionellem (maschinenschriftlichem) Wege angefertigt wird: Die „Umstellung auf Computer“ ist kein Argument für nachlässiges oder gar fehlerhaftes wissenschaftliches Arbeiten.

3. Arbeitsorganisation

Die Arbeitsorganisation wird zu einem guten Teil durch den gewählten **Arbeitsplatz** und die benutzten **Arbeitsmittel** beeinflußt; die oben vorgestellte Projekt-, Kosten- und Zeitplanung schafft dazu den äußeren **Rahmen.**

Innerhalb dieser Bedingungen muß jeder selber seine Arbeit koordinieren und sein Vorgehen organisieren. Eine wichtige Voraussetzung für effizientes Arbeiten ist dabei die Analyse des eigenen bisherigen

Arbeitsstils im Rahmen einer **Zeitinventur**[3]. Erst wenn man einmal tatsächlich schriftlich festgehalten hat, wieviel Zeit man wofür und mit wem ver(sch)wendet, kann man eine realistische Soll-Zeitplanung durchführen.

In den folgenden Abschnitten werden für jede Stufe des wissenschaftlichen Arbeitsprozesses methodische und technische Ratschläge gegeben sowie die erforderlichen formalen Vorschriften erklärt. Die Lektüre des entsprechenden Kapitels in diesem Buch sollte deshalb die jeweils erste organisatorische Handlung vor der Inangriffnahme eines neuen Arbeitsschrittes sein.

Zur Überwachung, Disziplinierung aber auch Motivation ist der oben empfohlene (und hoffentlich bereits angelegte!) **Zeit- und Terminplan** deutlich sichtbar im Arbeitszimmer aufzuhängen bzw. am Arbeitsplatz einsehbar aufzulegen. Der vorgeschlagene **Soll-Ist-Vergleich**[4] mit farbigem Markierstift am Ende eines Arbeitstages sichert die so notwendigen kleinen Erfolgserlebnisse zwischendurch, er organisiert und **strukturiert** gleichzeitig den **nächsten Tag.** Der Abend und insbesondere die Einschlafphase werden so entlastet, für Gedanken die dennoch unvermutet auftauchen, sollte immer ein **Schreibblock** und ein **Stift bereit** gelegt werden, um solche Ideen **notieren** zu können.[5]

„Zufällige Erfolge sind gut, aber selten. Geplante Erfolge sind besser, da häufiger und beeinflußbar."[6]

---

[3] Vgl. dazu ausführlich *Seiwert, L. J.*, Zeit, 1985, S. 23–46; *Seiwert, L. J.*, Zeitmanagement, 1985; *Hülshoff, F./Kaldewey, R.*, Erfolg, 1984, S. 122–126.

[4] Vgl. oben Kapitel I, Abschnitt 3, S. 18.

[5] Vgl. *Beelich, K.H./Schwede, H.-H.*, Denken, 1983, S. 104.

[6] *Seiwert, L. J.*, Zeit, 1985, S. 49.

III. Materialübersicht und Themenabgrenzung

Die ersten beiden themenbezogenen Aufgaben jedes wissenschaftlichen Arbeitsprozesses sind:

- Materialübersicht und
- Themenabgrenzung

Soweit zwei (oder mehrere) Themen zur Auswahl stehen, sind diese Arbeitsschritte für **jedes Thema gesondert** und mit gleicher Sorgfalt durchzuführen. Auch bei spontaner, vermeintlich eindeutiger Themenpräferenz müssen gegebene **Alternativen** unbedingt **berücksichtigt** und im Rahmen des gegebenen Entscheidungszeitraumes so gründlich wie möglich **recherchiert** werden. Im Verlauf der anschließend aufgenommenen Arbeit aufkommende Zweifel an der Richtigkeit der Themenwahl lassen sich nur so begründet (und mit gutem Gewissen) zerstreuen.

Bei mehreren Themen können die im folgenden dargestellten **Quellen** und **Materialien** jeweils parallel zur Klärung und Abgrenzung der vorgegebenen alternativen Problembereiche genutzt werden. Sind für die Entscheidung über das endgültige Thema aber mehrere Tage Bedenkzeit zugelassen, die noch nicht auf die Bearbeitungszeit angerechnet werden, sollte sequentiell vorgegangen, d. h. ein Thema nach dem anderen abgehandelt werden. Örtliche oder zeitliche Beschränkungen (z. B. weite Wege zwischen den Standorten der erforderlichen Bibliothekskataloge und weiteren Fundstellen) zwingen hier aber nicht selten aus arbeitsorganisatorischen Gründen dennoch zu einer parallelen Recherche und Quellensuche; dabei ist aber zumindest **blockweise** vorzugehen, da eine gleichzeitige **Recherche** nach mehr als einem Themenbereich erfahrungsgemäß wenig erfolgreich verläuft.

Bei der Literaturübersicht kann grundsätzlich zwischen einem **systematischen** und einem **pragmatischen** Vorgehen unterschieden werden.[1] Dabei ist die Wahl des **Verfahrens** im Einzelfall von der **Themenstellung,** den einschlägigen **Vorkenntnissen** des Bearbeiters und

---

[1] Vgl. auch *Hansen, G./Nyssen, E./Rützel, J.*, Einführung, 1978, S. 64f.

der insgesamt verfügbaren **Zeit abhängig;** häufig empfiehlt sich als Variante auch eine „gemischte Strategie".

Fundstellen einer **systematischen Vorgehensweise** sind:

- Nachschlagewerke
- Bibliothekskataloge
- Bibliographien
- Amtliche Veröffentlichungen
- Periodika

Der **pragmatische Weg** führt über Literaturlisten, Handapparate, Lehrbücher, Kommentare und Literaturverzeichnisse in themenspezifischer Literatur sowie die Einschaltung von Informations- und Dokumentationsdiensten zu der angestrebten Literaturübersicht. Als einer, zumindest teilweise aus dem systematischen Verfahren abgeleiteten Vorgehensweise soll das pragmatische Verfahren erst abschließend in Abschnitt sechs und sieben erklärt und diskutiert werden.[2]

1. Nachschlagewerke

a. Konversationslexika, Sprachwörterbücher

Zur ersten **Orientierung** über ein Themengebiet, insbesondere z. B. dessen historischen **Hintergrund,** können folgende Enzyklopädien und Konversationslexika hilfreich sein:

Brockhaus Enzyklopädie in 20 Bänden mit einem Kartenband, einem Bildwörterbuch und drei Ergänzungsbänden, 17. Aufl., Wiesbaden: F.A. Brockhaus, 1966 ff.

Der große Brockhaus in 12 Bänden mit einem Kartenband, einem Ergänzungsband und sechs Bänden Brockhaus-Wahrig – Deutsches Wörterbuch, Wiesbaden: F.A. Brockhaus, 1977/82

Encyclopaedia Britannica in 30 Bänden mit jährlichem Ergänzungsband „Britannica Book of the Year", Chicago/London: Ency. Brit. Ed., 1980

Evangelisches Soziallexikon, hrsg. von *Theodor Schober, Martin Honecker* und *Horst Dahlhaus,* 7., neu bearb. Aufl., Stuttgart: Kreuz, 1980

---

[2] *Poenicke, K./Wodke-Repplinger, I.,* Arbeiten, 1977, S. 59 sprechen bei der Ableitung aus vorhandenen Schrifttumsverzeichnissen von „aktiver Bibliographie", wobei ersichtlich Ursache und Wirkung verwechselt werden.

Evangelisches Staatslexikon, hrsg. von *Hermann Kunst, Roman Herzog* und *Wilhelm Schneemelcher,* 2., neu bearb. Aufl., Stuttgart: Kreuz, 1975
Katholisches Soziallexikon, hrsg. von *Alfred Klose, Wolfgang Mantl* und *Valentin Zsifkovits,* 2., neu bearb. Aufl., Graz: Tyrolia/Styria, 1980
Meyers Enzyklopädisches Lexikon in 25 Bänden mit einem Atlasband und sechs Ergänzungsbänden und Jahrbüchern, Mannheim/Wien/Zürich: Bibliographisches Institut, 1971–1981
Meyers Großes Universallexikon in 15 Bänden mit einem Atlasband und vier Ergänzungsbänden und Jahrbüchern, Mannheim/Wien/Zürich: Bibliographisches Institut, 1981 ff. (mit Ergänzungen über Bildschirmtext bzw. über entsprechende EDV-Ausdrucke)
Staatslexikon – Recht/Wirtschaft/Gesellschaft in fünf Bänden, hrsg. von der Görres-Gesellschaft, 7. Aufl., Freiburg: Herder, 1985–1989

Fremdwörter bzw. fremdsprachliche **Ausdrücke** in der Themenstellung lassen sich anhand von Fremdwörter-Lexika und Fachsprachwörterbüchern klären:

Fremdwörter-Lexika:

DUDEN – Fremdwörterbuch, 4., neu bearb. Aufl., Mannheim/Wien/Zürich: Bibliographisches Institut, 1982
Freytag, Kurt (Hrsg.): Fremdwörterbuch naturwissenschaftlicher und mathematischer Begriffe, 2 Bände, 4., überarb. Aufl., Köln: Aulis, 1983
Wahrig, Gerhard: Fremdwörter-Lexikon, München: Mosaik, 1983

Fachsprachwörterbücher:

Andersen, Arthur (Hrsg.): Wörterbuch der deutsch-englischen Fachausdrükke des Rechnungswesens und des Geschäftsverkehrs, 2. Aufl., Stuttgart: Schäffer, 1981
Creifelds, Carl (Hrsg.): Rechtswörterbuch, 8. Aufl., München: Beck, 1985
Bartsch, Ernst/Böhss, Günther/Schüler, Andreas (Hrsg.): Ökonomisches Wörterbuch – Englisch/Deutsch, Berlin(Ost): Verlag Die Wirtschaft, 1980
Dietl, Clara-Erika/Moss, Anneliese/Lorenz, Egon: Wörterbuch für Recht, Wirtschaft und Politik – Englisch/Deutsch – Deutsch/Englisch, 3., neu bearb. Aufl., München: Beck, 1985/86
Eichborn, Reinhart von: Der große Eichborn – Wörterbuch für Wirtschaft, Recht, Verkehr, Verwaltungs- und Umgangssprache – Englisch/Deutsch, 2 Bände, Burscheid: Siebenpunkt, 1981 f.
Gunston, C. A./Corner, C. M.: Deutsch-Englisches Glossarium finanzieller und wirtschaftlicher Fachausdrücke, 8., überarb. Aufl., Frankfurt: Knapp, 1983

Kommission der Europäischen Gemeinschaften (Hrsg.): Wörterbuch zur Europäischen Vertragssprache in sechs Sprachen, Europäische Gemeinschaft: Selbstverlag, 1984

Mentzel, Wolfgang/Wittelsberger, Helmut: Kleines Wirtschaftswörterbuch, 3. Aufl., Freiburg: Herder, 1983

Recktenwald, Horst C.: Wörterbuch der Wirtschaft, 9. Aufl., Stuttgart: Körner, 1981

Ritter, Ulrich P./Zinn, Karl G.: Grundwortschatz wirtschaftswissenschaftlicher Begriffe – Englisch/Deutsch – Deutsch/Englisch, 3. Aufl., Stuttgart/New York: G. Fischer, 1984 (UNI-Taschenbücher Nr. 644)

Roepke, Fritz/Häfner, Monique/Häfner, Peter: Deutsch-Französisches Glossarium finanzieller und wirtschaftlicher Fachausdrücke, 6., neu bearb. Aufl., Frankfurt: Knapp, 1982

Romain, Alfred: Wörterbuch der Rechts- und Wirtschaftssprache – Deutsch/Englisch – Englisch/Deutsch, 2. bzw. 3. Aufl., München: Beck, 1985/83

Schäfer, Wilhelm: Wirtschaftswörterbuch – Englisch/Deutsch – Deutsch/Englisch, München: Vahlen, 1979/1983

Thomik Rudolf: Fachwörterbuch für Wirtschaft, Handel und Finanzen – Französisch/Deutsch – Deutsch/Französisch, 4., neu bearb. Aufl., Köln u. a.: Heymanns, 1985

Zahn, Hans E.: euro-Wirtschaftswörterbuch in drei Sprachen –Deutsch/Englisch/Französisch, Frankfurt: Knapp, 1973

b. Fachlexika

Einen ersten **themenbezogenen Überblick** geben Fachlexika sowie sog. Fachkompendia; teilweise werden hier auch weiterführende **Literaturhinweise** gegeben.

Finanzlexikon, hrsg. von *Horst-Tilo Beyer*, München: Vahlen, 1972

Banklexikon, 9., überarb. Aufl., Wiesbaden: Gabler, 1983

Gabler Volkswirtschaftslexikon, 2. Aufl., Wiesbaden: Gabler, 1983

Gabler Wirtschaftslexikon, 2 Bände, 11., überarb. Aufl., Wiesbaden: Gabler, 1983

Herder Lexikon Wirtschaft, bearb. von *Günther Böing,* 5. Aufl., Freiburg: Herder, 1981

Investitionslexikon, hrsg. von *Wolfgang Lücke,* München: Vahlen, 1975

Kompendium der Betriebswirtschaftslehre, hrsg. von *Uwe Bestmann* u. a., München: Oldenbourg, 1982

Kompendium der Volkswirtschaftslehre, hrsg. von *Werner Ehrlicher* u. a., 2 Bände, 5. bzw. 4. Aufl., Göttingen: Vandenhoeck & Ruprecht, 1980/1975

Lexikon der Betriebswirtschaft, hrsg. von *Wolfgang Lück,* Landsberg: Verlag moderne industrie, 1983

Lexikon der deutschen und internationalen Besteuerung, hrsg. von *Wilhelm Wacker,* 2., überarb. Aufl., München: Vahlen, 1982

Lexikon der Volkswirtschaft, hrsg. von *Friedrich Geigant, Dieter Sobotka* und *Horst M. Westphal,* 4., überarb. Aufl., Landsberg: Verlag moderne industrie, 1983

Management-Enzyklopädie in 10 Bänden, Landsberg: Verlag moderne industrie, 1980–1984

Meyers Handbuch über die Wirtschaft, 3. Aufl., Mannheim/Wien/Zürich: Bibliographisches Institut, 1974

Vahlens Kompendium der Betriebswirtschaftslehre, hrsg. von *Jörg Baetge* u. a., 2 Bände, München: Vahlen, 1984

Vahlens Kompendium der Wirtschaftstheorie und Wirtschaftspolitik, hrsg. von *Dieter Bender* u. a., 2 Bände, München: Vahlen, 1981/84

Wörterbuch zur politischen Ökonomie, hrsg. von *Gert von Eynern,* 2., neu bearb. Aufl., Wiesbaden: Westdeutscher Verlag, 1977

c. Fachhandwörterbücher

Stärker fachbezogen sind die Fachhandwörterbücher. Renommierte Fachvertreter geben hier in **Überblickaufsätzen** einen Abriß zum jeweiligen Stichwort unter Angabe einführenden Literatur. Über diese Aufsätze kann regelmäßig ein fundierter **Einstieg** in die grundsätzliche Problematik erfolgen. Darüber hinaus findet sich in den **Literaturhinweisen** auch regelmäßig die themenspezifische Standardliteratur; aktuelle Literatur- bzw. Rechtsprechungsverweise sind wegen der häufig mehrjährigen Vorbereitungs- bzw. Produktionszeiten derartiger (umfangreicher) Handbücher allerdings eher die Ausnahme.[3]

Enzyklopädie der Betriebswirtschaftslehre, 10 Bände (EdBWL):

Handwörterbuch der Betriebswirtschaftslehre (HWB), hrsg. von *Erwin Grochla* und *Waldemar Wittmann,* 3 Teilbände, 4., neu gestalt. Aufl., Stuttgart: Poeschel, 1974–1976

Handwörterbuch der Organisation (HWO), hrsg. von *Erwin Grochla,* 2., neu gestalt. Aufl. Stuttgart: Poeschel, 1980

Handwörterbuch des Rechnungswesens (HWR), hrsg. von *Erich Kosiol, Klaus Chmielewicz* und *Marcell Schweitzer,* 2., neu gestalt. Aufl., Stuttgart: Poeschel, 1981

Handwörterbuch der Absatzwirtschaft (HWA), hrsg. von *Bruno Tietz,* Stuttgart: Poeschel, 1974

Handwörterbuch des Personalwesens (HWP), hrsg. von *Eduard Gaugler,* Stuttgart: Poeschel, 1975

---

[3] Vgl. dazu auch *Wittmann, W.,* Betriebswirtschaftlehre, 1982, S. 265f.; *Hanfland, F.,* Studium, 1978, S. 66–69; *Borchardt, K.,* Vademecum, 1973, S. 100–105; *Scheibler, A.,* Technik, 1976, S. 25f.

Handwörterbuch der Finanzwirtschaft (HWF), hrsg. von *Hans E. Büschgen,* Stuttgart: Poeschel, 1976
Handwörterbuch der Produktionswirtschaft (HWProd), hrsg. von *Werner Kern,* Stuttgart: Poeschel, 1979
Handwörterbuch der Revision (HWRev), hrsg. von *Adolf G. Coenenberg* und *Klaus von Wysocki,* Stuttgart: Poeschel, 1983
Handwörterbuch der Planung (HWPlan), hrsg. von *Norbert Szyperski,* Stuttgart: Poeschel, 1987 (im Erscheinen)
Handwörterbuch der Öffentlichen Betriebswirtschaft (HWÖ), hrsg. von *Klaus Chmielewicz* und *Peter Eichhorn,* Stuttgart : Poeschel (in Vorbereitung)
Handbuch der empirischen Sozialforschung, hrsg. von *René König,* 14 Bände, 3. Aufl., Stuttgart: Enke, 1973–1979
Handbuch der Finanzwissenschaft (HdF), hrsg. von *Fritz Neumark,* 4 Bände, 3. Aufl., Tübingen: Mohr, 1977–1983
Handbuch der Wirtschaftswissenschaften, hrsg. von *Karl Hax* und *Thomas Wessels,* 2 Bände, Köln/Opladen: Westdeutscher Verlag, 1966
Handwörterbuch der Betriebspsychologie und Betriebssoziologie, hrsg. von *Paul von Beckerath, Peter Sauermann* und *Günter Wiswede,* Stuttgart: Enke, 1981
Handwörterbuch der Mathematischen Wirtschaftswissenschaften (HMW), hrsg. von *Max Beckmann, Günter Menges* und *Reinhart Selten,* 3 Bände, Wiesbaden: Gabler, 1979
Handwörterbuch des Steuerrechts, hrsg. von *Georg Strickrodt* u. a., 2 Bände, 2. Aufl., München: Beck 1981
Handwörterbuch der Volkswirtschaft (HDV), hrsg. von *Werner Glastetter* u. a., 2. Aufl., Wiesbaden: Gabler, 1980
Handwörterbuch der Wirtschaftswissenschaft (HdWW), hrsg. von *Willi Albers* u. a., 9 Bände, Stuttgart/New York: G. Fischer, Tübingen: Mohr und Göttingen/Zürich: Vandenhoeck & Ruprecht, 1977–1982 (zugleich Neuauflage des Handwörterbuchs der Sozialwissenschaften [HdSw])
Obst/Hintner: Geld-, Bank- und Börsenwesen – Ein Handbuch, hrsg. von *Norbert Kloten* und *Johann H. von Stein,* 37., neu gestalt. Aufl., Stuttgart: Poeschel, 1980

2. Bibliothekskataloge

Der Standort der angeführten Titel ist mit Hilfe der jeweiligen Bibliothekskataloge zu ermitteln. Darüber hinaus kommt aber den Katalogen aller Bibliotheken (Publikumsbibliotheken, Universitätsbibliotheken, amtliche und private Bibliotheken) bzw. „Mediotheken“ auch unmittelbar Bedeutung für die **Literaturübersicht** zu. Folgende Kataloge in Kartei(Zettel-)form, Bandform oder auf Microfiche (Verfilmung des Katalogs) können unterschieden werden (vgl. *Darst. 6*).

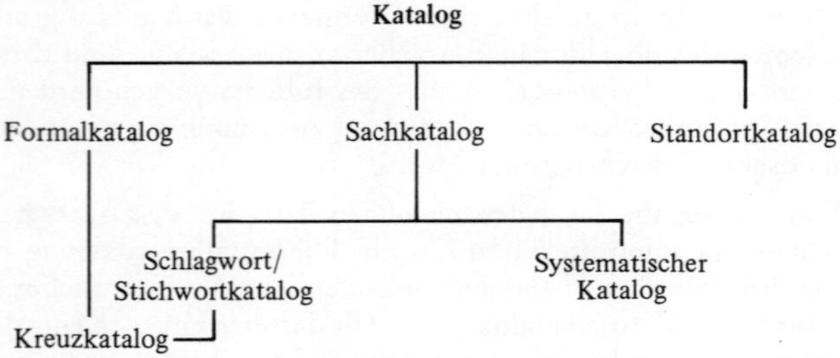

Quelle: Zum Teil in Anlehnung an *Hülshoff, F./Kaldewey, R.:* Erfolg, 1984, S. 175, Abb. 27, und *Hacker, R.:* Grundwissen, 1983, S. 66–71

Darst. 6: Katalogsysteme

a. Formalkatalog

Im Formalkatalog (auch „Alphabetischer Verfasser- und Anonyma-Katalog" oder „Nominalkatalog" genannt)[4] werden alle Titel einer Bibliothek (oder eines Bibliotheksverbundes!) nach den formalen Elementen **Verfassername** und **Sachtitel** in alphabetischer Reihenfolge erfaßt. Bücher und Schriften werden bei bis zu drei Verfassern nach dem ersten Verfassernachnamen eingeordnet. Soweit mehr als drei Verfasser oder aber nur der oder die Herausgeber ausgewiesen werden, erfolgt die Zuordnung – wie bei anonymen Werken (Anonyma) ohne Verfasserangabe – unter dem Sachtitel bzw. dem Namen der herausgebenden Körperschaft; **Zeitschriften,** Zeitungen und Serien werden ebenso wie alle übrigen **Anonyma** nur unter dem **Sachtitel** aufgenommen. Die **Zuordnung** folgt – je nach Regelwerk – der grammatikalischen oder mechanischen (alphabetischen) Wortfol-

---

[4] Vgl. u. a. *Borchardt, K.,* Vademecum, 1973, S. 46f.; *Hülshoff, F./Kaldewey, R.,* Erfolg, 1984, S. 173f.; *Poenicke, K./Wodke-Repplinger, I.,* Arbeiten, 1977, S. 51; dagegen wie im Text auch *Hanfland, F.,* Studium, 1977, S. 91, der zu Recht darauf hinweist, daß auch andere der hier im folgenden dargestellten Katalogformen alphabetisch geordnet sind.

ge; diese Kriterien müssen beim jeweiligen Bibliothekspersonal **erfragt** werden. In Abhängigkeit des in einer Bibliothek im Einzelfall verwendeten Systems sind darüber hinaus aber auch noch weitere „Nebeneinträge“ (mit regelmäßig verkürzten bibliographischen Angaben) üblich; derartige zusätzliche Vermerke werden häufig unter dem Namen des oder der Herausgeber(s), des zweiten und dritten Verfassers oder – bei Festschriften – des Jubilars vorgenommen. In größeren Bibliotheken liegt zudem meist auch noch ein gesonderter alphabetischer Zeitschriftenkatalog auf.

Die **Standortangabe** für jeden einzelnen Titel im Verfasserkatalog ermöglicht einen unmittelbaren Zugriff. Die Zusammenfassung aller in einer Bibliothek vorhandenen selbständigen Veröffentlichungen eines Autors im Formalkatalog vermittelt darüber hinaus Kenntnisse über **themenverwandte Arbeiten** aus der gleichen Feder, die weiteren Interessengebiete des betreffenden Autors sowie die Entwicklung und Anzahl der Auflagen seiner Schriften.[5]

In den **Sachkatalogen,** zu denen sowohl der Schlagwort- bzw. Stichwortkatalog als auch der systematische Katalog zählen, werden – im Gegensatz zu dem Formalkatalog – die Titel nach ihrem **Inhalt** erschlossen.

b. Schlagwort-/Stichwortkatalog

Im Schlagwort- bzw. Stichwortkatalog wird der Gesamtbestand nach (mehreren) **Sachbegriffen** – ebenfalls alphabetisch – geordnet. Ein **Schlagwort** ist ein kurzer, möglichst treffender Ausdruck für den sachlichen **Inhalt** einer Schrift. Einen oder mehrere Begriffe aus dem **Titel** bzw. **Untertitel** der jeweiligen Schrift bezeichnet man zur bibliothekarischen Unterscheidung dagegen als **Stichwort.**[6]

Dieses Verfahren führt bei sehr allgemeinen Schlag- bzw. Stichworten in den Katalogen regelmäßig zu Dutzenden bzw. Hunderten von

---

[5] Vgl. *Hanfland, F.,* Studium, 1977, S. 91. Damit entfällt meist eine gesonderte Recherche der wichtigsten weiteren Veröffentlichungen eines Autors über „Kürschner‘s Gelehrten-Kalender“ (jeweils neueste Ausgabe) hrsg. von *W. Schuder,* wie *Heyde, J.,* Technik, 1970, S. 60 vorschlägt; dieses Vorgehen ist nur dann und insoweit erforderlich, als der gesuchte Autor (überwiegend) „unselbständige Literatur“ verfaßt hat.

[6] Vgl. *Heyde, J.,* Technik, 1970, S. 58f.; *Poenicke, K./Wodke-Repplinger, I.,* Arbeiten, 1977, S. 55.

Titeln, die einem Begriff zugeordnet werden. Darüber hinaus ist die mehr oder weniger zutreffende Einstellung auch eine Frage des Differenzierungsgrades des Katalog-Ordnungssystems sowie der Katalogisierung durch das Bibliothekspersonal; bei einem Stichwortkatalog führen zudem die häufig unzutreffenden, durch den jeweiligen Autor selbst gewählten Titel zu weiteren **Fehlzuordnungen.** Geeignete **alternative Schlagworte** für weitere Recherchen können mit den angegebenen Fremdwörterlexika, Synonymlexika oder mit Hilfe der Register bereits bekannter, themenspezifischer Literatur gefunden werden.

Über die **Standortangabe** für den konkret gesuchten Titel kann – soweit die Bücher in einer Bibliothek nach systematischen Ordnungskriterien aufgestellt und für den Benützer selbst zugänglich sind – eine **eigenständige Literatursuche** in der unmittelbaren Umgebung der Fundstelle vorgenommen werden; bei dieser Recherche muß man aber einige wichtige Punkte beachten, die im Zusammenhang mit der Benutzung eines Standortkataloges angesprochen werden sollen.[7]

c. Systematischer Katalog

Im Unterschied zum Schlagwort- bzw. Stichwortkatalog ordnet der systematische Katalog den **Bestand** einer Bibliothek in **sachlich-logischer Abfolge.** Dabei wird inhaltlich vergleichbare Literatur zusammengefaßt und deren Stellung innerhalb eines größeren Sachgebietes aufgezeigt. Für eine sachlich korrekte Zuordnung sind zahlreiche Klassifikationssysteme entwickelt worden.[8] Weitere Querverweise auf sachverwandte Gebiete bzw. Mehrfachzuweisungen sichern in der Regel eine **qualifiziertere Literaturübersicht** als dies mit einem alphabetischen Schlagwort- bzw. Stichwortkatalog alleine möglich ist; allerdings setzt eine erfolgreiche Recherche hier zumindest gewisse Kenntnisse der jeweils zugrundeliegenden Systematik voraus.

d. Standortkatalog

Soweit ein Standortkatalog für eine Präsenz- bzw. dem Benutzer direkt zugängliche sonstige Bibliothek existiert, kann dieser zur Er-

---

[7] Vgl. Kapitel III, Abschnitt 2, lit. d., S. 37f.

[8] Vgl. *Poenicke, K./Wodke-Repplinger, I.*, Arbeiten, 1977, S. 53–56; *Hülshoff, F./Kaldewey, R.*, Erfolg, 1984, S. 173–176.

mittlung des **Bibliotheksstandortes** von Büchern zu einem speziellen Schlagwort- bzw. systematisch erfaßten **Themenbereich** dienen. Ohne Angabe einzelner Titel ermöglicht hier die Standortbezeichnung eine Literaturrecherche vor Ort; unter der einem Schlagwort oder Ordnungsbegriff zugeordneten Standortsignatur können die einschlägigen Titel dann vom Benützer selbst eingesehen (und ausgeliehen) werden. Der Standortkatalog gibt exakt die Ordnung des jeweiligen Buchbestandes wider; seine Systematik hängt deshalb von der Art ab, wie die Bücher einer Bibliothek in den Regalen geordnet sind. Bei der Arbeit mit dem Standortkatalog muß aber **beachtet** werden, daß kurzfristig ausgeliehene Werke, für die z.B. kein Vermerk am Standort hinterlassen werden muß, sowie Titel im Geschäftsgang der Bibliothek (Neuerwerbungen, Buchbinderarbeiten, Katalogisierung, Umsignierung) bei dieser Suche nicht erfaßt werden; auch ist jeweils genau zu überprüfen, ob die aktuelle Auflage eines Werkes vorgefunden worden ist. Grundsätzlich sollten am Standort direkt ermittelte Titel deshalb in jedem Einzelfall an Hand des Formalkatalogs der Bibliothek nochmals überprüft werden.

e. Kreuzkatalog

Die Kombination aus Schlag- bzw. Stichwortkatalog und Formalkatalog ergibt einen sog. Kreuzkatalog („dictionary catalog"). Die Erfassung der **Bibliotheksbestände** durch EDV-Anlagen erlaubt technisch diese **Mischung** der jeweils alphabetisch geordneten **Kataloge** ohne größere Schwierigkeiten. Eine derartige Zusammenstellung dient dem Ausweis eines „Bibliotheksthesaurus" insgesamt, wobei jedes Werk regelmäßig **mehrfach** erfaßt wird. Eine systematische Suche ist allerdings zeitraubend, da die Arbeit mit einem solchen Kreuzkatalog meist dennoch ein nach Schlagworten und Verfasserangaben jeweils getrenntes Recherchieren erfordert.

3. Bibliographien

Bibliographien sind Verzeichnisse, die – nach den unterschiedlichsten Kriterien geordnet – den **Bestand an Literatur** eines Landes oder Sprachraums, eines Zeitabschnittes oder eines Sachgebietes (bzw. einer Kombination davon) enthalten. Sie dienen also dem **Nachweis** einzelner **Titel** unter einem gemeinsamen Ordnungskriterium. Jeder hier ermittelte Titel muß in den Bestandskatalogen der jeweiligen Arbeits- bzw. Leihbibliothek gesucht werden. Bibliographien selber enthalten **keine Standortangaben,** da sie regelmäßig unabhängig von dem Bestand einzelner Bibliotheken oder Archive erstellt werden (vgl. *Darst. 7*).

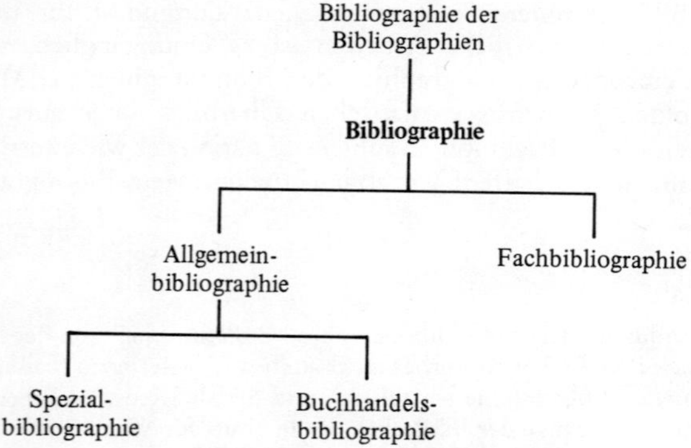

Darst. 7: Bibliographiekategorien nach Inhalt und Zweck

Jede dieser Bibliographiekategorien kann weiter differenziert werden nach:[9]

- Erscheinungsform:
  selbständige Bibliographie (Heft- oder Karteiform bzw. Microfiches) oder unselbständige, versteckte Bibliographie als Anhang oder Beigabe in Handbüchern, Lexika oder wissenschaftlichen Monographien
- Erscheinungsweise:
  zeitlich abgeschlossene (retrospektive) bzw. laufende (periodische) Bibliographie
- Katalogsystem:
  Formal-, Schlag-/Stichwort, System-, Zeitfolge- bzw. Kreuzkatalog
- Aussagegehalt:
  bibliographische Angaben (Titelbibliographie) oder (neutrale bzw. wertende) Kurzerläuterungen (annotierte Bibliographie)

---

[9] Vgl. *Bartsch, E.*, Bibliographie, 1984; *Popst, H./Schöller, R.*, Grundwissen, 1986 sowie *Hülshoff, F./Kaldewey, R.*, Erfolg, 1984, S. 178–180; *Rückriem, G./Stary, J./Franck, N.*, Technik, 1983, S. 130f.

a. Bibliographien der Bibliographien

Die explosionsartig wachsende Fachliteratur hat es längst erforderlich gemacht, daß **Verzeichnisse der Bibliographien** zusammengestellt werden, um einen systematischen Einstieg in das themenspezifische Bibliographieren zu ermöglichen. Zumindest für umfangreichere wissenschaftliche Arbeiten ist es unumgänglich, sich an Hand derartiger „Bibliographien der Bibliographien" („Meta-Bibliographien") einen systematischen Überblick über einschlägige Allgemein- bzw. Fachbibliographien auf nationaler wie internationaler Ebene zu verschaffen. Wichtige aktuelle „Meta-Bibliographien" sind:[10]

National:

Bibliographische Berichte – Bibliographical Bulletin, hrsg. von der Staatsbibliothek Preußischer Kulturbesitz, Frankfurt: Klostermann (halbjährlich)

Otto, Frieda: Bibliographie wirtschafts- und sozialwissenschaftlicher Bibliographien – Zugänge der Bibliothek des Instituts für Weltwirtschaft in den Jahren 1962 bis 1967, Kiel: Selbstverlag, 1968

Otto, Frieda: Bibliographie wirtschafts- und sozialwissenschaftlicher Bibliographien – Zugänge der Bibliothek des Instituts für Weltwirtschaft in den Jahren 1968 bis 1973, Kiel: Selbstverlag, 1975

Seusing, Ekkehart: Wirtschaftswissenschaftliche Bibliographien 1974 bis 1981, Kiel: Selbstverlag, 1983

International:

A World Bibliography of Bibliographies, 5 Vol., 4th ed. (reprint of 1965/66), ed. by *Theodore Besterman,* München u. a.: Saur, 1971

A World Bibliography of Bibliographies 1964–1974, ed. by *Alice F. Toomey,* München u. a.: Saur, 1977

Bibliographic Index – A Cumulative Bibliography of Bibliographies, ed. by *Laurel Cooley,* New York: H. W. Wilson (3x jährlich)

Bibliographie der Bibliographien, hrsg. von der Deutschen Bücherei, Leipzig: VEB Bibliographisches Institut (monatlich)

Bibliotheken, Informationszentren und Datenbasen für Wissenschaft und Technik, hrsg. von *Helga Lengenfelder,* München u. a.: Saur, 1984

---

[10] Weitere Nachweise liefert *Totok, W., Weitzel, R.,* Handbuch, 1984, sowie speziell für die betriebswirtschaftlichen Bibliographien *Wittmann, A.,* Bibliographie, 1976, Sp. 852–858 und *Müller-Merbach, H.,* Einführung, 1976, S. 171–174.

Baker Library for Business Administration: Authors-Titles and Subject Catalog, Boston, Mass.: Hall

British Library of Political and Economic Sciences: The London Bibliography of the Social Sciences, London/New York: Mansell (jährlich)

International Bibliography of the Social Sciences, ed. by the *International Committee for Social Science Information and Documentation,* London/New York: Tavistock (jährlich)

Kress Library of Business and Economics, Boston, Mass.: Baker Library

b. Allgemeinbibliographien

Der systematischste Einstieg in ein komplexes Thema erfolgt über die Auswertung der **Nationalbibliographien;** als Allgemeinbibliographien berücksichtigen diese **alle Sachgebiete.**

Die regelmäßige Erfassung aller auch außerhalb des Buchhandels erscheinenden Titel,[11] weiterer technischer Gattungen (Ton- und Bildträger u. a.) sowie aller Hochschulschriften ermöglicht eine nahezu lückenlose Auflistung der jeweils **nationalen Literatur.**[12]

National:

Deutsche Bibliographie, hrsg. von der Deutschen Bibliothek, Frankfurt: Buchhändler-Vereinigung

Börsenblatt für den deutschen Buchhandel, Frankfurter Ausgabe (zweimal wöchentlich)

Reihe A: Neuerscheinungen des Verlagsbuchhandels (wöchentlich)

Reihe B: Beilage: Neuerscheinungen außerhalb des Verlagsbuchhandels (vierzehntägig)

Reihe C: Beilage: Karten (vierteljährlich)

Neuerscheinungen-Sofortdienst (CIP): Cataloguing-in-Publication-Programm (Beilage zum wöchentlichen Verzeichnis der Reihe A)

Halbjahresverzeichnis: Zusammenfassung der wöchentlichen Verzeichnisse Reihe A, B (Auswahl) und C (seit 1981) sowie zusätzlich (in Auswahl) der deutschsprachigen Publikationen im Ausland

---

[11] So beträgt z. B. der Anteil des außerhalb des Buchhandels erscheinenden Materials der Bibliothek des Instituts für Weltwirtschaft, Kiel, rund 65 vH (vgl. *Seusing, E.,* Bibliographien, 1983, S. XV und *Heidemann, E.,* Informationsangebot, 1976, S. 590).

[12] Vgl. *Borchardt, K.,* Vademecum, 1973, S. 86–92; *Seiffert, H.,* Einführung, 1976, S. 157–159; *Poenicke, K./Wodke-Repplinger, I.,* Arbeiten, 1977, S. 66–71; *Hanfland, F.,* Studium, 1978, S. 88–90; *Rückriem, G./Stary, J./Franck, N.,* Technik, 1983, S. 315f.

Fünfjahresverzeichnisse: Zusammenfassung von jeweils zehn Halbjahresverzeichnissen

Deutsche Bibliographie: Das Deutsche Buch, hrsg. von der Deutschen Bibliothek, Frankfurt: Buchhändler-Vereinigung (ab 1984, vierteljährlich)

Gesamtverzeichnis der Kongreß-Schriften in Bibliotheken der Bundesrepublik Deutschland einschl. Berlin(West), hrsg. von der Staatsbibliothek Preußischer Kulturbesitz, München u. a.: Saur, 1976

Gesamtverzeichnis des deutschsprachigen Schrifttums (GV) 1700–1910, hrsg. von *Willi Gorzny* und *Hilmar Schmuck*, München u. a.: Saur, 1979 ff.

Gesamtverzeichnis des deutschsprachigen Schrifttums (GV) 1911–1965, hrsg. von *Reinhard Oberschelp*, München u. a.: Saur, 1976 ff.

International:

Deutsche Nationalbibliographie und Bibliographie des im Ausland erschienenen deutschsprachigen Schrifttums, hrsg. von der Deutschen Bücherei, Leipzig: VEB Bibliographisches Institut

Börsenblatt für den deutschen Buchhandel, Leipziger Ausgabe (wöchentlich)

Reihe A: Neuerscheinungen des Buchhandels (wöchentlich)

Reihe B: Beilage: Neuerscheinungen außerhalb des Buchhandels (halbmonatlich)

Jahresverzeichnis des deutschen Schrifttums: Zusammenfassung aus der deutschen Nationalbibliographie, Reihe A und B (Auswahl)

Deutsches Bücherverzeichnis: Zusammenfassung der Jahresverzeichnisse des deutschen Schrifttums zu Fünfjahresbänden

Bibliographie de la France, Paris: Cercle de la librairie

Reihe I: Publications en série (monatlich)

Reihe II: Publications officielles (zweimonatlich)

British National Bibliography: Subject Catalogue-Indexes, 2 Vol., London: The British Library (jährlich)

The British Library General Catalogue of Printed Books to 1975, ed. by The British Library, München u. a.: Saur, 1980 ff.

The British Library General Catalogue of Printed Books 1976–1982, ed. by The British Library, München u. a.: Saur, 1983

Library of Congress Catalog: Books-Subjects (Cumulative List) 1970–1974, 100 Vol., Totowo, N.J.: Rowman and Littlefield, 1976

Library of Congress Catalogs: National Union Catalog, 16 Vol., Washington: Library of Congress (jährlich)

Das Schweizer Buch: Bibliographisches Bulletin der Schweizerischen Landesbibliothek in Bern, Zürich: Verlag des Schweizerischen Buchhändler- und Verlegerverbandes (halbmonatlich)

Österreichische Bibliographie: Verzeichnis der österreichischen Neuerscheinungen, hrsg. vom Hauptverband des österreichischen Buchhandels, Wien: ohne Verlagsangabe (vierzehntägig)

Helmut Seiffert weist zu Recht darauf hin, daß die Titelnachweise in den Nationalbibliographien die **zuverlässigste Quelle** für Literaturrecherchen jeder Art darstellen, da Pflichtexemplare jedes erschienenen Titels an die jeweils zuständige Nationalbibliothek abgegeben werden müssen: Jeder hier aufgenommene Titel beruht also auf einer „Autopsie" des eingereichten Buches, die nicht nur die Genauigkeit der Titelangabe garantiert, sondern darüber hinaus vor allem eine Überprüfung solcher Titel zuläßt, die zwar vom Verlag angekündigt, aber nie (bzw. bisher nicht) herausgegeben worden sind.[13]

c. Spezialbibliographien

Als besondere Form der Allgemeinbibliographien können **Hochschulschriftenbibliographien** und **Zeitschriften**(**Inhalts-**)**Bibliographien** bezeichnet werden; ihnen kommt für die wissenschaftliche Arbeit große Bedeutung zu: gerade aus dem Hochschulbereich stammt ein großer Teil der nicht über den Buchhandel erhältlichen Publikationen. Wissenschaftliche Zeitschriften dagegen werden nur mit dem Titel – nicht aber mit dem jeweiligen Inhalt – ausgewiesen. Aufsätze in wissenschaftlichen Zeitschriften und Sammelwerken finden als **„unselbständige Literatur"** deshalb auch keinen Eingang in die Allgemein- bzw. Fachbibliographien.

Weitere wichtige Spezialbibliographien stellen die **Bibliographien des amtlichen Schrifttums** dar, die einen systematischen Überblick über die ebenfalls nur zu einem geringen Teil in Allgemeinbibliographien erfaßten selbständigen bzw. nichtselbständigen Druckschriften der **Ämter** und **Behörden** geben.

α. *Hochschulschriften*

National:

Deutsche Bibliographie, hrsg. von der Deutschen Bibliothek Frankfurt: Buchhändler-Vereinigung
Reihe H: Hochschulschriften-Verzeichnis (monatlich)

Gesamtverzeichnis Deutschsprachiger Hochschulschriften 1966–1980, hrsg. von *Willi Gorzny,* München u. a.: Saur, 1983/85

International:

Deutsche Nationalbibliographie, hrsg. von der Deutschen Bücherei, Leipzig: VEB Bibliographisches Institut
Reihe C: Dissertationen und Habilitationsschriften (monatlich)

---

[13] Vgl. *Seiffert, H.,* Einführung, 1976, S. 23; ebenso *Böttcher, W./Zielinski, J.,* Arbeiten, 1973, S. 39.

Jahresverzeichnis der Hochschulschriften der DDR, BRD und Westberlin, hrsg. von der Deutschen Bücherei, Leipzig: VEB Bibliographisches Institut

Jahresverzeichnis der schweizerischen Hochschulschriften, Basel: Verlag der Universitäts-Bibliothek

Gesamtverzeichnis der österreichischen Dissertationen, Wien: Verband der wissenschaftlichen Gesellschaften Österreichs

American Doctoral Dissertations, Ann Arbor, Mich.: Univ. Microfilms Inter. (jährlich)

Comprehensive Dissertation Index, Vol. 3: Social Sciences and Humanities, Ann Arbor, Mich.: Univ. Microfilms Inter. (monatlich)

Dissertation Abstracts International, Section A: The Humanities and Social Sciences, Ann Arbor, Mich.: Univ. Microfilms Inter. (monatlich)

Dissertation Abstracts International, Section C: European Abstracts, Ann Arbor, Mich.: Univ. Microfilms Inter. (vierteljährlich)

Catalogue des thèses de doctorat, Paris: Université de Paris (jährlich)

Index to theses accepted for higher degrees in the universities of Great Britain and Ireland, London: Aslib (jährlich)

Jährlich werden seit 1971 im deutschsprachigen Raum die abgeschlossenen sowie die neu aufgenommenen **Forschungsarbeiten** an 4500 Hochschulinstituten und sonstigen Forschungseinrichtungen vom **Informationszentrum Sozialwissenschaften** erhoben. So entsteht mit den jährlich veröffentlichten Berichten die derzeit umfassendste **Dokumentation** über geplante, laufende und abgeschlossene, empirische wie theoretische Auftragsforschungen, geförderte Forschungsprojekte, Eigenprojekte, Habilitationen, Dissertationen und Diplom-, Magister- und Staatsarbeiten auf sozialwissenschaftlichem Gebiet:

Forschungsarbeiten in den Sozialwissenschaften: Dokumentation, hrsg. vom Informationszentrum Sozialwissenschaften, Stuttgart u. a.: Kohlhammer (jährlich)

Meldungen und Nachfragen sind zu richten an:[14]

Informationszentrum Sozialwissenschaften bei der Arbeitsgemeinschaft Sozialwissenschaftlicher Institute e. V., Lennéstr. 30, 5300 Bonn 1, Tel. 0228/22810

Soweit konkrete Forschungsprojekte von Interesse sind, finden sich die Adressen dazu in:

Handbuch der Universitäten und Fachhochschulen in der Bundesrepublik Deutschland, Österreich, Schweiz, hrsg. von *Helga Langenderfer*, 3. Aufl., München u. a.: Saur, 1985

---

[14] Vgl. zu weiteren Datenbanken unten Abschnitt 7, S. 57–60.

β. *Zeitschriften*

Zeitschriftentitel:

Deutsche Bibliographie, hrsg. von der Deutschen Bibliothek, Frankfurt: Buchhändler-Vereinigung
Zeitschriften-Verzeichnis – Titelnachweis aller deutschsprachigen in- und ausländischen Periodika, Almanache und Kalender (fünfjährlich)

Deutschsprachige Zeitschriften, Köln: Verlag der Schillerbuchhandlung (jährlich)

Verzeichnis deutscher wissenschaftlicher Zeitschriften, hrsg. von der Deutschen Bibliothek im Auftrag der Deutschen Forschungsgemeinschaft, 8., neu bearb. Aufl., Frankfurt: Buchhändler-Vereinigung, 1975

Standortverzeichnis ausländischer Zeitungen und Illustrierten in Bibliotheken und Instituten der Bundesrepublik Deutschland und Berlin(West) – SAZI –, hrsg. von der Staatsbibliothek Preußischer Kulturbesitz, München u. a.: Saur, 1975

Zeitschriften Datenbank (ZDB), hrsg. vom Deutschen Bibliotheksinstitut und der Staatsbibliothek Preußischer Kulturbesitz, 9. Ausdruck, Wiesbaden: Harrassowitz, 1983 (Fortsetzung des Gesamtverzeichnisses ausländischer Zeitschriften und Serien [GAZS])

Seusing, Ekkehart, Bibliographie der EG-Zeitschriften 1952–1980, Kiel: Selbstverlag, 1981 (Kieler Schrifttumskunden in Wirtschaft und Gesellschaft, Bd. 22)

Ulrich's International Periodicals Directory, New York/London: R. R. Bowker (jährlich)

Zeitschrifteninhalt:

Zeitungs-Index: Verzeichnis wichtiger Aufsätze aus deutschsprachigen Zeitungen, hrsg. von *Willi Gorzny*, München u. a.: Saur (vierteljährlich mit Beilage: Buchbesprechungssofortdienst [monatlich])

Internationale Bibliographie der Zeitschriftenliteratur (IBZ), 2 Bände, hrsg. von Otto und Wolfram Zeller, Osnabrück: Dietrich (halbjährlich)

γ. *Amtliches Schrifttum*

Behördenkatalog (10 Bde.) und Körperschaftenkatalog (13 Bde.,), hrsg. von der Bibliothek des Instituts für Weltwirtschaft Kiel, Boston (USA): Hall, 1967

Deutsche Bibliographie, hrsg. von der Deutschen Bibliothek, Frankfurt: Buchhändler-Vereinigung Verzeichnis Amtlicher Druckschriften (zweijährlich)

Gemeinsame Körperschaftsdatei (GKD): Körperschaften aus allen Ländern der Welt, hrsg. von der Staatsbibliothek Preußischer Kulturbesitz u. a., 3. Ausg., Wiesbaden: Harrasowitz, 1983 (Microfiches)

Katalog der Veröffentlichungen der Europäischen Gemeinschaften, hrsg. vom Amt für amtliche Veröffentlichungen der Europäischen Gemeinschaften, Luxembourg: Selbstverlag (jährlich)

d. Buchhandelsbibliographien

Die gesamte, im Buchhandel angebotene Literatur kann den umfassenden, stets durch Ergänzungsbände aktualisierten Buchhandelsbibliographien, den sog. Barsortimentskatalogen bzw. den Bibliographien lieferbarer Literatur, entnommen werden; als Formal- und Schlagwort- bzw. Kreuzkatalog aufgelegt, werden hier alle noch **nicht vergriffenen Buchtitel** bibliographiert.[15] Unbedingt zu beachten ist allerdings, daß die Barsortimentskataloge als Lieferverzeichnis des jeweiligen Grossisten nicht in jedem Fall die Titel aller Verlage angeben. Einen vollständigen Überblick verschafft sich deshalb nur, wer entweder alle einschlägigen Barsortimentskataloge oder das „Verzeichnis lieferbarer Bücher (VLB)" durchsieht. Gleichzeitig kann bei dieser Recherche anhand des ebenfalls ausgewiesenen Preises, des Seitenumfanges und der Lieferzeit entschieden werden, ob sich gegebenenfalls der Kauf einzelner Titel für die eigene Bibliothek empfiehlt oder eine Anschaffung für die Arbeits- bzw. sonstige Universitätsbibliothek angeregt werden soll.

National:

Koch, Neff & Oettinger/Koehler & Volckmar: Barsortiment-Lagerkatalog
  Teil I: Autoren, 2 Bände (mit Ergänzungsband Frühjahr)
  Teil II: Stichwort- und Titelregister 2 Bände
  Stuttgart: ohne Verlagsangabe (jährlich)

Libri – Barsortiment Georg Lingenbrink
  Teil I: Schlagwortbibliographie (mit Ergänzungsband für Taschenbücher und Reihen)
  Teil II: Titel-Stichwort-Register (mit Ergänzungsband für Taschenbücher und Reihen)
  Hamburg/Frankfurt: ohne Verlagsangabe (jährlich)

Verzeichnis lieferbarer Bücher (VLB)
  Teil I: Schlagwort-Verzeichnis
  Teil II: Autoren-Titel-Stichwörter (mit Ergänzungsband Frühjahr)
  Frankfurt: Buchhändler-Vereinigung (jährlich)

Spezielle **Fachbibliographien** einzelner Buchhändler:

Schweitzer's Vademecum – Recht/Wirtschaft/Steuern, München: Schweitzer's Sortiment (jährlich)

Jahresfachkatalog – Recht/Wirtschaft/Steuern, Berlin: Elwert und Meurer (jährlich)

Kompendium – Fachliteratur des steuerberatenden Berufes, Köln: Deubner und Wagner (jährlich)

---

[15] Vgl. dazu auch *Wittmann, W.*, Betriebswirtschaftslehre, 1982, S. 269.

International:

American Book Publishing Record (BPR), New York/London: R. R. Bowker (monatlich; Jahres- und Fünfjahresregister)

Books in Print – Authors (Vol. 1–3) – Titles (Vol. 4–6), New York/London: R. R. Bowker (jährlich)

Subject Guide to Books in Print (Vol. 1–3), New York/London: R. R. Bowker (jährlich)

British Books in Print (BBiP) – The Reference Catalogue of Current Literature, 2 Vol., London: J. Whitaker (jährlich)

Cumulative Book Index – A World List of Books in the English Language (CBI), New York: H. W. Wilson (monatlich)

DDR-Gesamtkatalog – Titel/Stichwort/Register/Sachgebietsregister, 2 Bände, Leipzig: Buchexport (jährlich)

Les livres disponibles – French Books in Print – Auteur/Subjects/Titres (Vol. 1–3), Paris: Cercle de la librairie (jährlich)

International Books in Print 1985, ed. by *Archie Rugh,* 3rd. ed., München u. a.: Saur, 1985

Darüber hinaus sollte sich jeder Student regelmäßig in seiner Fachbuchhandlung mit den neuesten **Gesamtverzeichnissen** der führenden **Fachverlage** versorgen – und diese gelegentlich auch studieren! Die aufmerksame Lektüre der Fachzeitschriften verschafft zusätzliche Kenntnisse über aktuelle **Neuerscheinungen.**

e. Fachbibliographien

Spezielle wirtschaftswissenschaftliche Fachbibliographien werden in den unter a. nachgewiesenen Bibliographien der wirtschaftswissenschaftlichen Bibliographien aufgelistet.[16]

Eine fachspezifische Auswertung (auch) der ,,unselbständigen Literatur", insbesondere der Fachzeitschriftenartikel bieten:

National:

Bibliographie der Wirtschaftswissenschaften – Internationale Dokumentation der Buch- und Zeitschriftenliteratur der Wirtschaftswissenschaften, hrsg. von der Bibliothek des Instituts für Weltwirtschaft Kiel, Göttingen: Vandenhoeck & Ruprecht (jährlich)

Bibliographie der Wirtschaftspresse, hrsg. vom HWWA-Institut für Wirtschaftsforschung, Hamburg: Weltarchiv (monatlich)

Internationaler betriebswirtschaftlicher Zeitschriftenreport – Referate und Titeldokumentation, hrsg. von *Günter Sieben,* abgedruckt in der Zeitschrift ,,Der Betrieb", Düsseldorf: Handelsblatt-Verlag (vierzehntägig)

---

16 Vgl. auch *Brownstone, D./Carruth, G.,* Business, 1979.

Karlsruher Juristische Bibliographie – Systematischer Nachweis neuer Bücher und Aufsätze – Recht/Staat/Gesellschaft, hrsg. von Hildebert Kirchner u. a., München/Frankfurt: Beck (monatlich)

Kirchner, Hildebert, Bibliographie zum Gesellschaftsrecht, in: Zeitschrift für Unternehmens- und Gesellschaftsrecht (ZGR), Heft 4, Berlin/New York: de Gruyter (jährlich)

Politische Dokumentation (pol-dok), hrsg. von der Leitstelle für Politische Dokumentation, München u. a.: Saur (viermonatlich)

Zeitschriften-Informationsdienst (ZID) – Betriebswirtschaft und Personalwesen, hrsg. vom Rationalisierungskuratorium der Deutschen Wirtschaft e. V. (RKW), Heidelberg: Recht und Wirtschaft (zweimonatlich als Beilage zur Zeitschrift „Betriebs-Berater" mit Jahresregister)

Zeitschriftenspiegel in der Zeitschrift „Die Wirtschaftsprüfung", Düsseldorf: IdW-Verlag (vierzehntägig)

Zeitschriftenspiegel in der Zeitschrift „Die Aktiengesellschaft", Köln: O. Schmidt (monatlich)

International:

Business periodicals Index, New York: H. W. Wilson (jährlich)

Index of Economic Articles in Journals and Collective Volumes, Homewood, Ill.: Irwin (jährlich)

Bulletin signalétique – Sciences Humaines, Centre de Documentation Sciences Humaines, Paris: CERSA

Journal of Economic Literature, Menasha, Wisc: American Economic Association (vierteljährlich)

Economics Selections – An International Annotated Bibliography, ed. by *Maurice B. Ballabon,* New York/London/Paris: Gordon and Breach (vierteljährlich)

Information Sources in Economics, ed. by *John Fletcher,* 2nd ed., London u. a.: Butterworths, 1984

4. Amtliche Veröffentlichungen

Mit der **Gesetzgebung, Rechtsprechung** und **Verwaltung** auf nationaler wie internationaler Ebene bestehen weitere Quellen, die bei wirt-

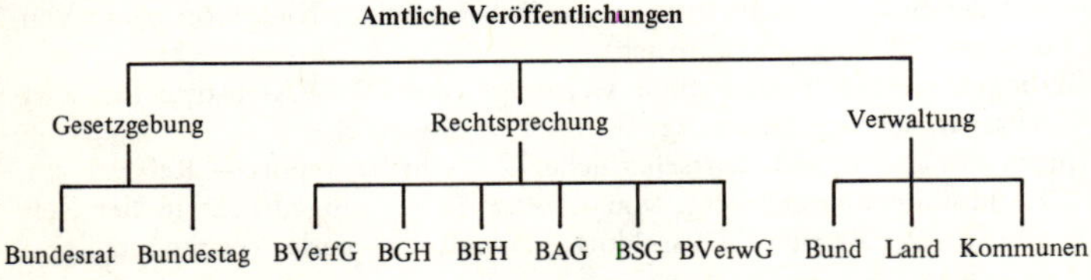

Darst. 8: Quellen amtlicher Veröffentlichungen in der Bundesrepublik

schaftswissenschaftlichen Arbeiten häufig zu berücksichtigen sind (vgl. *Darst. 8*).

a. Gesetzgebung

Die Gesetzgebung des Bundes kann in folgenden Publikationen nachvollzogen werden:

Bundesgesetzblatt (BGBl), hrsg. vom Bundesminister der Justiz
Teil I: Bundesgesetze, Rechtsverordnungen
Teil II: Bilaterale Verwaltungsabkommen sowie deren Ratifikation, Zolltarifverordnungen
Teil III: Bundesrecht nach Sachgebieten geordnet
Bonn: Selbstverlag (unregelmäßig)

Bundesanzeiger (BA), hrsg. vom Bundesminister der Justiz
Amtlicher Teil: Rechtsverordnungen, Verwaltungsvorschriften und Abkommen, die nicht im BGBl abgedruckt werden
Bekanntmachungsteil: Handelsregistereintragungen, Pflichtveröffentlichungen nach dem Aktien-, Publizitäts- und Bilanzrichtliniegesetz, der Konkursordnung und dem Gesetz gegen Wettbewerbsbeschränkungen, Mitteilungen der Deutschen Bundesbank
Bonn: Verlag Bundesanzeiger (täglich)

Bundessteuerblatt (BStBl), hrsg. vom Bundesminister der Finanzen
Teil I: Veröffentlichungen des Bundesministers der Finanzen
Teil II: Entscheidungen des Bundesfinanzhofes
Bonn: Heger (unregelmäßig)

Bundestags-Drucksache (BT-DS), hrsg. vom Deutschen Bundestag, Bonn: Heger (unregelmäßig)

Stenographische Berichte der Verhandlungen des Deutschen Bundestages, hrsg. vom Deutschen Bundestag, Bonn: Heger (unregelmäßig)

Bundesrats-Drucksache (BT-DS), hrsg. vom Deutschen Bundesrat, Bonn: Heger (unregelmäßig)

Stenographische Berichte der Verhandlungen des Deutschen Bundesrates, hrsg. vom Deutschen Bundesrat, Bonn: Heger (unregelmäßig)

Das Parlament (Wochenzeitung), hrsg. von der Bundeszentrale für politische Bildung, Bonn: Selbstverlag (wöchentlich)

Zusammenfassung in:

Verhandlungen des Deutschen Bundestages und Bundesrates 1949-1984: Protokolle und Drucksachen (Microfiches-Ausgabe), München u. a.: Saur und München: Beck 1981 ff.

Neben den angeführten Verkündungsblättern werden von den einzelnen Bundesministerien **Ministerial-** und **Amtsblätter** herausgegeben. Soweit einzelne Verwaltungsbereiche interessieren, ist unter dem jeweils zuständigen Bundesministerium als Herausgeber anzufragen bzw. zu recherchieren.[17]

Kontaktadressen:

Presse- und Informationszentrum des Deutschen **Bundestages,** Bundeshaus, 5300 Bonn 1
Deutscher **Bundesrat,** Pressestelle, Bundeshaus, 5300 Bonn 1
Presse- und Informationsamt der **Bundesregierung,** Postfach, 5300 Bonn 1
Verlag Dr. H. Heger, Postfach 200821, 5300 Bonn 2 für alle amtlichen **Veröffentlichungen**

sowie die Öffentlichkeitsreferate der einzelnen Bundesministerien.

Hinsichtlich der entsprechenden Publikationsorgane der einzelnen Bundesländer und Kommunen muß auf die angeführten Spezialbibliographien verwiesen werden.

Die Publikationsorgane der **Europäischen Gemeinschaften** sind:

Amtsblatt der Europäischen Gemeinschaften
Reihe L: Rechtsvorschriften
Reihe C: Mitteilungen und Bekanntmachungen
Luxembourg: Selbstverlag (täglich)
Bulletin der Europäischen Gemeinschaften: Kommission, hrsg. vom Generalsekretariat der Kommission, Luxembourg: Selbstverlag (monatlich)
KOM-Dokumente-Dienst: Informationsdienst der wichtigsten Arbeitsdokumente der Europäischen Gemeinschaften, hrsg. von der Kommission der EG, Luxembourg: Selbstverlag (monatlich)
Kieler Katalog: Veröffentlichungen der Europäischen Gemeinschaften, hrsg. vom Institut für Weltwirtschaft, Kiel: Selbstverlag (unregelmäßig)

Kontaktadressen:

Verbindungsbüro der **Europäischen Gemeinschaften,** Zitelmannstr. 22, 5300 Bonn 1
Verbindungsbüro des **Europäischen Parlaments,** In der Raste 12, 5300 Bonn 1
Kommission der EG, Division IX-C-1, Rue de la Loi 200, B-1049 Bruxelles

b. Rechtsprechung

Die höchstrichterliche Rechtsprechung der einzelnen **Bundesgerichte** wird veröffentlicht in:

---

[17] Zu weiteren amtlichen Informationen vgl. *Alsheimer, H.*, Studientechnik, 1973, S. 70–80; *Borchardt, K.*, Vademecum, 1973, S. 151–169.

Entscheidungen des Bundesverfassungsgerichts (BVerfGE), hrsg. von den Mitgliedern des Bundesverfassungsgerichtes, Tübingen: Mohr
Entscheidungen des Bundesgerichtshofes in Zivilsachen (BGHZ), hrsg. von den Mitgliedern des Bundesgerichtshofes und der Bundesanwaltschaft, Köln u. a.: Heymanns
Entscheidungen des Bundesgerichtshofes in Strafsachen (BGHSt), hrsg. von den Mitgliedern des Bundesgerichtshofes und der Bundesanwaltschaft, Köln u. a.: Heymanns
Entscheidungen des Bundesfinanzhofes (BFHE), hrsg. von den Mitgliedern des Bundesfinanzhofes, Bonn: Stollfuß
Entscheidungen des Bundesarbeitsgerichtes (BAGE), hrsg. von den Mitgliedern des Bundesarbeitsgerichtes, Berlin/New York: De Gruyter
Entscheidungen des Bundessozialgerichtes (BSGE), hrsg. von den Mitgliedern des Bundessozialgerichtes, Köln u. a.: Heymanns
Entscheidungen des Bundesverwaltungsgerichtes (BVerwGE), hrsg. von den Mitgliedern des Bundesverwaltungsgerichtes, Köln u. a.: Heymanns

Entsprechende Publikationen bestehen für die einzelnen nachgeordneten Gerichtshöfe und Gerichte. Die Rechtsprechung des **Gerichtshofes der Europäischen Gemeinschaften** findet sich – außer in dem Amtsblatt der Europäischen Gemeinschaften – ausführlich und unter Verweisung auf die Entscheidungen der nationalen Gerichte in:

Tätigkeiten des Gerichtshofes der Europäischen Gemeinschaften (wöchentlich)
Bulletin: Mitteilungen über den Gerichtshof der Europäischen Gemeinschaften (vierteljährlich) hrsg. vom Informationsdienst des Gerichtshofes der Europäischen Gemeinschaften, Luxembourg: Selbstverlag
Sammlung der Rechtsprechung des Gerichtshofes, hrsg. vom Gerichtshof der Europäischen Gemeinschaften, Luxembourg: Selbstverlag

c. Verwaltung

Die Publikationen der Bundes- und Landesbehörden sowie der Kommunen und der internationalen Behörden sind nahezu unübersehbar. Unter dem Namen der jeweiligen **Landesministerien** werden ebenfalls Ministerial- und Amtsblätter herausgegeben; in den Staats- und Kommunalanzeigern werden Rechtsverordnungen, ressortübergreifende allgemeine Verwaltungsvorschriften, Verwaltungsabkommen und bestimmte Bekanntmachungen der Landesbanken veröffentlicht, wobei länderspezifisch z. T. erhebliche inhaltliche Unterschiede bestehen.[18]

---

[18] Vgl. dazu *Alsheimer, H.*, Studientechnik, 1973, S. 72–77.

Das **Statistische Bundesamt** veröffentlicht Zusammenfassungen in:

Das Statistische Jahrbuch für die Bundesrepublik Deutschland, Stuttgart: Kohlhammer (jährlich)
Wirtschaft und Statistik (Zeitschrift), Stuttgart: Kohlhammer (monatlich)
Statistischer Wochendienst (Zeitschrift), Wiesbaden: Statistisches Bundesamt (wöchentlich)

Die **Deutsche Bundesbank** veröffentlicht Kurzberichte und Analysen zu Fragen des Geld- und Kreditwesens, der öffentlichen Finanzen und der allgemeinen Konjunkturlage in:

Monatsberichte der Deutschen Bundesbank, Frankfurt (monatlich)

Das **statistische Amt** der **Europäischen Gemeinschaften** publiziert:

Statistische Grundzahlen der Gemeinschaften, Luxembourg: Selbstverlag (jährlich)
Eurostat-Mitteilungen, Luxembourg: Selbstverlag (monatlich)

Weitere ausländische bzw. zwischenstaatliche Publikationen werden von einer Reihe **internationaler Organisationen** herausgegeben:[19]

Vereinte Nationen (UN) einschließlich deren Untergliederungen, New York
Internationaler Währungsfonds (IWF), Washington
Weltbank – Internationale Bank für Wiederaufbau und Entwicklung (IBRD), Washington
Internationales Arbeitsamt, Genf
Organisation für wirtschaftliche Zusammenarbeit und Entwicklung (OECD), Paris

Zur Orientierung und Kontaktaufnahme:

Mann, Siegfried u. a. (Bearb.), Die Bundesrepublik Deutschland: Staatshandbuch – Legislative, Exekutive, Rechtsprechung, Ausländische Vertretungen, Verbände, Organisationen, Köln u. a.: Heymanns, 1981/83
Spillner, Paul (Hrsg.), Internationales Wörterbuch der Abkürzungen von Organisationen, 2. Aufl., München u. a.: Saur, 1970/72
Sprachendienst des Auswärtigen Amtes der Bundesrepublik (Hrsg.), Internationale Organisationen, Berlin/New York: De Gruyter, 1985
Union of International Associations (Ed.), Guides to International Organizations, 4 Vol., München u. a.: Saur, 1985/86

5. Periodika

Den Periodika kommt als in regelmäßiger Wiederkehr erscheinenden Veröffentlichungen für die wissenschaftliche Arbeit eine große **Be-**

---

[19] Vgl. *Hanfland, F.*, Studium, 1978, S. 81.

deutung zu: So findet sowohl die **aktuelle Fachdiskussion** als auch die Veröffentlichung neuer Forschungsansätze und entsprechender **Forschungsberichte** – zunächst – in Periodika, insbesondere den (renommierten) **Fachzeitschriften** statt; nahezu jede wichtige wissenschaftliche Arbeit wird deshalb auch – vor Drucklegung – in Auszügen in Fachzeitschriften veröffentlicht. Die kontinuierliche, studienbegleitende Lektüre dieser Medien sichert damit sowohl den aktuellen Einstieg als auch die Dokumentation **historischer Entwicklungen** und wissenschaftlicher Auseinandersetzungen (vgl. *Darst. 9*).

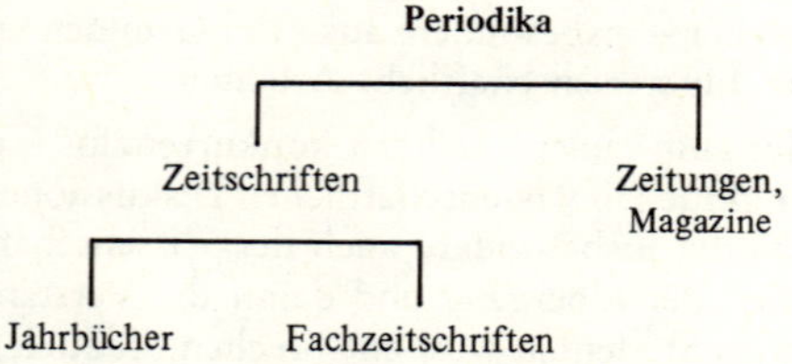

Darst. 9: Periodika

a. Jahrbücher

In sog. Jahrbüchern werden häufig die Ergebnisse einer regelmäßig stattfindenden **Tagung** oder eines bestimmten Arbeitskreises oder **Fachausschusses** veröffentlicht. Mit dieser Form aktueller Berichterstattung wird die Dokumentation der wissenschaftlichen Diskussionen in einem – meist begrenzten – Fachgebiet im Zeitablauf sichergestellt.[20] Wichtige Titel sind:

Hamburger Jahrbuch für Wirtschafts- und Gesellschaftspolitik, hrsg. von *Armin Gutowski* und *Bruno Molitor*, begr. von *H.-D. Ortlieb*, Tübingen: Mohr (jährlich)

Jahrbuch für Sozialwissenschaft: Zeitschrift für Wirtschaftswissenschaften, hrsg. von *Harald Jürgensen*, *Konrad Littmann* und *Klaus Rose*, Göttingen: Vandenhoeck & Ruprecht (viermonatlich)

Jahrbücher für Nationalökonomie und Statistik, hrsg. von *Knut Borchardt*, *Alfred E. Ott* und *Heinrich Strecker*, Stuttgart: G. Fischer (zweimonatlich)

---

[20] Zu optimistisch allerdings die Einschätzung von *Spandl, O.*, Methodik, 1977, S. 46: „Zu einigen Zweigen der Wissenschaft erscheinen Jahrbücher, die alles Wissenswerte, das im Laufe eines Jahres auf einem bestimmten Gebiet erarbeitet wurde, darstellen."

Ordo: Jahrbuch für die Ordnung von Wirtschaft und Gesellschaft, hrsg. von *Franz Böhm* u. a., Stuttgart: G. Fischer (jährlich)

Verband der Hochschullehrer für Betriebswirtschaft e. V., Tagungsband der Jahrestagung (jeweils unter dem Namen der Veranstalter als Herausgeber)

Wirtschaftsprüfer-Handbuch (WP-Handbuch), hrsg. vom Institut der Wirtschaftsprüfer (IdW), Düsseldorf: IdW-Verlag (alle vier Jahre)

b. Fachzeitschriften

Die wissenschaftlichen Zeitschriften sind – weit mehr als die vorgestellten Jahrbücher – insbesondere aus zwei Gründen eine der **wichtigsten Quellen** für wissenschaftliche Arbeiten.

In ihnen findet zum einen – nahezu konkurrenzlos – der überwiegende Teil der aktuellen wissenschaftlichen **Diskussionen** statt; dabei kommt hier häufig insbesondere auch der wissenschaftliche Nachwuchs zu Wort, der Übergang und damit die Verständnisschwelle zum forschenden Studenten wird entsprechend reduziert.

Zum anderen setzen zahlreiche dieser Zeitschriften mit Literaturdiensten, Zeitschriften-Rundschauen und sonstigen (annotierten) **Literaturhinweisen** die bibliographische Arbeit der hier unter Abschnitt 1–4 aufgeführten Druckwerke bis zum jeweiligen Erscheinungsdatum fort. Eine aktuelle **Ergänzung** der gewonnenen Literaturübersicht ist also regelmäßig auf der Grundlage eines intensiven Studiums des jeweils laufenden und des letztjährigen Jahrganges der wichtigsten Zeitschriften sicherzustellen. Ein schneller Zugriff zu den einzelnen Aufsätzen und Informationen ist durch die, den Jahresbänden vorangestellten Schlagwort- und Verfasserregister gewährleistet; für das jeweils laufende Jahr veröffentlichen die wichtigsten (Wochen-)Fachzeitschriften monatliche bzw. halbjährliche kumulative Stichwort- und Verfasserverzeichnisse.

Die Fülle der wissenschaftlichen Fachzeitschriften ist kaum mehr zu übersehen. Die wichtigsten Periodika sind in verschiedenen Fachpublikationen zusammengestellt worden.[21]

---

[21] Vgl. *Harbrecht, W.*, Übersicht, 1975 a, S. 194–197; *Harbrecht, W.*, 1975 b, S. 336–340; *Berndsen, H.-P./Kleine-Doepke, R.*, Übersicht, 1978 a, S. 191–194; *Berndsen, H.-P./Kleine-Doepke, R.*, 1978 b, S. 241–243; *Judt, E./Wojtanowskyj, S.*, Fachzeitschriften, 1981, S. 242–246; sowie *Borchardt, K.*, Vademecum, 1973, S. 119–139, *Börsenverein des Deutschen Buchhandels*, Zeitschriftenkatalog, 1985, und *Richter, B.*, Fachzeitschriften, 1984, S. 193–207.

c. Zeitungen und Magazine

Themenstellungen mit aktuellem Bezug erfordern ebenso wie empirische Arbeiten zum laufenden Wirtschaftsgeschehen und der Wirtschaftspolitik auch Informationen aus der **Wirtschaftspresse.** Unabhängig von der Notwendigkeit, daß ein Student der Wirtschaftswissenschaften sich bereits studienbegleitend fachspezifisch entsprechend **informiert,** sind die Veröffentlichungen der Wirtschaftspresse darüber hinaus für konkrete wissenschaftliche Arbeiten **systematisch auszuwerten.**

Zeitungen:

Frankfurter Allgemeine Zeitung (FAZ) (werktäglich)
Süddeutsche Zeitung (werktäglich)
Handelsblatt (börsentäglich)
Blick durch die Wirtschaft, hrsg. von der Frankfurter Allgemeinen Zeitung (börsentäglich)
Neue Zürcher Zeitung und Schweizerisches Handelsblatt (werktäglich)
Financial Times (börsentäglich)
The Wall Street Journal (börsentäglich)

Magazine:

Wirtschaftswoche (wöchentlich)
Capital (monatlich)
Impulse (monatlich)
Manager-Magazin (monatlich)
Wirtschaftsdienst (monatlich)
Harvardmanager (vierteljährlich)

Eine Zusammenstellung von **Auszügen** aus der nationalen und internationalen Wirtschaftspresse findet sich in:

Deutsche Bundesbank (Hrsg.), Auszüge aus Presseartikeln, Frankfurt: Selbstverlag (wöchentlich)

6. Literaturlisten, Handapparate

Als Alternative zur Literaturübersicht und Themenabgrenzung auf dem dargestellten systematischen Weg wird häufig auch ein **pragmatisches Verfahren** vorgeschlagen:[22] Ausgangspunkt sind hierbei die

---

[22] Vgl. oben Kapitel III, S. 29f.

von einem Dozenten bzw. Prüfer zusammengestellten oder vorgegebenen Hand- oder Seminarapparate, Einstiegs-Literatur-Listen oder Pflichtlektüre-Kataloge. Diese **Arbeitshilfen** werden häufig bei weniger umfassenden, zeitlich sehr beschränkten Haus- oder (Pro-)Seminararbeiten gewährt und sollen – für ein eng umgrenztes Gebiet – den Bearbeiter an eine eigenständige Literaturrecherche im oben dargestellten Sinne heranführen.

Soweit für eine solche Arbeit nicht nur die Aufbereitung der angegebenen Texte verlangt wird (Textanalyse, Buchbesprechung u. a.), können für die regelmäßig erforderliche **Erweiterung der Literaturbasis** die Literaturverzeichnisse in den angegebenen Titeln genutzt werden. Nach dem Prinzip des ,,Lawinen-" oder ,,Schneeball-Systems" verbreitert sich so allerdings die Literaturbasis mehr oder weniger strukturiert in atemberaubender Geschwindigkeit. Als Konsequenz wird – meist bevor sich der Literaturkreis schließt – dieser Prozeß abgebrochen werden müssen, damit der jeweilige Bearbeiter nicht ein ,,Lawinenopfer" oder aber ein Opfer der (befristeten) Zeit wird.

Ungeachtet dieser Gefahren muß bei einem solchen rückläufigen Vorgehen berücksichtigt werden, daß die angegebene Standardliteratur als **Ausgangspunkt** auch in hinreichendem Maße **weiterführende Literatur** enthält, da ansonsten sehr schnell ein ,,sich-im-Kreis-drehen" ausgelöst wird. Darüber hinaus ist bei einer solchen Art von Übersicht auf die **Aktualität** und die **Meinungsvielfalt** in der Ausgangsliteratur zu achten. Soweit dies durch den Bearbeiter nicht erfolgt (oder ihm dies nicht möglich ist), ist eine zeitliche und inhaltliche **Einseitigkeit** der eigenen Ausführungen **vorprogrammiert,** der Schneeball hat – um im Bild zu bleiben – dann von Anfang an den falschen bzw. einen unzureichenden (faulen) Kern.[23]

Als Grundlage für den ,,Urklumpen"[24] eines solchen Schneeballes werden ganz überwiegend die Literaturverzeichnisse in themenverwandten Büchern herangezogen, die deshalb gelegentlich auch als

---

[23] Vgl. zu diesem Verfahren insbesondere *Heyde, J.*, Technik, 1970, S. 50; *Seiffert, H.*, Einführung, 1976, S. 45–48; *Rückriem, G./Stary, J./Franck, N.*, Technik, 1983, S. 140; *Borchardt, K.*, Vademecum, 1973, S. 15 spricht in diesem Zusammenhang von ,,wahre[n] Museen wissenschaftlicher Altertümer".

[24] *Seiffert, H.*, Einführung, 1976, S. 46.

„Auswahlbibliographien" bezeichnet werden.[25] Der Bearbeiter muß aber beachten, daß es sich insoweit nicht um eine (neutrale) Bibliographie handelt. Vielmehr liegt damit regelmäßig nur eine, mit allen Unwägsamkeiten des ersten Bearbeiters versehene und durch die von ihm angewandte Sorgfalt bedingte **Zufallsauswahl** vor. Das **Vertrauen** darauf, daß dem so gefundenen Ausgangspunkt selbst eine systematische (und keine wiederum nur abgeleitete) Literaturrecherche zugrundegelegt wurde, erweist sich häufig genug – erst zu spät – als **zu groß.**

Wegen der aufgezeigten Probleme kann die Variante des pragmatischen Weges zur ausschließlichen Ermittlung einer entsprechenden Literaturübersicht nur für erste schriftliche Arbeiten mit einem begrenzten Themenbereich empfohlen werden. Umfassendere Arbeiten sollten – wie aufgezeigt – systematisch literarisch erschlossen werden; zur Kontrolle der so gewonnenen Literatur kann dabei – insbesondere bei aktuellen Arbeiten – als Ergänzung auch auf das pragmatische Verfahren zurückgegriffen werden („gemischte Strategie").[26]

7. Informations- und Dokumentationsdienste

Eine weitere Möglichkeit für eine themenspezifische Literaturübersicht auf (zunächst) pragmatischem Wege bietet sich in Gestalt der zahlreichen **Informations-** und **Dokumentationsdienste** an: Dabei muß zwischen wissenschaftlichen (meist zu Selbstkosten arbeitenden, da öffentlich geförderten) Dokumentationsstellen einerseits und kommerziellen Unternehmen andererseits unterschieden werden. Darüber hinaus gilt es ergänzende **(Teil-)Recherchen** und themenspezifische **Gesamtnachweise** auseinanderzuhalten.

Als wissenschaftliche Dokumentationszentren mit jeweils meist thematisch begrenztem Bearbeitungsgebiet stehen eine große Fülle von Einrichtungen zur Verfügung, von denen hier nur einige genannt werden sollen:[27]

---

[25] Vgl. *Alsheimer, H.*, Studientechnik, 1973, S. 45; *Binder, A.* u. a., Einführung, 1982, S. 86.

[26] Vgl. dazu auch die Ausführungen in Kapitel III, S. 29f.

[27] Weitere fachübergreifende Nachweise bei – *may* – Dokumentationszentren, 1983, S. 17–24; vgl. auch *Hennemann-Böckels, B.*, Umgang, 1983.

Hamburger-Welt-Wirtschafts-Archiv, Institut für Wirtschaftsforschung, Abt. Dokumentation, Bibliothek und Archive, Neuer Jungfernstieg 21, 2000 Hamburg 36, Tel. 040/35621

Institut für Weltwirtschaft an der Universität zu Kiel, Bibliothek und Wirtschaftsarchiv, Düstenbrooker Weg 120–122, 2300 Kiel 1, Tel. 0431/884-1

RKW-Rationalisierungskuratorium der deutschen Wirtschaft e. V., Abteilung Betriebswirtschaft, Düsseldorfer Str. 40, 6236 Eschborn, Tel. 06196/495251

Informationszentrum Sozialwissenschaft bei der Arbeitsgemeinschaft Sozialwissenschaftlicher Institute e. V., Lennéstr. 30, 5300 Bonn 1, Tel. 0228/22810

Freie Universität Berlin, Leitstelle Politische Dokumentation, Paulinenstr. 22, 1000 Berlin 45, Tel. 030/8337027

Freie Universität Berlin, Zentralinstitut für Sozialwissenschaftliche Forschung, Babelsbergerstr. 14–16, 1000 Berlin 31, Tel. 030/8537051

Zentralarchiv für empirische Sozialforschung der Universität zu Köln, Bachemerstr. 40, 5000 Köln 41, Tel. 0221/4703155

Dokumentation – Landesgewerbeamt Baden-Württemberg, Kanzleistr. 18, 7000 Stuttgart 1, Tel. 0711/2020737

Dokumentationsring Kreditwirtschaft, Kreditanstalt für Wiederaufbau, Palmengartenstr. 5–9, 6000 Frankfurt/M., Tel. 069/74312541

Gesamtverband der deutschen Versicherungswirtschaft e. V., Archiv und Bibliothek, Ebertplatz 1, 5000 Köln 1, Tel. 0221/7764129

Bundesstelle für Außenhandelsinformation, Dokumentation, Blaubachstr. 13, 5000 Köln 1, Tel. 0221/2057245

Statistisches Bundesamt, Bibliothek- Dokumentation-Archiv, Gustav-Stresemann-Ring 11, 6000 Wiesbaden 1, Tel. 06121/752337

Wirtschaftswissenschaftliche Dokumentation an der Technischen Universität Berlin, Uhlandstr. 4–5, 1000 Berlin 12, Tel. 030/3143250

Weitere **Informationen** über Dokumentations- und Informationszentren finden sich im:

Handbuch der Pressearchive, hrsg. von *Hans Bohrmann* und *Marianne Englert,* München u. a.: Saur, 1984

Taschenbuch Information & Dokumentation, Frankfurt: Flach (jährlich)

Verzeichnis deutscher Informations- und Dokumentationsstellen: Bundesrepublik Deutschland und Berlin (West), hrsg. von der Gesellschaft für Information und Dokumentation (GID), 4. Ausg., München u. a.: Saur, 1982/83

Weitere **Auskünfte** erteilt:

Gesellschaft für Information und Dokumentation m. b. H. (GID), Sektion für Ökonomie (SfÖ), Lyoner Str. 44–48, Postfach 710370, 6000 Frankfurt/M. 71, Tel. 069/6687363

Weitere **Datenbanken,** die aus kommerziellen Gründen angelegt wurden und – zum Teil – nur einem beschränkten Anwenderkreis zur unmittelbaren Verfügung stehen, sind u. a.:

DATEV – Datenverarbeitungsorganisation des steuerberatenden Berufes in der BRD e. V., Paumgartnerstr. 6–14, 8500 Nürnberg 80, Tel. 0911/2761 (Zusammenstellung aller steuerrechtlichen Literatur und Steuerrechtsprechung)

JURIS – Juristisches Informationssystem, Bundesministerium der Justiz, Heinemannstr. 6, 5300 Bonn 2, Tel. 0228/584715
(Zusammenstellung ausgewählter deutscher Rechtsprechung, Verwaltungsvorschriften, Normen und juristischer Literatur; Schwerpunkt: Sozialrecht, Steuerrecht und Schadenersatzrecht)

FORIS – Forschungsinformationssystem Sozialwissenschaften, Informationszentrum Sozialwissenschaften, Lennéstr. 30, 5300 Bonn 1, Tel. 0228/22810
(Zusammenstellung aller Forschungsarbeiten inner- und außerhalb des Hochschulbereiches auf dem Gebiet der Sozialwissenschaften)

SOLIS – Sozialwissenschaftliches Literaturinformationssystem, Informationszentrum Sozialwissenschaften, Lennéstr. 30, 5300 Bonn 1, Tel. 0228/22810
(Zusammenstellung sozialwissenschaftlicher Literatur einschließlich unveröffentlichter bzw. schwer zugänglicher Informationen; ebenfalls über den INKA-ONLINE-SERVICE, Karlsruhe, direkt zugänglich)

SOFID – Sozialwissenschaftlicher Fachinformationsdienst, Informationszentrum Sozialwissenschaften, Lennéstr. 30, 5300 Bonn 1, Tel. 0228/22810
(Zusammenstellung deutschsprachiger Arbeiten aus der sozialwissenschaftlichen Forschung und Literatur)

BLISS – Betriebswirtschaftliche Literatur, FiZ-Technik, Postfach 600547, Ostbahnhofstr. 13, 6000 Frankfurt/M. 1, Tel. 069/4308–225
(Zusammenstellung deutscher und internationaler Fachliteratur der Betriebswirtschaftslehre)

Als moderne Variante teilen die von den Informations- und Dokumentationsdiensten erstellten Literatur- und Quellennachweise in unterschiedlichem Maß die (alten und bekannten) **Mängel** der Zeitschriften-Ausschnittbüros:

- Schlagwort- bzw. Kennungssysteme sind für die gesamte Datenbank einheitlich normiert. Die Konsequenz: Allgemeine Begriffe führen oft zu umfassenden – und damit sehr teuren – Nachweisen, Spezialausdrücke sind meist nur in Ausnahmefällen erfaßt oder **nicht fachspezifisch definiert**. Ein solcher Nachweis von mehreren hundert Literaturstellen hilft in der Regel wenig, lähmt aber die eigentliche Arbeit.

- Die der Datenbank eingespeisten Informationen stammen häufig aus Sekundärquellen: **Exakte Nachweise fehlen** deshalb oft ebenso wie bibliographisch erforderliche Angaben. Sie lösen erheblichen Such- und damit Zeitaufwand aus, ohne daß der Bearbeiter letztlich weiß, ob der gesuchte Titel für ihn überhaupt von Interesse ist.
- Nachweise zu aktuellen, leicht erreichbaren Titeln sowie typischer Standardliteratur werden – obwohl (meist) bekannt – teuer bezahlt; **echte Entdeckungen** bleiben erfahrungsgemäß eher die **Ausnahme.**

Eigene Versuche haben die nur stichwortartig hier zusammengestellten Probleme im Zusammenhang mit Informations- und Dokumentationsdiensten bislang **bestätigt.** Zudem führt auch im (Teil-)Erfolgsfall die Recherche eines solchen Dokumentationsdienstes dazu, daß der Bearbeiter sich mit seinem Thema nicht systematisch „anfreundet"; extern vorgegebene Quellen und Materialien bleiben so – ihre grundsätzliche Eignung vorausgesetzt – zum Teil deswegen ungenutzt, weil Wert und Bedeutung einzelner, dort nachgewiesener Titel für das gestellte Thema durch den Bearbeiter nicht erfaßt werden (können).

Insgesamt sollen **Anfragen** und Recherchen bei allen in diesem Abschnitt genannten Stellen – nicht zuletzt auch wegen des zumindest zum Teil erheblichen Zeit- und Geldaufwandes – nur **ergänzend** vorgenommen werden. Exakte Angaben und eine themenspezifische Eingrenzung bei der Informationsanforderung sind dabei die entscheidenden Voraussetzungen für eine verwertbare Literaturliste.

Wer sich dagegen auf die Rechtzeitigkeit, Verwertbarkeit und insbesondere Vollständigkeit solcher Angaben ausschließlich verläßt, der ist allerdings in der Regel verlassen.

> „Es ist klar, daß derjenige, der gelernt hat, systematisch zu suchen, keine Garantie für gute Lösungen in der Hand hat. Aber seine Chancen sind größer, Zeit für das Nachdenken anhand gefundenen guten Materials zu gewinnen."[28]

---

[28] *Borchardt, K.*, Vademecum, 1973, S. 12.

IV. Materialauswahl

Zwischen Materialübersicht und Materialauswahl besteht regelmäßig ein fließender Übergang. Je umfassender die vorgefundene Literatur sowie weitere potentielle Quellen sind, desto frühzeitiger muß auch bereits mit den zwei wichtigsten Teilaufgaben dieses vierten Arbeitsschrittes begonnen werden (vgl. *Darst. 10*).

Materialauswahl

Bewertung | Beschaffung

Darst. 10: Teilaufgaben der Materialauswahl

Eine **völlige Parallelität** von Materialübersicht und Materialauswahl ist jedoch nur bei Haus- bzw. Seminararbeiten mit geringem Anspruch und Umfang bei vorgegebener Literatur geboten. Soweit eine eigene Literaturrecherche erforderlich ist, führt eine zur Übersicht gleichzeitig bereits vorgenommene Materialauswahl zu unsystematischen wie unökonomischen – weil Zeit und Geld raubenden – Ergebnissen: Wer jedes Buch, dessen er habhaft werden kann, bestellt, jeden Aufsatz sofort kopiert und potentielle Informanten mit seitenlangen (unkontrollierten bzw. nicht getesteten) Fragebögen überschüttet, wird höchstens für den **Altpapierhändler** ein interessanter Partner.

1. Materialbewertung

Unabhängig von der Menge des im vorhergegangenen Arbeitsschrittes (Materialübersicht) ermittelten – und bibliographierten – Materials muß in **jedem Einzelfall** eine sorgfältige **Bewertung** und **Qualifizierung** vorgenommen werden; das Ausmaß bzw. die Gründlichkeit dieser Vorabbeurteilung hängt allerdings vom Umfang und der Verfügbarkeit des Materials sowie der gesamten Bearbeitungszeit ab. Anstatt sofort mit dem vertieften Studium oder zumindest der systematischen Lektüre einzelner Titel zu beginnen, sollten für diese erste Bewertung folgende **Verfahren** genutzt werden (vgl. *Darst. 11*).

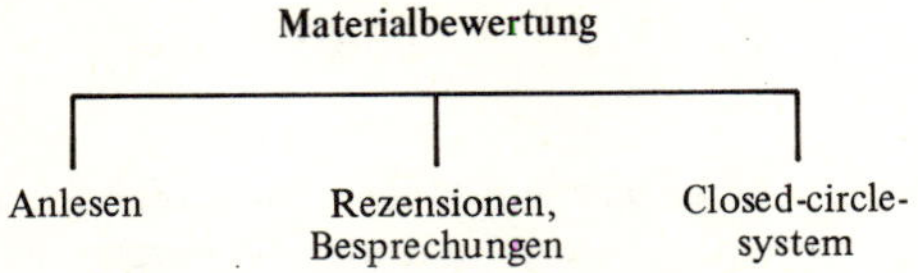

Darst. 11: Verfahrensschritte der Materialbewertung

Einige der im folgenden angeführten Beurteilungsschritte können dabei regelmäßig bereits bei der bibliographischen Aufnahme eines Titels vorgenommen werden; die umfassenden Angaben und die damit verbundenen ersten Informationen, die ein **Katalognachweis** beinhaltet, werden für diesen Zweck viel zu wenig genutzt.

a. Anlesen

Ein Teil der ermittelten Materialien, insbesondere die bibliographierte Literatur, kann bei der Materialübersicht unmittelbar am Bibliotheksstandort oder der sonstigen Fundstelle (Fachbuchhandlung u. a.) eingesehen werden: Hier ist, nach (!) der vollständigen bibliographischen Erfassung[1] – parallel zur Recherche – auch gleich eine **erste Bewertung** vorzunehmen; diese Einschätzung sollte nach einem **einheitlichen System** erfolgen. Zur Sicherung der Vollständigkeit ist dabei ein festes **Prüfschema** zu verwenden, das als „check-list" für eine systematische und kritische Qualifizierung der gesamten für eine Arbeit herangezogenen Literatur benutzt wird. Für umfangreichere Arbeiten empfiehlt es sich, die **Ergebnisse** dieser ersten Prüfung eines jeden Titels stichwortartig entweder auf der Rückseite der Verfasserkarte oder einem gesonderten **Beurteilungsbogen** zu notieren. Damit entsteht mit der Zeit eine eigene kritische, zudem themenbezogene Literaturübersicht, die für die spätere Arbeit sehr wertvolle Hilfestellungen geben kann.[2]

---

[1] Vgl. unten Teil B, Kapitel V, Abschnitt 2, lit. a., S. 90–98.

[2] Vgl. dazu *Zimmermann, J.*, Diplomarbeit, 1975, S. 34f., 39f.; *Kaiser, A.*, Anleitung, 1978, S. 38f.; *Hülshoff, F./Kaldewey, R.*, Erfolg, 1984, S. 161–165; *Rückriem, G./Stary, J./Franck, N.*, Technik, 1983, S. 150–156; *Franck, N./Stary, J.*, Arbeitstechniken, 1984, S. 84f.; *Rothmann, K.*, Anleitung, 1979, S. 51–53; *Aretz, M./Gieleßen, R.*, Erfolgreich, 1977, S. 41.

α. Prüfschema: Bücher

Folgende Informationen und Textteile eines Buches sollten in der **angegebenen Reihenfolge** systematisch überprüft werden:

- Titel, Untertitel
- Verfasser, Herausgeber
- Schriftenreihe
- Verlag, Verlagsort
- Auflage, Erscheinungsjahr
- Geleitwort, Motto
- Vorwort, Einleitung, Nachwort
- Abkürzungsverzeichnis
- Klappentext, Deckblätter
- Inhaltsübersicht, Gliederung, Kapiteleinteilung, Umfang
- Anmerkungen, Zitate
- Literaturverzeichnis

Titel, Untertitel:

Soweit ein Buch über einen Stichwortkatalog gefunden worden ist, sollte zuerst **überprüft** werden, ob mit dem, aus dem Titel entnommenen Stichwort überhaupt ein für die eigene Arbeit **verwertbares** Werk benannt worden ist. Zusammen mit dem Untertitel lassen sich häufig erste entsprechende Einschätzungen vornehmen (z. B. ,,Einführung in die Logik individueller und kollektiver Entscheidungen" . . ., ,,Grundzüge des Steuersystems" oder aber: ,,Bemerkungen zur zeitgenössischen makroökonomischen Theorie")

Verfasser, Herausgeber:

Ist der Verfasser und/oder der Herausgeber nicht im Einzelfall bereits bekannt, können im Literaturverzeichnis, dem Formalkatalog bzw. im Gelehrten-Kalender[3] die **weiteren Werke** und Arbeitsgebiete ermittelt werden. Eine ergänzende Information bietet dabei das Spektrum der von einem Verfasser insgesamt bearbeiteten Themen (,,Allround-Genie" oder ,,Themen-Monopolist"?). Darüber hinaus lassen auch die (akademischen) Titel, Berufsbezeichnungen oder Ortsangaben (am Ende eines Vorwortes sowie auf der Buchdekkel-Rückseite) bzw. im Lebenslauf (Dissertation) erwähnten biographischen Daten Rückschlüsse über das **fachliche Umfeld** des Verfassers bzw. Herausgebers zu. So wird ein Richter des Bundesfinanzhofes z. B. nur in Ausnahmefällen eine vom geltenden Steuerrecht zugunsten des Steuerpflichtigen abweichende Rechtsauffassung literarisch stützen. Ebensowenig sind z. B. Veröffentlichungen des jeweils zuständigen Beamten eines Landes- oder Bundesmi-

---

[3] Vgl. *Schuder, W.*, Gelehrten-Kalender, 1983; o. V., Hochschulführer, 1986.

nisteriums zu erwarten, in denen sich der Verfasser vehement gegen den jeweiligen Regierungs- oder Gesetzesentwurf wendet. Wenngleich diese Einschätzung nicht in jedem Fall zuverlässig ist und somit eine nähere Überprüfung erforderlich machen kann, werden im Regelfall so erste wichtige Informationen gewonnen. Soweit **institutionelle Herausgeber** ausgewiesen werden (Arbeitgeber-Verband: Institut der deutschen Wirtschaft, Otto A. Friedrich-Kuratorium; DGB: Wirtschafts- und Sozialwissenschaftliches Institut (WSI), Hans-Böckler-Stiftung; Konrad Adenauer-Stiftung (CDU); Friedrich-Ebert-Stiftung (SPD); Friedrich Naumann-Stiftung (F.D.P.); Hanns-Seidel-Stiftung (CSU)) können unschwer politische bzw. thematische **Grundströmungen** vermutet werden.

Schriftenreihe:

Die ständige wachsende Zahl an wirtschaftswissenschaftlichen Schriftenreihen erleichtert nicht gerade die Zuordnung einer einzelnen Schrift.[4] Die Stellung und Bedeutung eines in einer Reihe herausgebenen Titels läßt sich aber meist an Hand der sonstigen Reihentitel, welche häufig am Ende einer Arbeit ausgewiesen werden, überblicken. Ein wichtiges Kennzeichen **qualifizierter** Reihen ist dabei z. B. die Existenz einiger zur konkret vorliegenden Arbeit **komplementärer** Titel. „Gemischtwarenläden" sprechen in diesem Zusammenhang eine ebenso deutliche Sprache wie Schriftenreihen, die nach einigen Jahren über wenige Titel nicht hinausgekommen sind. Bekannte Herausgeber und/oder ein renommierter Verlag können dagegen häufig bereits eine gewisse Sicherheit bei der ersten Einschätzung einer Arbeit geben.

Verlag, Verlagsort:

Wissenschaftliche **Fachverlage** legen entscheidenden Wert auf ihr „Gesicht", das durch das jeweils angebotene Verlagsprogramm und den damit angesprochenen Leserkreis bestimmt wird. Wer während des Studiums die Verlage der gelesenen und verarbeiteten Bücher aufmerksam registriert, der gewinnt schnell ein weiteres wichtiges Zuordnungskriterium: In Abhängigkeit der eigenen Zielsetzung wird es in jedem Einzelfall von Interesse sein, ob es sich z. B. um einen „Praktiker-Verlag" oder um einen „Dissertations-Verlag" handelt; erste Informationen hierzu geben die Verlagsanzeigen.

Dem Verlagsort – gibt nicht der Verlagsname bereits eine entsprechende Auskunft (z. B. VEB Bibliographisches Institut Leipzig) – kommt insoweit Bedeutung zu, als ein wirtschaftswissenschaftlicher Titel nach 1945 aus Halle bzw. Hamburg sich regelmäßig bereits in dem grundsätzlichen wissenschaftstheoretischen Verständnis unterscheiden wird.[5]

---

[4] Vgl. dazu auch *Borchardt, K.*, Vademecum, 1973, S. 116–119; *Hanfland, F.*, Studium, 1978, S. 71f.

[5] Vgl. *Borchardt, K.*, Vademecum, 1973, S. 50.

Auflage, Jahr:

Der Vergleich des Erscheinungsjahres und der Auflagenzahl mit den entsprechenden bibliographischen Angaben des Bibliothekskatalogs gewährleistet die neueste Ausgabe des gewünschten Titels. Zusammen mit der Datumsangabe am Ende eines Geleit-, Vor- oder Nachwortes kann zudem auf die **Aktualität** der Ausführungen und insbesondere des Literatur- und Rechtsprechungsverzeichnisses geschlossen werden. So belegt ein Erscheinungsjahr 1985 z. B. zusammen mit einem „ im März 1984" unterfertigten Vorwort (das regelmäßig als letztes in den Druck geht), daß die Arbeit Ende 1983 abgeschlossen wurde. Für Dissertationen ist zudem der Tag der Abgabe und der mündlichen Prüfung (auf der Rückseite des Titelblattes zusammen mit den Referenten vermerkt) zu beachten, da hier nochmals erhebliche Zeiträume entstehen können, regelmäßig aber keine (oder nur unwesentliche) Bearbeitungen durch den Doktoranden vorgenommen werden (dürfen).

Geleitwort, Motto:

Ein Geleitwort enthält häufig weitere Angaben über die Stellung der Schrift in einer Reihe bzw. einem Fachgebiet; darüber hinaus finden sich meist ergänzende Angaben zum **Umfeld** des Verfassers. Der Inhalt und/oder der ausgewählte Autor eines Mottos lassen sich – nicht selten als das „Credo" („ich glaube") des Verfassers – als eine Art gekürztes Bekenntnis auswerten.

Vorwort, Einleitung, Nachwort:

Vorworte und Nachworte müssen zur ersten Literaturbewertung unbedingt gelesen werden, Einleitungen nur, soweit sie sehr kurz sind – oder fälschlicherweise anstelle eines Vorwortes stehen.[6] Neben der **Zielsetzung** der Arbeit enthält das Vorwort meist Angaben über die finanzielle oder sonstige materielle Unterstützung von Institutionen, den **Anlaß** der Arbeit (Dissertation, Gutachten, Vorlesungsmanuskript) und den beabsichtigten **Leserkreis;** diese letzte Angabe ist jedoch oft verlags-bzw. verkaufspolitisch motiviert, der eigenen Einschätzung nach dem hier entwickelten Prüfschema sollte deshalb diesbezüglich der Vorzug gegeben werden.

Abkürzungsverzeichnis:

Ein Blick in das Abkürzungsverzeichnis gibt Aufschluß über die häufig verwendeten Gesetzestexte, Zeitschriften oder sonstige Textsammlungen und damit mittelbar Informationen über die Struktur und den Inhalt eines Textes.

Klappentext, Deckblätter:

Kurze Inhaltsangaben des Verlages oder Verfassers („Waschzettel") finden sich in den Buchdeckeln, auf der Buchrückseite oder auf dem Titel eines Buches.

---

[6] Vgl. dazu Kapitel VII, Abschnitt 3, lit. d., S. 160f.

Inhaltsübersicht, Gliederung, Kapiteleinteilung, Umfang:

Unabhängig von einer (vom Autor selbst verfaßten) Inhaltsangabe können Inhalt und Schwerpunkte einer Arbeit am besten aus der Inhaltsübersicht, der Gliederung des Textes und den einzelnen Kapitelüberschriften entnommen werden. Zusammen mit den **Seitenangaben** lassen sich so die thematischen Schwerpunkte unter der Bedingung zutreffend erkennen, daß der Verfasser selbst die Grundregel der Gliederungsordnung beachtet hat;[7] eine systematisch angelegte Gliederung erspart häufig ein kursorisches Überlesen.

Anmerkungen, Zitate:

Ohne im einzelnen bereits Überprüfungen vorzunehmen, sprechen Existenz, Umfang und Form der Anmerkungen und Zitate „Bände"! Der **wissenschaftliche Anspruch** und das Selbstverständnis der Verfassers lassen sich fast auf einen Blick erfassen: Fehlen Fußnoten vollständig oder kommt ihnen – häufig am Ende eines Textes zusammengestellt – bereits nach ihrer äußeren Form eher ausschmückender Charakter zu, so ist die wissenschaftliche Ernsthaftigkeit eines Textes (und die Redlichkeit des Verfassers) nur noch in Ausnahmefällen nicht in Frage zu stellen. Ohne geniale „Würfe" auszuschließen, können nur die allerwenigsten Verfasser vollständige Originalität für sich in Anspruch nehmen.
Wurde auf entsprechende Zitate und Anmerkungen verzichtet, so muß überprüft werden, ob der Verfasser die einschlägige Literatur überhaupt zur Kenntnis genommen oder – fast noch schlimmer – zumindest zum Teil gelesen, aber nicht auf die Quelle seiner Gedanken verwiesen hat.

Literaturverzeichnis:

Ein genaues Studium des Literaturverzeichnisses führt nicht nur zur Überprüfung der bereits recherchierten sowie der Entdeckung noch unbekannter themenspezifischer Titel. Vielmehr lassen – mit zunehmender Vertrautheit mit einem Thema und damit letztlich auch mit dem einschlägigen Verfasserkreis – diese Angaben mittelbar auch Einschätzungen der wissenschaftstheoretischen und/oder politischen **Präferenzen** des Bearbeiters erkennen. Fehlende Angaben über den Doktorvater (häufig bereits ein weiterer Indikator für die Qualität einer Arbeit, denn gute Arbeiten sind nicht zuletzt auch eine Auszeichnung für den betreuenden Wissenschaftler!), lassen sich dabei regelmäßig an Hand der häufig zitierten Autoren ebenso ermitteln wie die bevorzugte **wissenschaftliche Schule** oder das **Theorieverständnis** des Verfassers.

Die Auswahl der Literatur ist auch hinsichtlich der **Entstehungsgeschichte** einer Arbeit interessant. Zitiert der Verfasser nahezu ausschließlich Titel aus den letzten Jahren, so besteht die Gefahr, daß er in seiner Arbeit wichtige „Altmeister" der Betriebs- bzw. Volkswirtschaftslehre und deren fundamen-

---

[7] Vgl. dazu Kapitel V, Abschnitt 1, S. 83–89.

tale – und heute oft noch erstaunlich aktuelle – Gedanken vernachlässigt hat.[8] Im übrigen gelten für die Gesamtbeurteilung der im Einzelfall verarbeiteten Literatur die hier vorstehend aufgezeigten Kriterien gleichermaßen.

β. *Prüfschema: Aufsätze*

Für die Beurteilung von einzelnen Aufsätzen ist neben der Prüfung der Verfasser- und Textangaben auch die Zeitschrift selbst, soweit ihr „Gesicht" dem Auswertenden nicht bereits bekannt ist, zu überprüfen. Die äußere Form, das Verhältnis Text/Bild/Anzeigen läßt schnell den **Adressatenkreis** erkennen. Weiterhin müssen neben dem einzelnen, gesuchten Autor die Herausgeber der Zeitschrift und die Gesamtheit der dort veröffentlichenden Autoren sowie der Verlag beachtet werden.[9]

Das hier entwickelte Prüfschema mag dem Anfänger wie eine wissenschaftliche Arbeit für sich erscheinen; der damit verbundene Zeitaufwand ist anfangs für ihn auch nicht unerheblich. Fortgeschrittenen Studenten und Doktoranden wird dieses Prüfschema schnell in Fleisch und Blut übergehen. Den mechanischen Bewegungen beim Autofahren vergleichbar, ermöglicht es bei jedem Buch, das in Griffnähe kommt, automatisch in wenigen Minuten eine erste Einschätzung. Obwohl Stunden mühsamer (zum Teil wiederholter) Lektüre zur **Ermittlung einer Grundtendenz** mit diesem Verfahren gespart werden können, nutzt erfahrungsgemäß nur ein Bruchteil der Studenten diesen Informationsschatz. Ohne bereits in den nächsten konkreten Arbeitsschritt, die Materialauswertung, einzutreten, können auf der Grundlage dieser Daten im Literaturapparat bereits erste (vorläufige) Gruppen gebildet und **thematische Schwerpunkte** geplant werden, die eine gezielte und damit eine qualifizierte Literaturauswertung erheblich begünstigen. Das bereits erwähnte „muddling through", das „Sich-Durchwursteln" durch einen Berg unübersehbarer (weil unbewerteter) Literatur wird so von Anfang an vermieden; die erhebliche Zeitersparnis ist dann nur mehr ein erfreulicher Nebeneffekt.

---

[8] Vgl. *Weber, W./Kolb, M.*, Studium, 1977, S. 96f.

[9] Zur Überprüfung von Zeitschriften vgl. auch *Hansen, G./Nyssen, E./Rützel, I.*, Einführung, 1978, S. 68–76.

b. Buchbesprechungen

Buchbesprechungen, (Sammel-)Rezensionen und Besprechungsaufsätzen kommt als Auswahlkriterien bei der großen Menge wirtschaftswissenschaftlicher Literatur eine ständig steigende Bedeutung zu. Früher waren derartige Besprechungen in Fachzeitschriften oder Literaturdiensten noch überwiegend dazu gedacht, daß der Leser an Hand der Besprechung seinen eigenen Eindruck von einem wichtigen neuen Fachbuch mit der **Einschätzung** des rezensierenden (Fach-)Kollegen vergleichen konnte. Heute muß dagegen in zunehmendem Maße die Lektüre der Besprechung an die Stelle des eigenen Studiums eines großen Teils der Literatur treten, um ein wissenschaftliches Arbeiten auf dem engeren Fachgebiet überhaupt noch zu ermöglichen. Damit wird die qualifizierte Rezension zur eigenständigen wissenschaftlichen Leistung, deren Zitierfähigkeit schon lange außer Frage steht.[10]

Dieser Praxis entsprechend sollte auch der Student die **Besprechungen** und **Rezensionen** zur Auswahl der bereits bibliographierten Titel sowie zur Information über weiteres geeignetes Material gleichermaßen **nutzen.** Aktuelle Rezensionen erscheinen in nahezu allen wirtschaftswissenschaftlichen Fachzeitschriften[11] sowie in speziellen Literaturheften:

Schmalenbach's Zeitschrift für betriebswirtschaftliche Forschung (ZfbF), Düsseldorf: Handelsblatt Verlag (jährlich Heft-Nr. 7 [Juli])

Der Betriebswirt – Literaturberater Wirtschaft, Gernsbach: Deutscher Betriebswirte Verlag (unregelmäßig)

Internationale Bibliographie der Rezensionen wissenschaftlicher Literatur (IBR), hrsg. von *Otto* und *Wolfram Zeller*, Sachindex – Rezensentenindex – Verfasserindex, je 2 Bände, Osnabrück: Dietrich (halbjährlich)

Eine systematische Übersicht der jeweils veröffentlichten Buchbesprechungen findet sich – meist in gesonderter Form – auch in den Jahresregistern der Fachzeitschriften.[12]

Für die Einschätzung der Qualität und Gewichtigkeit einer Rezension gelten die unter a. für die Aufsatzauswahl angegebenen Prüfkriterien. Insbesondere ist dabei aber zu beachten, daß der Inhalt, Re-

---

[10] Vgl. so auch *Poenicke, K./Wodke-Repplinger, I.*, Arbeiten, 1977, S. 97.

[11] Vgl. oben Kapitel III, Abschnitt 5, lit. b, S. 54.

[12] Vgl. oben Kapitel III, Abschnitt 3, lit. c., β, S. 45.

zensent und die Beurteilung sich regelmäßig (auch) nach dem Leserkreis der die Besprechung veröffentlichenden Zeitschrift richten.

Ähnlich wie bei der kritischen Literaturbewertung wird man im Laufe des Studiums die Gründe und Motive einer lobenden (oder stark kritisierenden) Besprechung kennen- und abschätzen lernen. Den größten **Wert** besitzen Besprechungen, die von einem **Fachkollegen** mit dem gleichen oder einem ähnlichen Interessenschwerpunkt unter ausführlicher Diskussion der Arbeit in einer der **renommierten Fachzeitschriften** erscheinen. Deren verantwortliche Redakteure wählen meist ihrerseits bereits fachlich geeignete Rezensenten aus, treffen eine Vorauswahl der wichtigsten jährlichen Neuerscheinungen und lassen gelegentlich sogar die eingereichten Besprechungen zur Kontrolle nochmals fachlich begutachten. Gefälligkeitsrezensionen oder (politisch motivierte) ,,Schlecht"-achten werden damit ebenso ausgeschlossen wie eine stilistisch nur modifizierte Wiedergabe des vom Verlag oder Autor beigefügten ,,Waschzettels" oder eines als Musterbesprechung formulierten Werbetextes.

Eine fachlich **kompetente Rezension** enthält:[13]

- das Vorverständnis, die Methode und Zielsetzung des Autors
- die wichtigsten Inhalte bzw. Gliederungspunkte der Arbeit
- die Position und den Wert der Arbeit innerhalb der wissenschaftlichen Diskussion sowie die Stellung innerhalb vergleichbarer, aktueller themenspezifischer Arbeiten
- den beabsichtigten und den nach Ansicht des Rezensenten erreichbaren Adressatenkreis
- eine abschließende Empfehlung bzw. Kritik

Besprechungen und Rezensionen können auch noch **indirekt** zu einem weiteren **Prüfkriterium** für die Literaturauswahl werden: So nützen politisch oder wissenschaftlich einschlägig orientierte Zeitschriften sowie Organe der Parteien und Verbände gerne die – nicht zuletzt werbende – Wirkung einer Besprechung insbesondere für die ihre Position stützenden Autoren; andererseits ist z. B. ein gewerkschaftlich orientierter Titel in der Zeitschrift ,,Der Arbeitgeber" der *Bundesvereinigung der Deutschen Arbeitgeberverbände* leicht zu entdecken.

Von Rezensionen bzw. Buchbesprechungen zu unterscheiden sind sog. **Abstracts.** Sie enthalten die komprimierte Wiedergabe des **In-**

---

[13] Vgl. *Zimmermann, J.*, Diplomarbeit, 1975, S. 22–24.

halts eines Buches, eines Zeitschriftenartikels oder sonstigen Einzelbeitrags **ohne Bewertung** durch den Abstract-Autor. In guten Abstracts sollten die Kernaussagen und deren Folgerungen zusammengefaßt werden, wobei die Auswahl der Aussagen durch die Meinung und Einstellung des Abstract-Autors sicherlich im Einzelfall mitbeeinflußt wird. Abstracts zu wirtschaftswissenschaftlichen Arbeiten erstellen auf Anfrage insbesondere die oben angeführten Dokumentationsdienste.

c. Closed-circle-system

Als eine Mischung aus eigener und fremder Literaturbewertung will ich hier noch ein Verfahren vorstellen, das als **„closed-circle-system"** bezeichnet werden soll.

Noch vor der Auswertung in konkreten Einzelfall führt die kritische Durchsicht der Literaturverzeichnisse in den bibliographierten Titeln zu folgendem Ablauf: Zunächst bewirkt die Überprüfung der Literaturverzeichnisse auf dem Wege der „gemischten Strategie", daß die potentiell geeignete, einschlägige Literatur lawinenartig anschwillt („Lawinen-" oder „Schneeballsystem"). Soweit bei der Literaturübersicht im ersten Schritt aber systematisch vorgegangen wurde, verdichtete sich diese Literatur auf eine bestimmte Menge ständig **wiederholt zitierter Werke.** Gegen Ende des dritten bzw. vierten Arbeitsschrittes wird sich, soweit auch diese Schritte – wie vorgeschlagen – hinreichend systematisch vorgenommen wurden, ein „harter Kern" regelmäßig bzw. häufig zitierter Literatur abzeichnen. Ergebnis: Der **Kreis** der (vermutlich) **themenrelevanten Literatur** schließt sich, unbekannte, noch hinzukommende Titel sind meist aktuelle Neuerscheinungen oder aber Veröffentlichungen, die eher am Rande des bearbeiteten Gebietes liegen.

Das Verfahren wird aber nur als **Ergänzung** vorgeschlagen, denn es gerät erstens bei sehr weiten Themenbereichen leicht zu einer Lebensaufgabe und birgt zweitens als alleiniges Kriterium **gefährliche Klippen:**

Ein erfolgreich (nahezu) geschlossener Literaturkreis kann

1. insgesamt auf dem falschen, weil **themenverfehlenden Gebiet** gebildet worden sein;
2. einen **Zirkelschluß** manifestieren, wenn von Beginn der Literaturübersicht an nicht auf ein Mindestmaß an Meinungsvielfalt geachtet worden ist und schließlich

3. interessante und/oder **neue Ansätze** völlig **außer Betracht** lassen, da sie in der eingeführten Literatur (noch) keine Beachtung gefunden haben oder finden konnten.[14]

Eine ergänzende **Beachtung** des ,,closed-circle-system" wird trotz der aufgezeigten Gefahren dennoch **angeraten:** Ergeben sich dabei nämlich in der eigenen Arbeit nicht zumindest gewisse **Schwerpunkte** in der bibliographierten bzw. verarbeiteten Literatur, so liegt der Verdacht nahe, daß das Thema nicht oder nicht hinreichend in den Griff bekommen worden ist. Findet sich die verwendete bzw. bevorzugte Literatur – obwohl sie auch ältere Titel umfaßt – nicht oder nur vereinzelt in themenverwandten Schriften, dann muß dringend **überprüft** werden, ob das Thema nicht verfehlt und/oder die Arbeit allein auf ,,exotische" Autoren gestützt worden ist! Insoweit kann das vorgeschlagene ,,closed-circle-system" eine Art **Alarmglocke** darstellen, die nicht erst den Korrektor auf den Plan rufen sollte.

Vor einem rein numerischen **„Auszählen"** der überwiegend in der Literatur zu einem einzelnen Problem vertretenen Meinung muß allerdings in diesem Zusammenhang gewarnt werden: Eine herrschende (= richtige?) Meinung als das Ergebnis der quantitativ und/oder qualitativ ,,Herrschenden" ist niemals ein Sachargument. Die Zitierhäufigkeit mag vielleicht noch zu Zeiten der handschriftlichen Wiedergabe von Meinungen vor der Erfindung der Buchdruckerkunst durch *Johannes Gutenberg* (1452) ein Beweis für überzeugende Argumente gewesen sein, die moderne Drucktechnik kann derart herrschende Meinungen nahezu über Nacht produzieren. Im übrigen gibt *Johann Wolfgang von Goethe* zu denken:

> ,,Nichts ist widerwärtiger als die Majorität: denn sie besteht aus wenigen kräftigen Vorgängern, aus Schelmen, die sich accomodiren, aus Schwachen, die sich assimiliren, und der Masse, die nachtrollt, ohne nur im mindesten zu wissen was sie will."[15]

---

[14] *K. Borchardt* weist zurecht in diesem Zusammenhang darauf hin, daß häufige Verweisungen nicht immer einen Hinweis auf die Bedeutsamkeit eines Titels vermitteln, regelmäßig bei deren Beachtung aber zumindest das Alter der Veröffentlichungen prämiiert wird (Vademecum, 1973, S. 30).

[15] *Goethe, J. W. von,* Maximen und Reflexionen, zitiert nach *Sachsen, S.,* Werke, II. Abt., Bd. 11, 1893, S. 137.

2. Materialbeschaffung

Nach der bewertenden Übersicht muß (spätestens) die Beschaffung organisiert werden. Je nach Art der notwendigen Materialien lassen sich dabei die **Beschaffungswege** für **Quellen** einerseits und **Sekundärmaterial** andererseits unterscheiden. Die Trennung zwischen Quellen und Sekundärmaterial wird häufig jedoch nicht exakt vorgenommen, zumal sie sich im Einzelfall auch als schwierig erweist.

Als **Quellen** sollen hier nur solche Materialien bezeichnet werden, die – möglicherweise bearbeitet – noch **nicht** aber für dritte Zwecke **verarbeitet** worden sind, die also noch als ,,Original" im eigentlichen Sinne angesehen werden können (vgl. *Darst. 12*).

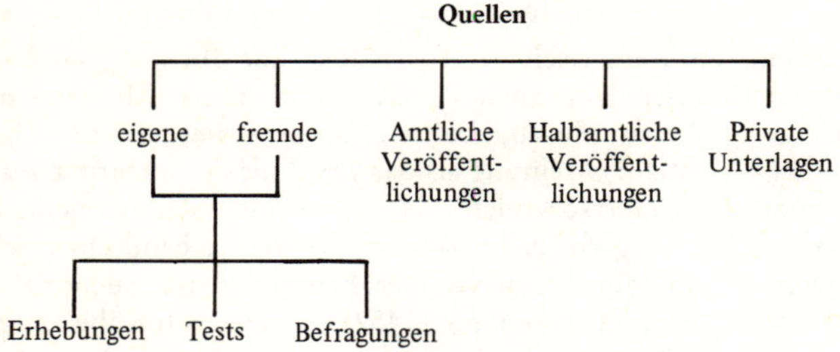

Darst. 12: Quellenmaterial

Dagegen führt jede Verarbeitung bzw. Auswertung dieser Quellen zu **abgeleitetem** Material; dieses soll deshalb insgesamt als **Sekundärmaterial** bezeichnet werden.[16]

Eine weitere Differenzierung und Aufspaltung in Tertiärmaterial oder ähnliches ist nicht erforderlich, da damit nur weitere Ableitungen des, bereits von Quellen (mindestens) einmal abgeleiteten Mate-

---

[16] *Poenicke, K./Wodke-Repplinger, I.*, Arbeiten, 1977, S. 122, sprechen von Sekundärquellen; diese Bezeichnung wird dem Wortsinn nicht gerecht, da eine Quelle den Ursprung bezeichnet, ein abgeleiteter Ursprung definitionsgemäß aber nicht existieren kann. Ungenaue Abgrenzung hierzu auch bei *Standop, E.*, Form, 1984, S. 42, und *Aretz, M./Gieleßen, R.*, Erfolgreich, 1977, S. 25.

rials bezeichnet werden; von einer Verwertung von Texten aus dritter Hand ist ohnehin grundsätzlich abzuraten.[17]

Die Qualifizierung nahezu der gesamten wissenschaftlichen Literatur als „Sekundärmaterial" entspricht nicht dem allgemeinen Sprachgebrauch. So werden z. B. wissenschaftliche Monographien und Lehrbücher häufig als Quellen oder Primärliteratur(-material) bezeichnet.[18] Schließt man den „Genie-Fall" aber aus, so handelt es sich gerade bei wissenschaftlichen Arbeiten um Produkte, die regelmäßig auf der Grundlage von zahlreichen (kritischen) **Verwertungsprozessen** nicht ausschließlich nur eigener, originärer Gedanken entstanden sind; so werden zwar auch in den Wirtschaftswissenschaften – ebenso wie in den Literaturwissenschaften – gelegentlich Prosatexte veröffentlicht, sie tragen aber nur (zu) selten den Werk-Charakter einer eigenständigen (schöngeistigen) schriftstellerischen Leistung.

a. Quellen

α. *Eigene Erhebungen*

Die originellste Quelle wissenschaftlicher Arbeit ist die eigene Erhebung bzw. Untersuchung.[19] In einzelnen wirtschaftswissenschaftlichen Forschungsgebieten wurden in den letzten Jahren vermehrt auch empirische Untersuchungen durchgeführt. Aus der praktischen Erfahrung heraus werden so unmittelbar die Rahmenbedingungen und das Verhalten der Wirtschaftssubjekte erfaßt.[20] Als Forschungs-

---

[17] Vgl. dazu auch *Zimmermann, J.*, Diplomarbeit, 1975, S. 27–34; zur Ausnahmeregelung des Sekundärzitates vgl. Kapitel VI, Abschnitt 3, lit. b., Abs. γ., S. 132–134.

[18] Die Bezeichnungen sind allerdings fast völlig uneinheitlich; vgl. u. a. *Weber, W./Kolb, M.*, Einführung, 1977, S. 96; *Spandl, O.*, Organisation, 1980, S. 46; *Hülshoff, F./Kaldewey, R.*, Erfolg, 1984, S. 194, sowie *Borchardt, K.*, Vademecum, 1973, S. 8ff., 22ff., der von wissenschaftlichen Veröffentlichungen einerseits und Quellen und Materialien andererseits spricht; ihm folgend *Hanfland, F.*, Studium, 1978, S. 65.

[19] Vgl. dazu *Zimmermann, J.*, Diplomarbeit, 1975, S. 32f.; *Kaiser, A.*, Anleitung (I), 1978, S. 38.

[20] Vgl. dazu umfassend *Witte, E.*, Nutzen, 1981; *Dichtl, E./Kaiser, A.*, Verläßlichkeit, 1978, S. 490–492.

techniken werden dabei – alternativ oder in Kombination miteinander – verwendet:

- Direkte Beobachtung
- Interview, Befragung
- Experiment
- Dokumentenanalyse

Die Vorbereitung, Durchführung und insbesondere die statistische Auswertung derart erhobener Daten muß gründlich konzipiert werden. Da auf spezielle Probleme und Schwierigkeiten an dieser Stelle nicht eingegangen werden kann, muß zur Vermeidung der häufigsten Fehler in der Untersuchungsanlage und zur Lösung praktischer Probleme auf die **Fachliteratur** verwiesen werden.[21] Die **Grundlagen** empirischer Forschungstechniken sollte jedoch jeder Student der Wirtschaftswissenschaften **kennengelernt** haben, bevor er eine umfangreiche Arbeit beginnt.

β. *Fremde Erhebungen*

Außerhalb der amtlichen Veröffentlichungen – und hier insbesondere der statistischen Ämter – können Erhebungen und Testergebnisse von einzelnen Unternehmungen, Kammern und Verbänden sowie Markt- und Meinungsforschungsinstituten nützlich sein. Folgende Institute sind u. a. Mitglieder der *Arbeitsgemeinschaft Deutscher Wirtschaftswissenschaftlicher Forschungsinstitute e.V.*, Hohenzollernstr. 1/3, 4300 Essen:[22]

Deutsches Institut für Wirtschaftsforschung (Institut für Konjunkturforschung), Königin-Luise-Str. 5, 1000 Berlin 33

Energiewirtschaftliches Institut an der Universität zu Köln, Albertus-Magnus-Platz, 5000 Köln 41

HWWA – Institut für Wirtschaftsforschung, Neuer Jungfernstieg 21, 2000 Hamburg 36

Ifo – Institut für Wirtschaftsforschung e. V., Poschingerstr. 5, 8000 München 86

Institut für angewandte Wirtschaftsforschung, Ob dem Himmelreich 1, 7400 Tübingen

---

[21] Vgl. dazu *König, R.*, Handbuch, 1973, m. w. N., sowie Literaturangaben bei *Kaiser, A.*, Anleitung (I), 1978, S. 38, und *Friedrich, J.*, Methoden, 1984; *Erdmann, H.-W./Petersen, J.*, Strukturen, 1976; *Buß, E./Schöps, M.*, Kompendium, 1979.

[22] Vgl. *Hanfland, F.*, Studium, 1978, S. 80f.

Institut für Arbeitsmarkt- und Berufsforschung der Bundesanstalt für Arbeit, Regensburger Str. 104, 8500 Nürnberg

Institut der Deutschen Wirtschaft e. V., Gustav-Heinemann-Ufer 84–88, 5000 Köln 51

Institut für Handelsforschung an der Universität zu Köln, Säckingerstr. 5, 5000 Köln 41

Institut für Weltwirtschaft an der Universität Kiel, Düsternbrooker Weg 120, 2300 Kiel

Rheinisch-Westfälisches Institut für Wirtschaftsforschung, Hohenzollernstr. 1/3, 4300 Essen 1

Schmalenbach – Gesellschaft – Deutsche Gesellschaft für Betriebswirtschaft e. V., Tiberiusstr. 4, 5000 Köln 41

Wirtschafts- und Sozialwissenschaftliches Institut des Deutschen Gewerkschaftsbundes, Hans-Böckler-Str. 39, 4000 Düsseldorf 30

Weitere **Kontaktadressen** vermittelt:

Internationales Verzeichnis der Wirtschaftsverbände: Handbuch der Internationalen Dokumentation und Information, Bd. 12, hrsg. von *Barbara Verrel*, 3. Ausg., München u. a.: Saur, 1985

Oeckl, Albert (Hrsg.), Taschenbuch des öffentlichen Lebens, Bonn: Festland (jährlich)

Uschtrin, Sandra (Hrsg.), Handbuch für Autoren, München: Gravenstein, 1985

Verbände, Behörden, Organisationen der Wirtschaft, Darmstadt u. a.: Hoppenstedt (jährlich)

Verzeichnis der gemeinsamen Organisationen, die in den Europäischen Gemeinschaften von den Industrie-, Handels- und Dienstleistungsverbänden der sechs Länder geschaffen wurden, hrsg. von der Kommission der Europäischen Gemeinschaften, Luxembourg: Selbstverlag

γ. *Amtliche Veröffentlichungen*

Die Veröffentlichungen der Gesetzgebung, Rechtsprechung und Verwaltung stellen zumindest zum **überwiegenden** Teil auch **Quellen** im oben definierten Sinn dar.

Veröffentlichte ebenso wie noch nicht veröffentlichte bzw. ergänzende Materialien sind im Einzelfall – soweit keine andere Möglichkeit besteht – bei den jeweils zuständigen Ministerien, Gerichten oder entsprechenden Behörden anzufordern.[23]

So werden z. B. nicht alle **Urteile** zur Veröffentlichung freigegeben, d. h. in die entsprechende (amtliche) Sammlung aufgenommen. Ein

[23] Vgl. dazu oben Kapitel III, Abschnitt 4, S. 48–52.

Teil der veröffentlichten Urteile und Entscheidungen findet sich auch nur – ebenso wie die amtlich veröffentlichten – in den jeweiligen Fachzeitschriften. Beachtlich ist grundsätzlich, daß der Abdruck eines Urteils regelmäßig nur in **Auszügen** erfolgt und die vorangestellten Leitsätze dabei ebenso wenig amtlich sind wie die häufig namentlich oder mit den Initialen des Verfassers gekennzeichneten Anmerkungen. Wegen der uneinheitlichen Veröffentlichungspraxis ist es dabei besonders wichtig, daß für jedes Urteil unbedingt alle verfügbaren Daten aus einer Fundstelle notiert werden.[24]

Beispiele:

BGH-Urteil vom 14. 4. 1983 (VII ZR 199/82), BGHZ 87, 191, 194 = DB 36(1983), S. 1817f.

Das bedeutet: Urteil des Bundesgerichtshofes, Karlsruhe, verkündet am 14. 4. 1983, rechtskräftig (d. h. endgültig) entschieden, da keine Berufung bzw. Revision möglich, Aktenzeichen: VII. Senat/ZR 199 (lfd. Nummer) 82 (Jahr der Klageeinreichung beim BGH), abgedruckt in der Entscheidungssammlung des Bundesgerichtshofes in Zivilsachen, Band Nr. 87, dort ab Seite 191, zitiert wurde aus Seite 194; gleichzeitig abgedruckt in der Zeitschrift „Der Betrieb" an der angegebenen Stelle.

Hans. OLG Hamburg, Urteil vom 17. 12. 1982 (11 U 21/82; nicht rkr.), DB 36(1983), S. 330–333 = GmbH-Rdsch. 74(1983), S. 98–102.

Das bedeutet: Urteil des Hanseatischen Oberlandesgerichtes, Hamburg, verkündet am 17. 12. 1982, noch nicht rechtskräftig, da Revision zum Bundesgerichtshof, Karlsruhe, eingelegt wurde, Aktenzeichen: 11 U 21/82 (Jahr der Klageeinreichung beim OLG), abgedruckt in der Zeitschrift „Der Betrieb" sowie der Zeitschrift „GmbH-Rundschau" an der jeweils angegebenen Stelle.

FG Nürnberg, Urteil vom 17. 1. 1979, V 121/78 (Rev. eing.), EFG 27 (1979), S. 339–340, 340

Das bedeutet: Urteil des Finanzgerichts Nürnberg, verkündet am 17. 1. 1979, Revision zum Bundesfinanzhof, München, eingelegt, Aktenzeichen V 121/78 (Jahr der Klageerhebung beim FG); abgedruckt in den Entscheidungen der Finanzgerichte, Jahrgang 27(1979), an der angegebenen Stelle.

Noch nicht veröffentlichte, aber bereits verkündete Urteile können unter dem Aktenzeichen – als kostenpflichtige Kopie – bei dem erkennenden Gericht angefordert werden; in gleicher Weise sind auch weitere veröffentlichungspflichtige Unterlagen (z. B. Handelsregi-

---

[24] Als Hilfestellung bei der Entschlüsselung juristischer Abkürzungen dient *Kirchner H./Kastner, F.*, Abkürzungen, 1983; *Friedl, G.*, Abkürzungen, 1970.

ster-Auszüge) bei dem jeweils zuständigen Gericht (hier: Registergericht) zu erhalten.

δ. *Halbamtliche Veröffentlichungen*

Als halbamtliche Organe sollen hier die Körperschaften des öffentlichen Rechts und vergleichbarer Institutionen bezeichnet werden. Ansprechpartner für die Ermittlung von Quellen der unterschiedlichsten Art im Zusammenhang mit wirtschaftswissenschaftlichen Arbeiten können hier u. a. die Rundfunk- und Fernsehanstalten des Bundes und der Länder, die Bundesanstalt für Arbeit, Nürnberg, oder die Bundesversicherungsanstalt, Berlin, sein.

Aktuelle Meldungen, Berichte oder sonstige Recherchen dieser Organe, insbesondere aber der Rundfunk- und Fernsehanstalten sind meist als **Manuskript** bei der jeweils zuständigen Stelle (gegen Kostenerstattung) zu erhalten, wenn sie unter Angabe des (wissenschaftlichen) Arbeitszweckes **schriftlich angefordert** werden. Derartige Anfragen haben jedoch nur dann Aussicht auf Erfolg, wenn das jeweilige **Anliegen** exakt formuliert und konkret thematisch **eingegrenzt** wird; für die Beantwortung sollte ein nicht zu knapper Zeitraum eingeplant werden.

ε. *Private Unterlagen*

Die einzelnen Unternehmungen, Verbände, Kammern, Wirtschaftsvereinigungen und Gewerkschaften stehen bei der Erhebung von Quellenmaterial für wirtschaftswissenschaftliche Arbeiten regelmäßig im Vordergrund. Als potentielles **Quellenmaterial** für wissenschaftliche Arbeiten sollen nur beispielhaft aufgezählt werden:

- Prospekte, Jahres- bzw. Geschäftsberichte
- Konzern- und Unternehmensabschlüsse (Bilanzen, Gewinn- und Verlustrechnung)
- Unternehmens-, Betriebs- und Werksstatistiken
- Firmenarchivmaterial
- Unternehmenssatzungen, -geschäftsordnungen und -organigramme bzw. sonstige Pläne und Übersichten
- Werkszeitungen, Firmenzeitschriften und -publikationen[25]

---

[25] Nach mündlicher Auskunft von Prof. Dr. *K. Macharzina*, Universität Hohenheim, kommen derzeit in der Bundesrepublik rund 500 verschiedene Werkszeitungen mit einer Gesamtauflage von rund sechs Millionen Exemplaren zur Verteilung.

Ein Teil dieser Informationen muß in der jeweils gesetzlich vorgeschriebenen Form (Publizitätsgesetz, Aktiengesetz, Bilanz-Richtlinie-Gesetz u. a.) im Bundesanzeiger und/oder der Wirtschaftspresse veröffentlicht und beim Registergericht eingereicht und kann dort eingesehen bzw. angefordert werden. Für weitere **Nachfragen** bei den einzelnen Unternehmungen hilfreich:

Handbuch der Großunternehmen, 2 Bände, Darmstadt: Hoppenstedt (jährlich)

Handbuch der deutschen Aktiengesellschaften, 5 Bände, Darmstadt: Hoppenstedt (jährlich)

Saling Aktienführer, Darmstadt: Hoppenstedt (jährlich)

Die nicht notierten deutschen Aktiengesellschaften, 2 Bände, Darmstadt: Hoppenstedt (jährlich)

Wer gehört zu wem?, hrsg. von der Commerzbank, Frankfurt: Selbstverlag (jährlich)

Leitende Männer der Wirtschaft, Darmstadt: Hoppenstedt (jährlich)

Wer leitet – Das Middlemanagement der deutschen Wirtschaft, Darmstadt: Hoppenstedt (jährlich)

Wer ist wer?, hrsg. von *Walter Habel*, Lübeck: Schmidt-Römhild (unregelmäßig)

Wegweiser durch deutsche Unternehmen, hrsg. von der Bayrischen Hypotheken- und Wechselbank, München: Selbstverlag (zweijährlich)

Ein mittelbarer Zugang zu unternehmensspezifischen Unterlagen ergibt sich über die **Wirtschaftspresse,** die insbesondere während einer konkreten Arbeit aufmerksam verfolgt werden sollte. Berichte über Hauptversammlungen, Veranstaltungen und Ausstellungen sowie Pressemitteilungen der einzelnen Unternehmungen geben ebenso wie Anzeigen und Public-Relations-Beilagen oft **Anregungen** und wichtige erste **Informationen.** Entsprechende Berichte sollten, wenn sie auch (zunächst) nur im weiteren Umfeld Bedeutung für die eigene Arbeit zu haben scheinen, von Anfang an in einer Presse-Mappe – oder besser einem **Zeitungsausschnittsordner** – abgelegt werden. Während einige Meldungen erfahrungsgemäß schnell wieder überholt sind, können andere vielleicht zu einem späteren Zeitpunkt gesuchtes **Zahlenmaterial** bieten. Nicht nur für aktuelle Einleitungen, sondern auch als **Belegstellen** für konkrete Unternehmensdaten entwickelt sich eine so angelegte Sammlung schnell zu einer wertvollen Fundgrube.[26]

---

[26] Vgl. *Kliemann, H.*, Anleitungen, 1973, S. 28.

b. Sekundärmaterial

Wird keine eigene empirische Untersuchung durchgeführt bzw. keine schwerpunktmäßig statistische Auswertung verlangt, überwiegt als **Grundlage** wissenschaftlicher Arbeiten regelmäßig das **Sekundärmaterial** im oben definierten Sinne.

α. *Ausleihe*

Soweit das gesuchte Sekundärmaterial in öffentlichen oder privaten Bibliotheken und Archiven aufgestellt ist, müssen die Möglichkeiten und Bedingungen der Einsicht vor Ort (Präsenzbibliothek) und der Tages-, Wochen- oder Monatsausleihe beachtet werden; für Bibliotheksmaterial außerhalb des Arbeitsortes kann die Fernleihe benutzt werden. Unter Berücksichtigung der jeweiligen **Bibliotheksbenutzungsordnung**[27] sind bei der Auswahl von Sekundärmaterial insbesondere die Anforderungs-(Bestell-)Dauer und **Leihfristen** zu beachten. Ein unkontrolliertes Bestellen nach der ersten Literaturübersicht ohne jede kritische Bewertung[28] ist ebenso unangebracht wie die Vernachlässigung der längeren **Laufzeiten** ortsferner Bestellungen. Rückgabetermine müssen beachtet werden, um nicht von einer Bibliotheksrückforderung überrascht zu werden; ein farbiger Karteireiter auf der entsprechenden Verfasserkarte und/oder ein **Fristenzettel** im jeweiligen Buch tun hier gute Dienste.[29]

Neben den (Spezial-)**Bibliotheken** der wirtschaftswissenschaftlichen Forschungsinstitute, der Parlamente, Behörden, Kammern und Verbände sollten im Einzelfall auch weitere nationale wie internationale öffentliche Allgemein-, Hochschul- und Spezialbibliotheken genutzt werden. Zum **Nachweis** hierzu sind nützlich:[30]

Deutsches Bibliotheks-Adreßbuch – Verzeichnis von Bibliotheken in der Bundesrepublik Deutschland einschließlich Berlin(West), hrsg. von der Deutschen Bibliothekskonferenz, 2. Ausg., München u. a.: Saur, 1976

Jahrbuch der deutschen Bibliotheken, hrsg. vom Verein Deutscher Bibliothekare, 50. Jg., Wiesbaden: Harrassowitz, 1983

---

[27] Vgl. dazu oben Kapitel II, S. 21f.

[28] So tendenziell die Empfehlung von *Seidenspinner, G.*, Arbeiten, 1976, S. 32.

[29] Vgl. dazu unten Kapitel V, Abschnitt 2, S. 97f.

[30] Vgl. auch Nachweise bei *Hanfland, F.*, Studium, 1978, S. 86f. sowie o. V., Verbände, 1984, S. 734–738; *Koch, H.-A.*, Wegweiser, 1986; *Heidtmann, F.*, Literatur, 1985; ausgezeichnet und informativ für Juristen vgl. *Leser, H.*, Bibliotheken, 1981.

Internationales Bibliothekshandbuch – Handbuch der internationalen Dokumentation und Information, Bd. 8, hrsg. von *Helga Lengenfelder,* 6th ed., München u. a.: Saur, 1983

Internationales Handbuch der Spezialbibliotheken: Handbuch der internationalen Dokumentation und Information, Bd. 17, hrsg. von *Helga Lengenfelder,* München u. a.: Saur, 1986

β. *Kopie*

Oskar P. Spandl schreibt noch 1977 in seiner Schrift „Methodik und Praxis der geistigen Arbeit":

> „Gewünschte Textauszüge können auch xerographiert werden. Xerographie ist ein in den USA erfundenes, noch in der Entwicklung stehendes Trockendruckverfahren."[31]

Nach einer Schätzung des *Börsenvereins des deutschen Buchhandels* wurden in der Bundesrepublik Deutschland und West-Berlin 1978 (!) etwa 4,8 Milliarden Fotokopien aus urheberrechtlich geschützten Werken hergestellt, davon 1,78 Milliarden aus wissenschaftlichen Zeitschriften, 1,6 Milliarden aus wissenschaftlichen Fachbüchern und 875 Millionen aus anderen Medien.[32] Die **Fotokopie** ist zu **dem Arbeitsmittel** im wissenschaftlichen Bereich geworden.

Das **Urheberrechts-Gesetz** (UrhG) erlaubte die abgabenfreie Herstellung von Kopien zum persönlichen und sonstigen eigenen Gebrauch;[33] durch die Urheberrechtsnovelle vom 23. 5. 1985 wurde eine generelle Vergütungspflicht eingeführt, die allerdings in der Regel pauschal als Geräteabgabe vom Betreiber bzw. Käufer des Kopiergerätes erhoben wird.[34] Für Vervielfältigungen für gewerbliche Zwecke muß dem Urheber gemäß § 54 Abs. 2 UrhG eine angemesse-

---

[31] *Spandl, O.*, Methodik, 1977, S. 55; ebenso noch *Spandl, O.*, Organisation, 1980, S. 14.

[32] Vgl. *Hubmann, H.*, Gedanken, 1981, S. 688f.; für 1983 liegen die Schätzungen bei 6 Milliarden Kopien, vgl. – *roe* –, Pfennigparade, 1985, S. 4.

[33] Vgl. §§ 43, 54 des Gesetzes über Urheberrecht und verwandte Schutzrechte – Urheberrechtsgesetz (UrhG) vom 9. 9. 1965 (BGBl. I, 1273) in der Fassung vom 24. 6. 1985 (BGBl. 1985 I, 1137). Zur Abgrenzung des bislang abgabenfreien Umfangs vgl. BGH-Urt. vom 14. 4. 1978, GRUR 80 (1978), S. 474–477; *Fromm, F. K./Nordemann, W.*, Urheberrecht, 1983, § 53 Anm. 8. Mit der Entscheidung des BVerfG vom 25. 10. 1978 (BVerfGE 49, 382) wurde die Gesetzes-Novellierung 1985 ausgelöst.

[34] Vgl. BT-DS 10/837 vom 22. 12. 1983 und BT-DS 10/3360 vom 17. 5. 1985; dazu o. V., Urheberrechtsnovelle, 1985, S. 1331f., und *Hoepffner/Vieregge*, Eingabe, 1984, S. 419–423.

ne Vergütung gezahlt werden; diese Zahlungen verwaltet und verteilt die ‚*Verwertungsgesellschaft Wort*' an die Autoren.[35]

Von einem „blinden" Kopieren allen erreichbaren Materials muß nicht nur aus Kostengründen abgeraten werden: Ein so schnell entstandener **Literaturberg** zwingt nicht selten zur Kapitulation vor dem Aufstieg.

Das für die eigene Arbeit **erforderliche** und **wichtige Material** sollte – soweit möglich – allerdings **kopiert werden;** die Ordnung und Auswertung dieser Unterlagen wird damit erheblich erleichtert. Voraussetzung dafür ist jedoch eine **vollständige,** alle notwendigen Seiten des Textes umfassende **Kopie.** Vom Text getrennt abgedruckte **Anmerkungen** sowie das jeweilige **Literaturverzeichnis** müssen mitkopiert werden, soll die Textkopie nicht von Anfang an wertlos sein; bei technischen oder formalen Texten muß auch das **Abkürzungs-** bzw. **Symbolverzeichnis** mitvervielfältigt werden. Empfehlenswert bei der Ablichtung von Büchern bzw. entsprechenden Auszügen ist es, auch das **Deckblatt** und das **Inhaltsverzeichnis** zu kopieren, um später erforderliche Ergänzungen bzw. Nachforschungen zu erleichtern.

Alle bibliographischen Daten sowie die **Seitenangaben,** soweit diese auf der Kopie nicht erkennbar sind, müssen zusammen mit der **Signatur** des Titels auf die Kopie notiert, anschließend alle Blätter **zusammengeheftet** werden.

Eine Alternative zur Fernleihe eines Buches und der selbstangefertigten Kopie ist die **Fernkopie;** solche Kopien bzw. Auszüge können bei der jeweils den gesuchten Titel besitzenden Bibliothek angefragt, bestellt und über Telefax-System direkt übermittelt werden. Darüber hinaus besteht die Möglichkeit, Zeitschriftenaufsätze u. a. (kostenpflichtig) über die angeführten Dokumentationsdienste sowie die *Universitätsbibliothek Köln* in Kopie zu bestellen:

– Universitäts- und Stadtbibliothek Köln, Universitätsstr. 33, 5000 Köln 41, Tel 0221/470-2214

γ. *Erwerb*

Ich hoffe, daß der Ihnen vorliegende Text meiner Anleitung keine Kopie ist, denn der Charakter dieses Buches als echtes Arbeitsmittel

---

[35] *Verwertungsgesellschaft Wort* vereinigt mit der VG Wissenschaft, Goethestraße 49, 8000 München 2.

sollte bereits für den Erwerb eines **eigenen Exemplars** sprechen. Die Entscheidung über den Erwerb eines Buches sollte aber grundsätzlich nicht nur auf den Kostenvergleich (verkleinerte Kopie/Kaufpreis) gestützt werden. Der **Nutzen** eines eigenen Buches, insbesondere bei anhaltender oder häufiger Verwendung im Rahmen einer wissenschaftlichen Arbeit liegt z. B. in der besseren Handlichkeit und **Verfügbarkeit,** der **Platzersparnis** und insbesondere den umfassenderen **Auswertungsmöglichkeiten.** Eine persönliche Erfahrung lehrt zudem, daß der Kauf eines eigenen Buches nicht zuletzt gerade wegen der meist höheren Kosten häufiger (und schneller) zu einem **gründlicheren Studium** eines Textes führt als eine kopierte Fassung. Die fast gleichen Argumente sollten übrigens bei der Frage des **Abonnements** einer **Fachzeitschrift** beachtet werden. Ein nur auszugsweises Kopieren einzelner Aufsätze von Fall zu Fall erspart und verhindert gleichzeitig die Kenntnisnahme nicht unmittelbar zum jeweiligen (Kopier-)-Zeitpunkt interessierender Themen und Ausführungen und gewährt – wie die Auszugskopie eines Buches – keinerlei **Einblick** in den Fachzusammenhang sowie die **wissenschaftliche Entwicklung.**

V. Materialauswertung

Schwerpunkte jeder wissenschaftlichen Arbeit sind die beiden Arbeitsschritte Materialauswertung und Manuskripterstellung. Ein Blick auf den für eine Diplomarbeit aufgestellten Arbeitsplan zeigt, daß für diese zwei sich zeitlich zum Teil überlagernden Aufgaben über 75 vH der gesamten Bearbeitungsdauer vorgesehen sind.

Das recherchierte und bewertete Material kann grundsätzlich alphabetisch, numerisch oder **systematisch ausgewertet** werden; dem systematischen Verfahren ist dabei aber erfahrungsgemäß der **Vorzug** zu geben. Eine frühzeitig konzipierte (vorläufige) **Arbeitsgliederung** oder zumindest eine ausdifferenzierte Disposition liefern hierzu das **Grundgerüst.**

1. Gliederung

Wie seinerzeit bei der englischen Marine sollten in jeder wissenschaftlichen Arbeit die zentralen Gedanken des Verfassers wie ein **„roter Faden"** zu verfolgen sein. So waren bei der königlichen Flotte sämtliche Tauwerke, vom stärksten bis zum schwächsten, so gesponnen, daß ein roter Faden durch das ganze durchging, den man nicht herauswinden konnte, ohne alles aufzulösen; damit war auch an den kleinsten Stücken zu erkennen, daß sie der Krone gehörten.[1]

Um eine vergleichbare **Geschlossenheit** und durchgehende **Themenbezogenheit** in einer wissenschaftlichen Arbeit zu erreichen, muß vom ersten Tag an versucht werden, den eigenen Gedankenfluß umsichtig einem Ordnungs- und **Gliederungskonzept** zuzuführen bzw. unterzuordnen. Eine solche Gliederung kann dann gleichzeitig für

---

[1] Vgl. *Goethe, J. W. von,* Wahlverwandtschaften, zitiert nach *Sachsen, S.,* Werke, Bd. 20, 1892, II. Teil, 2. Kapitel, S. 212.

die Anlage der Arbeitskarteien[2] und die Sammlung bzw. Ablage der Einzelmaterialien und -ergebnisse[3] genutzt werden.[4]

Die schrittweise Erschließung wissenschaftlicher Materialien steht allerdings mit dem jeweils erreichten Erkenntnisstand des Bearbeiters im Zeitablauf in enger **Wechselwirkung.** Während der Stoffsammlung in den ersten Tagen nur einige wenige Schlagworte oder Kategorien zugrundegelegt werden können, differenziert und wandelt sich eine solche Einteilung nahezu mit jedem weiteren Tag des **dynamischen Arbeitsprozesses.** Für die ersten Arbeitsgliederungen gilt grundsätzlich, daß der ,,Lust am systematischen Untergliedern"[5] kein Einhalt geboten werden sollte; eine Gewichtung sowie die (gegebenenfalls erforderliche) Zusammenfassung einzelner Unterpunkte kann der späteren **Überarbeitung** vorbehalten bleiben. Je **differenzierter** die ursprüngliche, Schritt für Schritt entwickelte (vorläufige) **Gliederung** ist, desto einfacher ist die Manuskripterstellung: Jeder Punkt umfaßt dann nur einige wenige einzelne Gedanken und Probleme, eine erste **Formulierung** findet sich hierfür **leichter** als für umfassende und komplexe Problempakete.

Der Gliederungsprozeß sollte weitgehend parallel mit der Materialauswahl ablaufen. Die gerade in dieser Arbeitsphase sehr intensive Auseinandersetzung mit dem Aufbau und Inhalt der ausgewählten themenspezifischen Titel liefert gleichzeitig ausreichenden ,,Rohstoff" für eigene Gliederungsansätze und -entwürfe. Möglichst frühzeitig sollte dabei auch bereits ein gewisses **formales Gliederungsschema** zugrundegelegt werden. Diese Vorgehensweise zwingt zu einer laufenden **Gewichtung** der im einzelnen jeweils herausgearbeiteten Probleme. Zudem wird durch eine solche formale – aber flexibel zu handhabende – Zuordnung von Anfang an das eigene **Vorge-**

---

[2] Vgl. dazu unter Abs. 2, S. 89–101.

[3] Vgl. dazu unter Abs. 3, S. 101–107.

[4] So bereits auch der Vorschlag von *Heyde, J.*, Technik, 1970, S. 75: ,,Es ist in der Regel verkehrt, Stoffsammlung und Stoffauswertung bzw. -gliederung als zwei getrennte Arbeitsvorgänge nacheinander zu betreiben, noch weit verkehrter aber, das bei beiden vorauszusetzende Lesen eines Buches gesondert vorzunehmen .... Vielmehr müssen die drei verschiedenen Arbeitsgänge ... so unternommen werden, daß gerade die so wesentliche Stoffgliederung organisch aus der ganzen Vorarbeit herauswächst!"; ähnlich *Spandl, O.*, Methodik, 1977, S. 60f., 63 und *Poenicke, K./Wodke-Repplinger, I.*, Arbeiten, 1977, S. 77.

[5] *Poenicke, K./Wodke-Repplinger, I.*, Arbeiten, 1977, S. 36.

hen stärker **strukturiert.** Als Gliederungsformen sollen die **numerische** und die **alpha-numerische** (gemischte) **Ordnung** vorgestellt werden.

a. Numerische Ordnung

Die numerische Ordnung, unzutreffend auch als dezimale bzw. dekadische Ordnung bezeichnet, findet nicht zuletzt wegen ihrer EDV-freundlichen Form auch zunehmend in den Geisteswissenschaften Verbreitung.

Nach der **numerischen Ordnung**[6] werden die Hauptabschnitte eines Textes mit Eins beginnend, fortlaufend **durchnumeriert;**[7] jede nachgeordnete Stufe beginnt erneut mit der Ziffer Eins. Nach jeder Zahl muß ein Punkt stehen, der Schlußpunkt aber entfällt. Die Darstellung einer numerischen Ordnung kann entweder nach dem **Linienprinzip** oder dem **Abstufungsprinzip** aufgebaut sein. Die Gliederung dieses Buches nach dem numerischen System hätte dementsprechend folgende Formen:

1 Gebrauchsanweisung
2 Der wissenschaftliche Arbeitsprozeß
2.1 Planung
2.1.1 Projektplanung
.
.
.
2.1.2 Kostenplanung
2.1.3 Zeit- und Terminplanung
2.1.4 Beispiel: Arbeitsplanung
2.2 Vorarbeiten
2.2.1 Arbeitsplatz
2.2.1.1 Bibliothek
2.2.1.2 Seminarraum
2.2.1.3 Wohnung
2.2.2 Arbeitsmittel
2.2.3 Arbeitsorganisation

---

[6] Vgl. *Fill, K.*, Einführung, 1981, und Norm DIN 1421 (1/83); zu weiteren Normen des *Deutschen Instituts für Normung e. V.* vgl. Anhang, S. 195f.

[7] Soweit die Zahl 0 für eine Einleitung verwendet wird, muß sie systematisch auch in den weiteren Abstufungen entsprechend berücksichtigt werden, indem jeweils zu Beginn einer Stufe eine Null nachgestellt wird; vgl. dazu auch *Spandl, O.*, Methodik, 1977, S. 68.

2.3 Materialübersicht und Themenabgrenzung
.
.
.
2.10 – – –
2.10.1 – – –
2.10.2 – – –

Darst. 13: Numerische Gliederung nach dem Linienprinzip

1 Gebrauchsanweisung
2 Der wissenschaftliche Arbeitsprozeß
  2.1 Planung
    2.1.1 Projektplanung
    .
    .
    .
    2.1.2. Kostenplanung
    2.1.3 Zeit- und Terminplanung
    2.1.4 Beispiel: Arbeitsplanung
  2.2 Vorarbeiten
    2.2.1 Arbeitsplatz
      2.2.1.1 Bibliothek
      2.2.1.2 Seminarraum
      2.2.1.3 Wohnung
    2.2.2 Arbeitsmittel
    2.2.3 Arbeitsorganisation
  2.3 Materialübersicht und Themenabgrenzung
  .
  .
  .
  2.10 – – –
    2.10.1 – – –
    2.10.2 – – –

Darst. 14: Numerische Gliederung nach dem Abstufungsprinzip

Die numerische Ordnung erlaubt theoretisch eine unbegrenzte **Untergliederung.** Querverweise innerhalb einer Arbeit sind leicht zu interpretieren: So bedeutet z. B. 2.3.11.5, daß die so ausgewiesene Textstelle im zweiten Teil, dritten Kapitel, elften Abschnitt und dort im fünften Absatz zu finden ist.

Ungeachtet dieser Vorteile wird das numerische Gliederungssystem jedoch spätestens nach drei Ordnungszahlen **unübersichtlich;** eine tiefere Gliederung führt schnell zu einem „Zahlenfriedhof“, der eine

Orientierung nicht gerade erleichtert. Eine Gruppenbildung mit jeweils abgeschlossener Zählung (z. B. Buchteile oder Kapitel) ist schwierig, da gleiche Zahlenreihen dann mehrfach ausgewiesen werden müssen, die ohne Zusätze einem bestimmten Buchteil nicht mehr eindeutig zugeordnet werden können.

b. Alpha-numerische Ordnung

Der alpha-numerischen, sog. gemischten Ordnung (nach dem Abstufungsprinzip) folgt meine Schrift,[8] da dieses System mit den **wechselnden Symbolen** bereits optisch eine gewisse Ordnung verdeutlicht und damit eine erste **Differenzierung** und Orientierung **erleichtert.** Folgendes Bezeichnungssystem wird vorgeschlagen (vgl. *Darst. 15* und *16*).

A. Lateinische Großbuchstaben (Teile)
I. Römische Zahlen (Kapitel)
1. Arabische Zahlen (Abschnitte)
a. Lateinische Kleinbuchstaben (Unterabschnitte)
b. – – –
α. (ba) Griechische Kleinbuchstaben (Absatz)
β. (bb) (hilfsweise verdoppelte lat. Kleinbuchstaben)
2. – – –
II. – – –
B. – – –

Darst. 15: Bezeichnungen im alpha-numerischen Gliederungssystem nach dem Linienprinzip

A. Lateinische Großbuchstaben
    I. Römische Zahlen
        1. Arabische Zahlen
            a. Lateinische Kleinbuchstaben
            b. – – –
                α. Griechische Kleinbuchstaben
                β. – – –
        2. – – –
    II. – – –
B. – – –

Darst. 16: Bezeichnungen im alpha-numerischen Gliederungssystem nach dem Abstufungsprinzip

---

[8] Vgl. dazu das Inhaltsverzeichnis dieser Arbeit, S. XIII–XVI.

Eine übergeordnete Trennung in Bücher oder Sektionen ermöglicht eine weitere Differenzierung, die allerdings ebenfalls mit der Mehrfachverwendung einzelner Symbole innerhalb jedes Buches verbunden ist. Auch in einer Schrift mit dem alpha-numerischen Ordnungssystem empfiehlt es sich daher, **Querverweise** (nur) nach der **Seitenzahl** vorzunehmen, die allein eine exakte Zuordnung zuläßt.

Die Auffassungen bezüglich des für (wirtschafts-)wissenschaftliche Arbeiten optimalen Ordnungssystems gehen weit auseinander.[9] Überzeugt den Leser das hier vorgestellte alpha-numerische Ordnungssystem nach dem Abstufungsprinzip nicht – und muß er nicht zwingend abweichende Vorschriften verwenden – so sollte er bei selbstgewählten **Alternativen** auf die **Eindeutigkeit** der Bezeichnungen und eine konsequente **Systematik** achten; dabei sind mißverständliche, weil mit den Textausführungen zum Teil verwechselbare Symbole – wie §-Zeichen – zu vermeiden.

Gelegentlich wird der alpha-numerischen Ordnung vorgeworfen, daß sie eine über fünf Abstufungen hinausgehende Gliederung nicht zulasse.[10] Dieser technisch korrekte Einwand beinhaltet gleichzeitig das stärkste Argument gegen die numerische Ordnung: Während letztere geradezu verleitet, eine **Abstufung** bis ins **Unendliche** durchzuführen, zwingt die alpha-numerische Gliederung notwendigerweise zur kritischen **Durchsicht** des **Gliederungsansatzes** mit dem Ziel, gegebenenfalls weitere **gleichgeordnete** Kapitel zu schaffen. Häufig dokumentiert nämlich eine zu tiefe Gliederung die Unfähigkeit des Verfassers, Gleichordnungen zu erkennen und nur die jeweils damit verbundenen Spezialprobleme in die entsprechenden Unterpunkte einzuweisen; aus diesem Grunde ist es auch nicht richtig, den (Seiten-)Umfang einer Arbeit in Zusammenhang mit einem bestimmten Ordnungssystem zu bringen. Die weitere **Strukturierung** eines Textes sollte vielmehr durch **optische** bzw. **drucktechnische** Mittel versucht werden:[11]

– **Absätze,** die sinnvolle Leseeinheiten thematisch gegeneinander abgrenzen

---

[9] Vgl. *Spandl, O.*, Methodik, 1977, S. 75–81; *Seidenspinner, G.*, Arbeiten, 1976, S. 43–50; *Kliemann, H.*, Vorträge, 1984, S. 89–92; *Hülshoff, F./Kaldewey, R.*, Erfolg, 1984, S. 205; *Standop, E.*, Form, 1984, S. 34; *Poenicke, K./Wodke-Repplinger, I.*, Arbeiten, 1977, S. 115–117; *Gerhards, G.*, Seminararbeit, 1984, S. 40–43.

[10] Vgl. so z. B. *Gerhards, G.*, Seminararbeit, 1984, S. 39.

[11] Vgl. dazu auch *Rückriem, G./Stary, J./Franck, N.*, Technik, 1983, S. 95.

- **Einzüge,** die – gegebenenfalls mit einfachem Zeilenabstand geschrieben – wichtige Passagen hervorheben oder aus dem Text herausstellen
- vorgesetzte **Spiegelstriche,** wie in dieser Passage, die eine Enumerierung oder Zusammenfassung verdeutlichen

2. Karteien

Für den Studenten im Fortgeschrittenenstudium ist die Kartei ein **unverzichtbares Arbeitsmittel.** Gebundene Hefte oder Ringbücher mit fliegenden Blättern sind dagegen ungeeignet.[12] Sobald eine umfassendere Seminararbeit ansteht, spätestens aber bei der Anfertigung der Diplomarbeit, sollte deshalb die Arbeit mit Karteikarten und entsprechenden Zettel- bzw. Karteikartenkästen aufgenommen (und erleichtert) werden.[13]

Die **technischen** Einzelheiten bei der Wahl dieses Arbeitsmittels sind auch eine Frage des persönlichen Geschmacks. Einige wichtige Punkte sollten aber beachtet werden, um große Zeit- und/oder Geldopfer auszuschließen.[14] Meistens sind zwei, höchstens drei getrennte Karteien erforderlich und zugleich ausreichend (vgl. *Darst. 17*).[15]

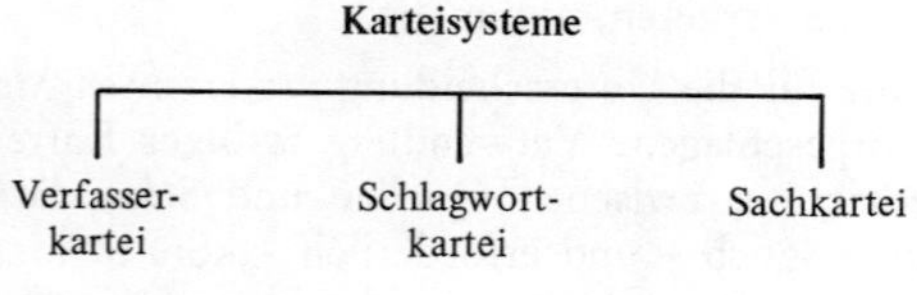

Darst. 17: Karteisysteme

---

[12] Diese und weitere Arbeitsmittel handeln *Poenicke, K./Wodke-Repplinger, I.,* Arbeiten, 1977, S. 22 unter der bezeichnenden Überschrift „Weniger geeignete Ablageformen" ab.

[13] Vgl. dazu auch instruktive Hinweise bei *Heyde, J.,* Technik, 1970, S. 34–38 und *Kliemann, H.,* Vorträge, 1984, S. 56–62.

[14] Vgl. dazu oben Teil B, Kapitel II, Abschnitt 2, S. 24–27.

[15] Vgl. statt aller *Kliemann, H.,* Anleitungen, 1973, S. 71–76.

a. Verfasserkartei

Jeder Titel, der dem Bearbeiter einer wissenschaftlichen Arbeit im wahrsten Sinne des Wortes „in die Hände fällt" oder sogar „auf den Tisch kommt", **muß sofort vollständig bibliographisch** erfaßt werden. Die im Verlauf einer Arbeit ausgebrachten Flüche über fehlende Karteikarten oder auch nur einzelne bibliographische Angaben gehören nur dann nicht zu den leidvollen – nur scheinbar unvermeidbaren – Erfahrungen.

Steht aufgrund der Arbeit bereits von Beginn an fest, daß insgesamt nur einige **wenige Titel** herangezogen werden müssen (oder können), so ist die Anlage einer **Literaturliste** – in der Regel auf laufend numerierten Blättern – ausreichend. Jede unerwartete Ausweitung des Literaturapparates bedingt dann allerdings regelmäßig ein sehr zeitintensives Umsteigen.[16] Außerdem können – zunächst für ein Seminar – angelegte **Karteikarten** nicht selten bei der Anfertigung der Diplomarbeit, in jedem Fall aber bei den Prüfungsvorbereitungen mit Gewinn wieder genutzt werden. Weitere **Vorteile** der Karteikarten sind die leichte **alphabetische Ordnung,** die gleichzeitige Funktion als **Literaturverzeichnis** bei der Anfertigung der Reinschrift sowie das günstige Hosen- bzw. Rocktaschenformat einer einzelnen DIN-A-7-Karteikarte: Bei der Literaturrecherche in verschiedenen Bibliotheken kann damit ohne Schwierigkeiten vor Ort bibliographiert werden, zudem wird auch das Risiko, ganze Literaturzusammenstellungen zu verlieren, minimiert.

Eine gute Hilfe für die Unterscheidung der erfaßten Materialien ist die bereits vorgeschlagene Verwendung **farbiger** Karteikarten, die eine **Differenzierung** zwischen Quellen und Sekundärmaterial erlaubt; soweit möglich – und erforderlich – könnte aber auch z. B. zwischen Verfassern aus der Unternehmenspraxis und solchen aus dem Hochschul- bzw. Verwaltungsbereich differenziert werden. Die getrennte Aufzeichnung von Monographien, Aufsätzen, Sammelwerken und Dissertationen empfiehlt sich dagegen nicht, da dies für die Arbeit unerheblich, eine entsprechende Einteilung im Literaturverzeichnis nicht (mehr) üblich bzw. – je nach angewendeter Zitiertechnik – sogar nicht zulässig ist.[17]

---

[16] Zur Literaturliste als Arbeitsmittel vgl. auch *Rösner, H. J.*, Seminararbeit, 1985, S. 17f.

[17] Vgl. so aber noch *Seidenspinner, G.*, Arbeiten, 1976, S. 36.

Für jeden **Titel** muß eine **eigene** Verfasserkarte angelegt werden, die **zwingend alle,** in den folgenden Mustern **fett gedruckten Daten** enthält; soweit darüber hinaus einige oder alle der weiter angeführten Angaben vorliegen, müssen auch diese **vollständig** auf der Verfasserkarte erfaßt werden.

Auslassungen z. B. einiger Verlagsorte, da diese dem Bearbeiter bekannt sind, oder der ausgeschriebenen Vornamen eines (zunächst mehrfach) recherchierten Verfassers – sind **unbedingt** zu **vermeiden;** sie sind der Anfang einer unvollständigen Kartei, die später unter erheblichem – und vermeidbarem – Zeitaufwand wieder zu einem brauchbaren Literaturverzeichnis ergänzt werden muß.

Für Beiträge in **Sammelwerken, Festschriften** und ähnlichen **Aufsatzsammlungen** müssen regelmäßig (mindestens) **zwei Verfasserkarten** angelegt werden: eine Karteikarte unter dem Namen des oder der Herausgeber bzw. des Autorenteams des Werkes und eine zweite unter dem jeweiligen Namen des oder der Verfasser(s) des bibliographierten **Aufsatzes** oder Beitrags; diese doppelte Erfassung ist auch dann erforderlich, wenn zwischen beiden Namensangaben ganz oder teilweise Deckung besteht, d. h. der konkrete Beitrag z. B. von einem der Herausgeber verfaßt worden ist. Häufig unterlassen wird die Anlage von Verfasserkarten für solche Titel, die als Fundstelle für Sekundärzitate[18] genannt und damit in der eigenen Arbeit nur indirekt verwendet werden. Weiterhin müssen auch Verfasserkarten für alle die Titel angelegt werden, die zwar nicht im Text, aber z. B. als Quelle für einführende Zitate oder das gewählte Motto herangezogen werden.

Insgesamt kann eine Verfasserkartei niemals zuviel Titel erfassen, denn sie ist das technische Rückgrat jeder wissenschaftlichen Arbeit und kann – ordentlich angelegt – das eigene Gedächtnis wesentlich entlasten. Auch wenn regelmäßig nur ein Bruchteil – erfahrungsgemäß höchstens 50 vH – der so aufgenommenen Titel in der konkreten Arbeit schließlich verwendet, entsprechend zitiert und damit in das Literaturverzeichnis Eingang findet, hat deshalb eine umfassendere Verfasserkartei ihre Aufgabe nicht verfehlt.

---

[18] Vgl. dazu unten Teil B, Kapitel VI, Abschnitt III, lit. b., S. 132.

Verfasserkarte: Bücher
Name, Vorname(n) **des Verfassers:**
Titel – Untertitel,
(Originaltitel bei übersetzten Werken),
hrsg. von Vorname(n) Name,
(Bearbeiter, Übersetzer mit entsprechendem Hinweis: bearb., übers.),
Band, **Auflage,**
Verlagsort(e)**: Verlagsname**(n)**, Erscheinungsjahr**(e)
(Serientitel, Reihe, Sammlung oder Parallelpublikation)
alle **Standorte**/alle **Signaturen**

Verfasserkarte: Sammelwerke
Name, Vorname/Name, Vorname/Name, Vorname (**Hrsg.**),
Titel – Untertitel
(Originaltitel bei übersetzten Werken),
(Bearbeiter, Übersetzer mit entsprechendem Hinweis: bearb., übers.),
Band, **Auflage** (Jahr der ersten Auflage),
Verlagsort(e)**: Verlagsname**(n)**, Erscheinungsjahr**(e)
(Serientitel, Reihe, Sammlung oder Parallelpublikation)
alle **Standorte**/alle **Signaturen**

und getrennt:
Name, Vorname(n),
Titel – Untertitel des Beitrags bzw. Aufsatzes,
in: Vorname Name, Vorname Name und Vorname Name (**Hrsg.**):
Titel – Untertitel des Sammelwerkes,
Band, **Auflage** (Jahr der ersten Auflage),
Verlagsort(e)**: Verlagsname**(n)**, Erscheinungsjahr**(e),
(Serientitel, Reihe, Sammlung oder Parallelpublikation)
erste und letzte Seite
alle **Standorte**/alle **Signaturen** des Sammelwerkes

Verfasserkarte: Zeitschriftenaufsatz
Name, Vorname(n)
Titel – Untertitel,
in: Zeitschriftenname,
hrsg. von Vorname Name,
Jahrgang (Jahr), Band/Heft vom Datum, Nummer,
erste und letzte Seite/Spalte
alle **Standorte**/alle **Signaturen** des Zeitschriftenbandes

Rückseite aller Verfasserkarten: Vermerk über das Werk bzw. die **Zitatstelle,** bei der auf den umseitig notierten Titel aufmerksam gemacht wurde sowie gegebenenfalls eine erste **Kurzbewertung.** Weiterhin können auch Buchbesprechungen und Rezensionen zum erfaßten Titel mit der jeweiligen Fundstelle angemerkt werden. Alle sonstigen Angaben gehören auf die Vorderseite!

Bei der **Aufnahme** jedes einzelnen **Titels** ist zudem zu beachten:

- **Akademische Titel** oder **Berufsbezeichnungen** werden nicht aufgenommen. **Adelsprädikate** stehen hinter dem Vornamen, eine Ausnahme bilden länderspezifische Eigenheiten (z. B. *Le Coutre, W.; Miller jr., C.*), bei denen der Titel bzw. sonstige Anfügungen Bestandteil des Nachnamens sind.
- **Doppelnamen** sind unter dem ersten Nachnamen einzuordnen, im Zeitablauf veränderte Namen desselben Verfassers sind alphabetisch getrennt auszuweisen und nicht zusammenzufassen (z. B. *Keuk, Brigitte,* später: *Knobbe-Keuk, Brigitte*); Querverweise auf die Personenidentität sind dabei empfehlenswert (*Keuk, B.* → siehe auch *Knobbe-Keuk, B.*).
- Mehr als jeweils **drei Autoren,** Herausgeber, Verlagsorte oder Verlagsnamen müssen nicht vermerkt werden, da sie bibliographisch nicht mehr ausgewiesen werden; in diesen Fällen ist jeweils nur die erstgenannte Angabe zu bibliographieren und mit dem Zusatz „u. a." bzw. „et al." (= et alii, und andere bzw. = et alibi, und anderswo) zu versehen.
- Die Erfassung der **Auflage** erfolgt nur, wenn mehr als eine Auflage erschienen ist, wobei grundsätzlich die letzte Auflage bibliographiert werden sollte; die zusätzliche Angabe der ersten Auflage in Klammern kann im Einzelfall aus dogmenhistorischen Gründen von Interesse sein, in jedem Fall muß angegeben werden, aus welcher Auflage der zitierte Beitrag entnommen wurde. Werden mehrere Auflagen in einer Arbeit verwendet, so müssen diese einzeln erfaßt werden und jeweils den entsprechenden Vermerk tragen (völlig neu bearb., erweitert u. a.).
- Alle Angaben für die bibliographische Aufnahme sind dem **Titelblatt** – nicht dem Deckblatt oder Buchrücken! – zu entnehmen; ergänzend kann die Titelblattrückseite, insbesondere die CIP-Kurztitelaufnahme der Deutschen Bibliothek zur Information herangezogen werden. In jedem Einzelfall ist darauf zu achten, daß nicht der Verkaufstitel, Druck- statt Verlagsorte oder Vertriebsadressen statt Verlagsnamen bibliographiert werden.
- Bei Aufsätzen und Beiträgen in Sammelwerken muß die **erste und letzte Seite** angegeben werden. Bei Monographien und Büchern erfolgen Seitenangaben nur in den Fußnoten. Die Erfassung der **Gesamtseitenzahl** auf der Verfasserkarte bietet eine sinnvolle zusätzliche Information.[19] Bei späteren Nachforschungen kann so unmittelbar festgestellt werden, ob es sich bei dem bibliographierten Titel nur um eine schmale Broschüre (z. B. den Sonderdruck einer Festrede) oder eine umfassende Monographie handelt.

---

[19] Vgl. *Seiffert, H.,* Einführung, 1976, S. 137.

- Nur die allgemeinen Ausdrücke (S., Aufl., Hrsg., Zeit- und Ortsangaben u. a.) erscheinen in der **Sprache der Veröffentlichung,** bei weniger bekannten Sprachen wird der Originaltitel in runden Klammern dem übersetzten Titel hinzugefügt.[20]

Albach, Horst
Steuersystem und unternehmerische Investitionspolitik Wiesbaden: Gabler 1970 (458 S.) UB München/603 A 3508

Bea, Franz X./Dichtl, Erwin/ Schweitzer, Marcell (Hrsg.)
Allgemeine Betriebswirtschaftslehre: Grundfragen (I)/Führung (II)/Prozesse (III), 3 Bände Stuttgart/New York: G. Fischer 1984/85 (259 S./456 S./413 S.) (UNI-Taschenbücher 1081–1083) Mag. Zentr.-Bibl. Frankfurt Betr. 70/840 (3)

Bea, Franz Xaver
Grundlagen betrieblicher Entscheidungen, in: Franz X. Bea, Erwin Dichtl und Marcell Schweitzer (Hrsg.): Allgemeine Betriebswirtschaftslehre – Grundfragen (Bd. 1) 2. Auflage Stuttgart/New York: G. Fischer, 1985 (UNI-Taschenbücher 1081) S. 91–114 UB Regensburg/40 QP 120 B 365

[20] Vgl. *Institut für Weltwirtschaft,* Richtlinien, 1982, S. 11.

Baldwin, William L.
The Motives of Managers: Environmental Restraints and the Theory of Managerial Enterprise, in: The Quarterly Journal of Economics, 78 (1964), p. 238–256 UB Bamberg/40 B 19 – 308 UB Bayreuth/40 B 23 – 4389

Darst. 18: Beispiele für Verfasserkarten[21]

Um jede Verwechslung sowie ein wiederholtes mühsames Suchen von Anfang an zu verhindern, ist von allen Abkürzungen, insbesondere aber der beliebten Abkürzung des oder der Vornamen abzuraten. Soweit die erforderlichen Daten und Angaben für die bibliographische Erfassung nicht unmittelbar aus dem Titelblatt gewonnen werden können, sind notwendige **Ergänzungen** – je nach Fundstelle differenziert – als solche bereits auf der Verfasserkarte zu **kennzeichnen.** Folgende vereinheitlichte **Zusätze** sind dabei zu beachten:[22]

(...) = Ergänzungen aus dem Buch selbst, die nicht im Titel enthalten sind
[...] = Ergänzungen aus anderen Quellen
⟨...⟩ = Teile, die im Titel selbst in runden Klammern stehen.

Die Möglichkeiten, einen Titel für die alphabetische Aufnahme mit diesen Hilfen zu ergänzen, werden häufig nicht in ausreichendem Maße genutzt. So können Festschriften oder Sammelwerke ohne explizite Herausgeber- bzw. Autorenangabe im Titel unter dem Namen des Jubilars oder des – z. B. aus dem Vorwort erkenntlichen – Herausgebers, der jeweils in (...) zu setzen wäre, eingeordnet werden.

Bei Zeitschriftenartikeln, die nur mit den Initialen des Verfassers gekennzeichnet sind, läßt sich der ganze Name meist aus dem Impressum der Zeitschrift oder weiteren, vollständig gezeichneten Artikeln des gleichen Verfassers entnehmen; entsprechende Ergänzungen wären dann in [...] zu setzen.

---

[21] Die bibliographischen Angaben geben existierende Titel an, die Standort- und Signaturangaben sind frei erfunden.
[22] Vgl. auch *Heyde, J.*, Technik, 1970, S. 67.

Sämtliche Vornamen (statt der Initialen) oder auch der voll ausgeschriebene Nachname eines einzelnen Autors lassen sich hilfsweise aber auch in weiteren Titeln des gleichen Autors – auf die z. B. in den Fußnoten verwiesen wird – ermitteln; diese Angaben wären – als Ergänzung aus anderen Quellen – in ⟨. . .⟩ zu setzen.

Soweit Institutionen, Unternehmungen, Behörden, Verbände u. a. an die Stelle natürlicher Personen treten, sind diese als Verfasser bzw. Herausgeber zu benennen und entsprechend alphabetisch einzuordnen; diese Zuordnung im Literaturverzeichnis gilt jedoch nicht für Quellenmaterial, das in einem gesonderten Verzeichnis zu führen ist.[23]

Schriften **ohne Verfasserangabe** – Titel ohne Verfasser kann es definitionsgemäß nicht geben! – sind nach der bibliothekarischen Ordnung – entsprechend dem Fall von mehr als drei Autoren – als Anonyma unter dem Sachtitel einzuordnen. In einer alphabetischen Verfasserkarte sind diese Titel unter ‚o. V.' bzw. ‚ohne Verfasserangabe' einzuordnen.

Soweit **fehlende** Orts- oder Jahresangaben nicht entsprechend ergänzt werden können, müssen sie als solche gekennzeichnet werden (o. J. = ohne Jahr bzw. o. O. = ohne Ort). Wird bei fehlender Verlagsortsangabe hilfsweise der Druckort angegeben, muß darauf hingewiesen werden (z. B. Frankfurt [Druckort]: Societätsdruckerei, 1982).

Bei **Faksimile-Drucken** bzw. fotomechanischen Nachdrucken älterer Literatur fügt man die Angabe über den Nachdruck den bibliographischen Daten des Originals in eckigen Klammern an (z. B. *Gottfried Christian Bohns* wohlerfahrener Kaufmann, 5. Aufl., Hamburg: Bohn, 1889 [gekürzter Nachdruck, Wiesbaden: Gabler, 1977]). Nicht korrekt ist es dagegen, umgekehrt zu verfahren.

Als **„graue Literatur"** werden Schriften bezeichnet, die vor Veröffentlichung bzw. Drucklegung („Preprints") oder überhaupt nur in vervielfältigter Form dem Verfasser einer wissenschaftlichen Arbeit bekannt bzw. zur Verfügung gestellt werden. Soweit es sich dabei um zitierfähiges Material handelt, ist ein entsprechender **Hinweis** – ebenfalls in eckigen Klammern – der insoweit unvollständigen bibliographischen Angabe hinzuzufügen (z. B. [im Druck], [erscheint Heft 3/1985] oder [vervielf.]).

---

[23] Vgl. unten Teil B, Kapitel VII, Abschnitt 4, lit g., S. 175.

Mit den erwähnten, farblich bzw. formenmäßig unterschiedlichen Karteikarten-**Reitern** ist nahezu jedes individuelle **Markierungssystem** möglich. So können sowohl **inhaltliche** als auch **technisch-organisatorische** (formale) Vermerke bzw. Differenzierungen vorgenommen werden.

Inhaltlich können die Verfasserkarten z. B. nach Hauptpunkten der (vorläufigen) Gliederung markiert werden, soweit nicht zahlreiche Überschneidungen zu viele Querverweise erfordern; zur Überprüfung der Geschlossenheit und Vollständigkeit einer Schlagwortkartei können so zum Abschluß einer Arbeit die jeweils kapitel- oder abschnittsspezifischen Verfasser gezogen werden. Soweit nicht zuviele Reiter benutzt werden, ersetzen diese Markierungen – die sehr schnelle Veränderungen bzw. Umgruppierungen zulassen – das Arbeiten mit den veralteten Kerb- bzw. Schlitzlochkarten.[24]

Technisch-organisatorische Reitervermerke in der Verfasserkartei können folgende Bedeutung haben:

- nur bibliographiert, noch zu lesen
- nur angelesen, vertiefte Lektüre und Auswertung noch erforderlich
- zur Zeit nicht am Standort, nachfassen!
- Leihfristen beachten
- bei Bibliothek oder Fernleihe bestellt, Termin kontrollieren
- nur bibliographiert, Standort oder ergänzende Daten fehlen

Werden **mehrere** thematische und/oder technische **Vermerke** gleichzeitig verwendet, ist den Karteikarten eine sog. **Legendenkarte** voranzustellen (vgl. *Darst. 19*).

Die Arbeit mit den Karteikarten-Reitern verhindert z. B. wiederholtes Verlängern der Fristen ausgeliehener Bücher innerhalb weniger Tage; zudem motiviert der Abbau von Reitern – d. h. die Erledigung entsprechender Aufgaben – zum Weiterarbeiten.

Farbstiftmarkierungen oder **Symbole** auf der Karteikarte selbst können z. B. die Existenz einer eigenen Kopie, die vollständige Auswertung oder sonstige (erledigte) Arbeitsschritte anzeigen. Vor einem zu komplizierten, starren System von Hinweiszeichen muß gewarnt

---

[24] Vgl. dazu ausführlich *Siegel, H.*, Dokumentation, 1970, S. 139–153; *Greschat, M.* u. a., Studium, 1970, S. 142–170; *Seiffert, H.*, Einführung, 1976, S. 65–72; *Schlösser, K.*, Studium, 1979, S. 77–92.

werden: Es zu lernen – und konsequent anzuwenden – kostet oft mehr Zeit als es spart;[25] bei gewohnheitsmäßig benutzten **Kürzeln** oder Handzeichen sollte allerdings darauf geachtet werden, daß sie **einheitlich** verwendet werden.

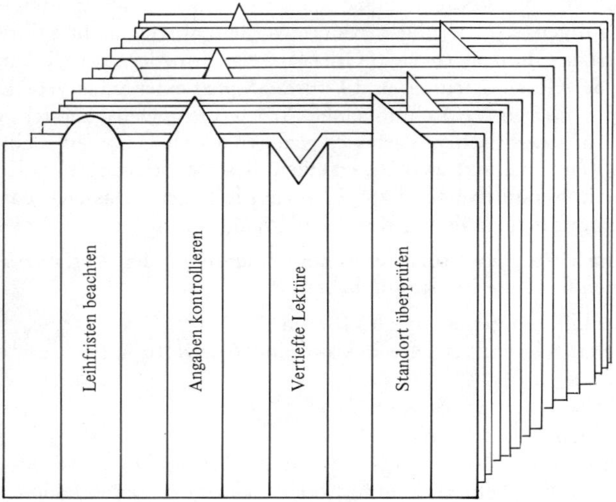

Darst. 19: Leit- bzw. Legendenkarte

b. Schlagwortkartei

Eine frühzeitig und – wie vorgeschlagen – laufend fortentwickelte Gliederung ist eine wichtige Voraussetzung für die Sammlung und systematische Ordnung einzelner Ergebnisse der Materialauswertung. Soweit keine numerische oder alphabetische (wie bei der Anlage einer Verfasserkartei) Ordnung vorgegeben ist, können die einzelnen Punkte einer **Arbeitsgliederung** gleichzeitig als erste **Schlagworte** für die entsprechende Kartei genutzt werden: Im günstigsten Fall ist

[25] Vgl. so z. B. die Vorschläge bei *Spandl, O.*, Methodik, 1977, S. 51 f.; dagegen wie im Text *Heyde, J.*, Technik, 1970, S. 73.

dann eine so aufgebaute Kartei zum Abschluß einer Arbeit das in Karteikarten aufgelöste Gesamtwerk.[26]

Eine solche **Schlagwortkartei** ist (spätestens) dann erforderlich, wenn zu einzelnen Punkten **verschiedene Quellen** und/oder umfassendere Sekundärmaterialien hintereinander gelesen, aber **nebeneinander** verwertet werden sollen. Da für die Fähigkeit der Parallellektüre seit *Gaius J. Cäsar* nur wenige Namen bekannt geworden sind, dienen Schlagwortkarteien zum Nachweis vergleichbarer Ausführungen.

In einer solchen Arbeitskartei kann – anders als bei der Verfasserkartei, die gleichzeitig die Grundlage für das Literaturverzeichnis darstellt – mit stark **verkürzten Angaben** und Verweisen gearbeitet werden soweit die Fundstellen der festgehaltenen Informationen noch identifiziert werden können. Inwieweit **inhaltliche** Ausführungen, Hinweise oder sogar einzelne wörtliche **Zitate** unmittelbar auf die Schlagwortkarten notiert werden, ist eine Frage der individuellen Arbeitsweise. Umfassende Zitate oder Exzerpt-ähnliche Niederschriften mindern tendenziell die **Übersichtlichkeit** und damit auch den Nutzen einer solchen Kartei; zudem ist eine **Umstellung** einzelner Beiträge zu anderen und/oder weiteren Schlagworten mit einem erheblichen Arbeitsaufwand verbunden. Schlagwortkarten sollten regelmäßig nur **einseitig** beschrieben werden, um bei der Niederschrift einer Arbeit mehrere Karteikarten parallel am Arbeitsplatz auslegen zu können, ohne dabei wichtige Informationen (auf den Rückseiten) zu übersehen. Eine Alternative dazu ist die Kennzeichnung einer beiderseitig beschriebenen Karteikarte, die z. B. mit einem „Rs." in roter Farbe auf der Leitzeile der Vorderseite und einem entsprechenden „Vs."-Vermerk auf der Rückseite vorgenommen werden kann.

Soweit Kopien und Exzerpte angefertigt werden,[27] können diese – statt alphabetisch nach den Verfassernamen abgelegt zu werden – auch fortlaufend numeriert werden. Diese Nummern zusammen mit den entsprechenden Seitenverweisen werden dann auf der Schlagwortkarte (gegebenenfalls ergänzt durch den Verfassernamen zur leichteren Identifizierung) notiert, so daß ein Auffinden der in diesem Fall nach aufsteigenden Nummern abgelegten Materialien möglich ist; gleichzeitig sollten die Ablagenummern allerdings auch auf der jeweils entsprechenden Verfasserkarte notiert werden. Dieses Sy-

---

[26] Vgl. so auch *Kliemann, H.*, Anleitungen, 1973, S. 56.
[27] Vgl. dazu unten Abschnitt 3, lit. a, S. 102f.

stem empfiehlt sich aber wegen der mit der Zahl der Titel schnell wachsenden Unübersichtlichkeit nur für weniger umfassende (erste) wissenschaftliche Arbeiten.[28]

Als Beispiel einer Schlagwortkarte soll hier die zu diesem Abschnitt angelegte Karte aus meinen Unterlagen dienen (vgl. *Darst. 20*).

Kartei, -anlage (Verweisungen: Arbeitskartei, Wissenskartei)
Kliemann, 1973, S. 56–62 (techn. Tips!), 71–76 (Anlage) *Spandl,* 1977, S. 54f. (Aufbau) *Seidenspinner,* 1976, S. 35–43 (pragmatische, zum Teil gute Tips) *Hansen,* 1978, S. 95–100 (unbrauchbar, abschreckendes Bsp.) *Heyde,* 1970, S. 16–45 (veraltet) *Zimmermann,* 1970, S. 42–45 (Vergleich Kartei-Mappe) *Freymann,* 1979, S. 15f. (zu knapp) *Rösner,* 1985, S. 14f. (Abgrenzung zur Literaturliste)

Darst. 20: Schlagwortkarte, Schlagwort: Kartei, -anlage

Für die Bearbeitung des Abschnittes „Karteien" habe ich – neben weiteren – diese Schlagwortkarte gezogen, die Literatur über die Verfasserkartei vom Standort bzw. aus der eigenen Ablage besorgt und bereitgelegt. Die Ver- und Bearbeitung beginnt mit der vergleichenden, kritischen und vertieften Auseinandersetzung mit den in der aufgelegten Literatur vertretenen Meinungen bzw. dem dazu erforderlichen Material.

c. Sachkartei

Einzelne Arbeiten – insbesondere bei statistischen, historischen und empirischen Themenstellungen – erfordern in unterschiedlichem Maße weitere **Sachkarteien.** Diese werden (hat man die Vorzüge der Verfasser- und Schlagwortkartei einmal kennengelernt) meist automatisch angelegt. Für wirtschaftswissenschaftliche Arbeiten kommen insbesondere in Betracht:

- Chronologische Datenkartei für historische Zusammenhänge
- Alphabetische Adressen- bzw. Namenskartei bei empirischen Untersuchungen

---

[28] Vgl. *Seidenspinner, G.*, Arbeiten, 1976, S. 36.

- Schlüssel- bzw. Kodierungskartei zur Auswertung anonymer Datenbestände
- Rechtsprechungskartei, geordnet nach dem Datum der Entscheidungen oder/und dem Sitz der Gerichte
- Termin- bzw. Zeitplankartei für regelmäßig wiederkehrende bzw. termingebundene Beobachtungen bzw. Untersuchungen[29]

Eine erhebliche technische Arbeitserleichterung verspricht die mittlere **Datentechnik,** insbesondere die zahlreichen Varianten der sog. Volkscomputer („personal computer"). In den, bereits im wirtschaftswissenschaftlichen Grundstudium angebotenen Programmier- und Einführungs-EDV-Kursen können ausreichende Kenntnisse erworben werden, um ein entsprechendes **Programm** für eine Verfasser- oder Schlagwortkartei zu entwickeln und unmittelbar für die eigene Arbeit zu nutzen. Im Rahmen eigener Arbeiten habe ich damit schon erste Erfahrungen sammeln können; eine breite und damit auch kostengünstige Anwendung dieser Anlagen für die wissenschaftliche Arbeit des Studierenden bzw. Doktoranden wird sicherlich nicht mehr allzu lange auf sich warten lassen.

3. Materialablage

Sowohl die Gliederung mit ihren einzelnen Abschnitten und Punkten als auch die vorgestellten Karteien schaffen ein **Ordnungssystem.** Nach diesem System müssen alle erforderlichen Materialien für eine wissenschaftliche Arbeit geordnet und abgelegt werden, um möglichst wenig Zeit zu verlieren und – noch wichtiger – nicht eine nach dem Zufallsprinzip („muddling through"), sondern **systematisch erstellte Arbeit** anfertigen zu können.

Es ist sicher richtig, daß die Mißerfolgsquote bei der Durchführung wissenschaftlicher Projekte sich erheblich reduzieren ließe, wenn nicht nur bei der Planung, Eingrenzung und Auswahl, sondern auch bei der Materialablage **methodischer** vorgegangen würde.[30] Allerdings darf nicht übersehen werden, daß „das Ziel beim Ordnen des

---

[29] Zu weiteren Beispielen (Fundstellen-, Stichwort-, Zitat-, Abkürzungs-, Symbolkartei) vgl. *Kliemann, H.,* Vorträge, 1984, S. 71–73.

[30] Vgl. *Poenicke, K./Wodke-Repplinger, I.,* Arbeiten, 1977, S. 83 dort mit Verweis auf S. 76f.

Materials . . aber nicht seine Anlage, sondern sein planmäßiges Auswerten"[31] ist.

Für die Organisation der Ordnung und Ablage soll hier zwischen **fremden** (bzw. ausgeliehenem) Material und **eigenem** (bzw. beschafftem) Material unterschieden werden.

a. Fremdes Material

Zum fremden Material zählen alle **Unterlagen,** die nach Anfertigung einer Arbeit wieder an den jeweiligen Eigentümer **zurückgegeben** werden müssen:

- ausgeliehene Literatur in jeder Form
- Originalquellen und -belege
- Bild- und Tonträgermaterial

Diese Materialien haben gemeinsam, daß die Auswertung technisch eingeschränkt ist: In entliehenen Büchern dürfen **keine Anmerkungen** oder Markierungen (Unterstreichungen!) angebracht, aus ihnen keine einzelnen Seiten oder Teile (Loseblatt-Sammlungen) entnommen werden. Originalbelege können ebenfalls nicht gekennzeichnet und dürfen zum Teil nur in bestimmten Räumen der Bibliothek (bzw. in Archiven) eingesehen werden. Bild- und Tonträgermaterial erfordern weitere **technische** Einrichtungen, die ebenfalls nur an bestimmten Arbeitsorten benutzt werden können.

Als Grundlage zu einer systematischen Auswertung dieser Materialien können **Exzerpte** angefertigt und/oder **Buchzeichen** verwendet werden.

α. *Exzerpte*

Unter einem Exzerpt (Auszug) wird die **Zusammenfassung** eines Textes oder die Wiedergabe einer Textstelle verstanden; ein Exzerpt kann hand- oder maschinenschriftlich angefertigt oder auf Band diktiert werden. Soweit Exzerpte wörtliche Zitate enthalten, müssen diese in Anführungszeichen gesetzt und mit einer genauen **Fundstellenangabe** versehen werden. Überwiegend aber wird ein Exzerpt – insoweit einem Abstract vergleichbar – nur eine sinngemäße Zusammenfassung des Textinhaltes bieten.[32] In verdichteter Form können

---

[31] *Spandl, O.*, Methodik, 1977, S. 62.

[32] Vgl. oben Teil B, Kapitel IV, Abschnitt 1, lit. b, S. 68f.

so die wichtigsten Punkte des Gelesenen und gleichzeitig erste Hinweise für die beabsichtigte Arbeit festgehalten werden.

Die Anfertigung von Exzerpten von ausgeliehenen (und auch eigenen) Büchern und Aufsätzen kann aber auch als Mittel zur **besseren** Textaufnahme und eines erhöhten **Textverständnisses** genutzt werden. Die Ermittlung der Kernaussagen sowie der Gedankenabfolge des Verfassers zwingt zur Konzentration und erfüllt damit gleichzeitig die Funktion einer Lernkontrolle.[33]

Ein **Problem** ergibt sich – wie bei der Erstellung von Schlagwortkarteien – dadurch, daß einzelne Exzerpte erst mit dem wachsenden Problembewußtsein des Bearbeiters während einer Arbeit das erforderliche Maß an **Qualität** erreichen; so ist häufig eine (zumindest auszugsweise) wiederholte Lektüre dennoch erforderlich. Außerdem muß von Anfang an darauf geachtet werden, daß **eigene Gedanken** und **Gedankengänge** des gelesenen **Autors nicht miteinander vermischt** werden.

Exzerpte sind, soweit sie schriftlich niedergelegt werden, ausnahmslos auf DIN-A-4-Bögen, einseitig beschrieben, anzufertigen. Jedes Blatt ist zu numerieren und mit dem Datum der Anfertigung zu versehen; die Datumsangabe soll sicherstellen, daß der Bearbeiter selber die **Chronologie** seiner **Arbeitsschritte** auch zu späteren Zeitpunkten jederzeit nachvollziehen kann. Die einzelnen Blätter eines Exzerptes sind zu heften, auf dem ersten Blatt müssen die bibliographischen Daten des ausgewerteten Materials so angegeben werden, daß mit Hilfe der Verfasserkartei das exzerpierte Buch gefunden werden kann. Diese selbst erstellten Unterlagen treten dann als eigenes an die Stelle des fremden Materials.

β. *Buchzeichen*

Ein weiteres Arbeitsmittel bei der Auswertung fremden Materials sind alle Formen von **Buchzeichen,** Aktenfahnen und Einlagen. Solche Hilfsmittel müssen schon deshalb ständig am Arbeitsplatz **vorhanden** sein, weil nur sie – als kurzfristige **Markierungszeichen** genutzt – eine parallele Lektüre und Verarbeitung mehrerer Quellen ermöglichen.

Farbige Papiereinlagen oder – besser – Streifen aus leichtem Karton dienen aber insbesondere der systematischen Auswertung und **Kenn-**

---

[33] Vgl. *Rückriem, G./Stary, J./Franck, N.,* Technik, 1983, S. 172.

zeichnung fremder Bücher und Quellen. Jeweils etwas länger als die Buchhöhe, können auf ihnen Schlagworte und Verweise angebracht werden; zudem können in der Höhe **interessanter Passagen** des Originaltextes auf dem eingelegten Streifen Anmerkungen und Hinweise notiert werden, die einen schnellen Zugriff sichern und den Umfang wiederholter Lektüre minimieren.[34]

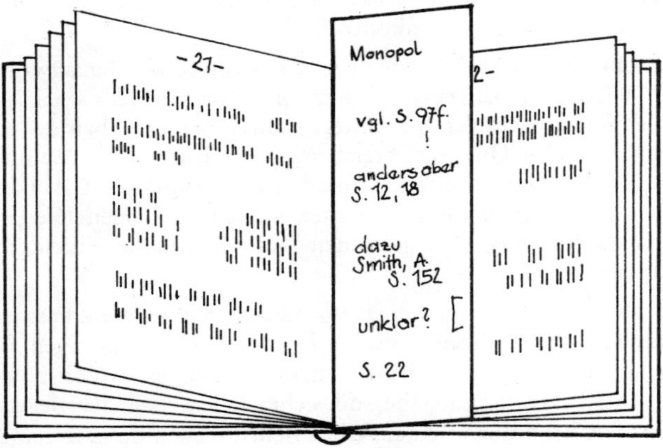

Graphik: *M. Schaller*

Darst. 21: Buchzeichen in fremden Quellen

Die oben für die Auswertung fremden Materials beschriebenen Arbeitstechniken kommen wegen der kostengünstigen Kopiermöglichkeiten heute eher nur mehr in **Ausnahmefällen** zur Anwendung. Zu Recht sollte dort kopiert werden, wo zeitraubendes handschriftliches Exzerpieren bzw. eine ausufernde „Zettelwirtschaft" nur der Bestandsaufnahme und Materialsicherung dient. Zudem garantiert nur die **Kopie** des Originals, daß auch in späteren Be- und Verarbeitungsstufen das herangezogene Material zutreffend und **vollständig** berücksichtigt werden kann: Erfolgt im Laufe des dynamischen Arbeitsprozesses eine Verschiebung oder wesentliche Änderung der Arbeitsschwerpunkte, so kann z. B. ein unter der ersten Gliederung

[34] Vgl. dazu den zeitgenössischen Bericht bei *Günther, M.,* Unternehmen, 1985, S. 125: „Teilweise habe ich wie ein Wilder exzerptiert, so daß nun viel Unnützes wegfallen muß – vertane Zeit."

und den entsprechenden Einteilungen erstelltes Exzerpt ganz oder zumindest teilweise seinen Wert als Arbeitsgrundlage verlieren.

Trotz – oder gerade wegen – der allgegenwärtigen Kopiermöglichkeiten sollen aber zumindest dort zusammenfassende **Exzerpte** angefertigt werden, wo für die eigene Arbeit **Zusammenfassungen erforderlich** sind. Das Exzerpieren zwingt in diesen Fällen – wie bereits angesprochen[35] – zur kritischen Lektüre und Erarbeitung der wesentlichen Gedanken und des Gedankenflusses des jeweiligen Autors; gleichzeitig wird damit bereits ein (Teil-)Rohmanuskript für die betreffende eigene Textpassage gefertigt.

b. Eigenes Material

Für die systematische Ablage eigenen Materials im weitesten Sinne kommt dem **Aktenordner** im DIN-A-4-Format im wissenschaftlichen Betrieb nahezu eine Monopolstellung zu.

Soweit das Material gelocht werden kann, findet es unmittelbar Platz im Ordner, anderes Material kann in gelochten Klarsichthüllen oder Klarsichtmappen eingebracht werden. Thematisch zusammengehörende Unterlagen können zwischenzeitlich in (ebenfalls gelochten) Schnellheftern, Einhakheftern oder -taschen zusammengefaßt werden; dabei leisten numerisch- bzw. alphabetisch-angelegte **Register** (besser aus Plastik oder Karton als aus Papier) zur systematischen Ablage oder Trennblätter in den verschiedensten Formen und Farben – nach eigenen Bedürfnissen selbst zugeschnitten – **wertvolle** Dienste. Der dynamischen Erweiterung, Umgruppierung und sequentiellen Verarbeitung sind nahezu keine Grenzen gesetzt. Ordnungsgemäß beschriftet ermöglicht die Ablage in Aktenordnern einen **schnellen** und zielgerichteten **Zugriff** und ist bereits insoweit jeder anderen Ablageform nach dem Haufenprinzip überlegen. Weitere Hilfs- bzw. Kennzeichnungsmittel wie aufklebbare Punkte oder Signale, Pfeile u. a. hält die Büromittelindustrie bereit.

Eine alternative Ablagemöglichkeit ist die Nutzung von **Hängeheftern,** -mappen und -taschen, die in entsprechenden Hängekörben bzw. -registraturen gesammelt und aufbewahrt werden; wegen des dazu erforderlichen Platzes eignet sich dieses System aber meist nur bei überwiegend am **eigenen Arbeitsplatz** anzufertigenden Arbeiten.

---

[35] Vgl. oben, S. 102f.

Mit diesem System kann das erforderliche Material ebenfalls in Ordnern und Mappen gesammelt, mit den verschiedensten Signal- und Sichtreitern versehen und sortiert werden. Die hier noch größeren Möglichkeiten zu einer losen Aufbewahrung einzelner Unterlagen erhöhen aber gleichzeitig die Gefahr des Verlustes.

In der Literatur werden die (sehr teuren) **Pultordner** sowie Mappen jeder Art zur Ablage empfohlen.[36] Eine solche Arbeitshilfe ist regelmäßig **nicht erforderlich,** da auch der (billigere) Aktenordner ein jederzeitiges Umgruppieren und Entnehmen ermöglicht, gleichzeitig aber das gesamte Material festhält, so daß ein Verschwinden bzw. Herausfallen einzelner Blätter technisch bereits ausgeschlossen ist.

Wichtig ist, daß auch bei dieser Ablageform möglichst **alle** Unterlagen und **Materialien** auf **DIN-A-4-Format** gebracht werden. Größere Blätter können in der Regel gefaltet werden; nur noch in Ausnahmefällen wird eine weitere Ablageform erforderlich sein.

Bei eigenen Untersuchungen können auch **selbsterstellte** Formulare oder **Auswertungsbögen** helfen. Für eine ständig gleich oder ähnlich sich wiederholende Aufgabe wie die Literaturanalyse kann maschinenschriftlich ein Formular entwickelt, angefertigt und vervielfältigt oder von einer Matrize abgezogen werden. Dieses Vorgehen **sichert** – ein hinreichend konzipiertes Musterformular vorausgesetzt – die **Vollständigkeit** und Vergleichbarkeit der einzelnen im Zeitablauf gewonnenen **Daten.** Empirische Erhebungen und vergleichende Analysen setzen eine solche systematische Erhebung als eines der Gültigkeitserfordernisse für das Ergebnis voraus.[37]

Die Kennzeichnung bzw. farbige **Markierung** eigener Unterlagen ist eine weitere wichtige **Arbeitshilfe;**[38] eigene Bücher und Texte sollten nie ohne Bleistift und/oder Markierstift gelesen werden:

- Markierungen helfen, einen Text zusätzlich oder abweichend vom vorgegebenen Druck nach eigenen Schwerpunkten zu **strukturieren**

---

[36] Vgl. *Kliemann, H.,* Anleitungen, 1973, S. 63–65; *Poenicke, K./Wodke-Repplinger, I.,* Arbeiten, 1977, S. 24f., 81, 83; *Hanfland, F.,* Studium 1978, S. 98.

[37] Vgl. *Dichtl, E./Kaiser, A.,* Verläßlichkeit, 1978, S. 490.

[38] Die folgenden Anregungen gründen auf den sehr instruktiven Ausführungen von *Hülshoff, F./Kaldewey, R.,* Erfolg, 1984, S. 167f.

- Farbige Kennzeichnungen **unterstützen** die visuelle Aufnahme und damit das **Gedächtnis;** sie erleichtern eine schnelle und zielgerichtete **Orientierung**

Diese Effekte können aber nur erzielt werden, wenn

- der jeweilige Text **erst gelesen** und dann markiert wird
- die Markierungen selbst **sparsam** und gezielt erfolgen und nicht ein Kunstwerk geschaffen wird, das einem *Vasarely* oder *Picasso* zur Ehre gereichen könnte
- ein einmal angeeignetes **Markierungssystem** beibehalten und permanent praktiziert wird
- **Anmerkungen** nur mit **Bleistift** angebracht werden, damit bei wiederholter Lektüre frühere Notierungen im Interesse des Arbeitsfortschrittes **radiert** bzw. korrigiert werden können

4. Exkurs: Besprechungen und Konsultationen

Im Rahmen der vorbereitenden Arbeiten habe ich empfohlen, die Sprechzeiten und sonstigen technischen Details für eine **Zusammenarbeit** mit dem jeweiligen **Betreuer** einer Prüfungsarbeit und gegebenenfalls dessen Mitarbeitern in Erfahrung zu bringen.[39] Für einen entsprechend reibungslosen Ablauf während der Erstellung einer Arbeit sollen hier noch folgende **Regeln** und **Tips** ausgesprochen werden:

- Jede **Besprechung** bzw. Konsultation sollte gründlich **vorbereitet** werden. Fragen und Probleme zu Form und Inhalt der Arbeit sind – als Gedächtnisstütze – **schriftlich** stichwortartig festzuhalten, um wichtige Punkte im Gespräch nicht zu vergessen.
- **Gliederungsentwürfe** sowie spezielle Fragen sollten – soweit möglich – vor dem Besprechungstermin (maschinen)schriftlich im Sekretariat **abgegeben** werden, um dem Betreuer außerhalb der (meist überlaufenen) Sprechzeiten Gelegenheit zur Durchsicht – und entsprechende Unterlagen für die weitere Zusammenarbeit – zu geben.
- **Unvorbereitete Besprechungen** oder allgemeine Sondierungsgespräche, bei denen der Betreuer offensichtlich als Auskunft anstelle eigener Recherchen mißbraucht werden soll, sind zu **vermeiden;** der dabei entstehende Eindruck begünstigt in keinem Fall das angestrebte Ergebnis.
- **Anzahl,** Zeitpunkt und Dauer der erforderlichen **Besprechungen** müssen in einer **vernünftigen** Relation zur jeweiligen Arbeit stehen. Haus- und Semi-

---

[39] Vgl. oben Teil B, Kapitel II, Abschnitt 1, S. 22f.

nararbeiten erfordern in der Regel nur Besprechungen zum grundsätzlichen Aufbau und einigen wenigen Spezialproblemen im Einzelfall, während Diplomarbeiten zumindest teilweise weitere Abstimmungen nötig machen. Zu vermeiden ist eine laufende Konsultation je nach Arbeitsfortschritt: Je größer der mit dem Betreuer dabei gemeinsam erarbeitete Teil einer Arbeit damit wird, desto weniger verbleibt als eigenständiger, allein aber bewertungsfähiger Beitrag des Kandidaten.

- **Probleme,** insbesondere Fragen der Verlängerung der Bearbeitungszeit aus zwingenden Gründen, müssen möglichst rechtzeitig **bekannt** gegeben werden, um dem Betreuer eine entsprechende Disposition zu ermöglichen. Die **Aufgabe** bzw. Rückgabe einer übernommenen Haus-, Seminar- oder Diplomarbeit sollte ebenfalls umgehend **gemeldet** werden, um eine entsprechende Organisation zu veranlassen. Es ist keinesfalls ein Minuspunkt, wenn ein Projekt – aus welchen Gründen auch immer – aufgegeben werden muß, vielmehr wird das „Totschweigen" keine Empfehlung sein, wenn der betroffene Dozent mit der Tatsache der Aufgabe erst am Abgabetag konfrontiert wird.
- Nach jeder Besprechung sollte umgehend ein **Gedächtnisprotokoll** angefertigt werden, um so die **wichtigsten Punkte** der Diskussion und Beratung für die weitere Bearbeitung jederzeit parat zu haben.
- **Noch ein Tip:** Ohne übertriebenen Förmlichkeiten das Wort reden zu wollen, wird der Betreuer von der Organisation eines Kandidaten – bewußt oder unbewußt – Rückschlüsse auf dessen Arbeitsmethode ziehen; diese, eher psychologische Komponente sollte nicht völlig unbeachtet bleiben.

VI. Manuskript

Manuskriptteile sind alle im Laufe eines wissenschaftlichen Arbeitsprozesses angefertigten **Aufzeichnungen:** erste fliegende Zettel, Blätter und Ideenskizzen, Exzerpte mit (kommentierten) Textauszügen sowie Vorentwürfe einzelner Abschnitte oder Kapitel. Die endgültige Fassung eines Textes einschließlich aller unmittelbar damit verbundenen Teile soll hier als Manuskript im engeren Sinne bezeichnet werden; die **maschinenschriftlich** angefertigte Reinschrift heißt **Typoskript.**

Bei der Anfertigung einzelner Teile des Rohmanuskriptes kommt es zunächst **nicht** auf eine **exakte** und gleichzeitig stilistisch ansprechende **Formulierung** an. Wichtig ist es in diesem Stadium, **Gedanken** und Ideen zügig niederzuschreiben, um diese damit erstmals zu **fixieren.** Dieses Vorgehen motiviert mehr als ein angestrengtes, zähes Formulieren einzelner Sätze, deren Gesamtzusammenhang und Bedeutung für die Arbeit zu diesem (frühen) Zeitpunkt regelmäßig noch gar nicht überblickt und beurteilt werden kann.

Ein Manuskript entsteht weder in einem Zug noch wird es immer nach einer strengen Zeit- bzw. Reihenfolge – unbedingt aber einer **systematischen Gliederung** folgend – niedergeschrieben. Nicht gerade die schlechtesten Arbeiten wachsen eher wie ein großes Puzzle: Der Ausgangspunkt wird nicht vorgegeben und die besten Zuwächse erfolgen meist da, wo man sie zu Beginn am wenigsten vermutet hat.

1. Schriftform

Für jede Art von schriftlicher Aufzeichnung im Rahmen einer wissenschaftlichen Arbeit sollten einige wenige, aber wichtige **Hinweise** bezüglich der **äußeren Form** beachtet werden.

Grundsätzlich sollte auf den gelochten DIN-A-4-Blättern **links** ein breiter **Rand** für Ergänzungen und Anmerkungen freigelassen werden. Der eigentliche Text kann so – auch bei umfassenderen Manuskripten – gut gelesen werden, ohne die Herausnahme einzelner Seiten aus einem Ordner erforderlich zu machen. Alle Blätter dürfen nur **einseitig beschrieben** werden; dies erleichtert das Zerschneiden zu dem Zweck, Textteile alternativ zusammenzusetzen oder in verschiedenen Varianten zu heften. Sämtliche Seiten sind **fortlaufend** zu **numerieren** und mit **Datumsangabe** zu versehen. Das Datum ermöglicht es, später die eigenen Erkenntnisfortschritte und Einschätzungen in der richtigen chronologischen Abfolge rekonstruieren zu können.

Der eigentliche **Text** einer Arbeit und die dazugehörigen **Fußnoten** sollten von Beginn an auf **getrennte Manuskriptblätter** bzw. -blöcke geschrieben werden. Dabei empfiehlt es sich, zunächst alle Fußnoten einheitlich nach Anfall durchzunumerieren, ohne daß die Zahlenfolge der Reihenfolge im Text unbedingt entsprechen muß; die **Abstimmung** mit der entsprechenden Textpassage kann dann **später** bei der Erstellung des endgültigen Manuskriptes erfolgen.

Die Fußnoten sollten mit einem großen **Zwischenraum** aufgeschrieben werden, da für spätere **Ergänzungen,** die sich durch weiterführende Literatur sowie gelegentliche Umstellungen ergeben, zusätzlicher, zunächst aber noch nicht absehbarer Platz beansprucht wird.

Eine besonders flexibel zu handhabende Alternative hierzu bietet die gesonderte Aufzeichnung jeder einzelnen Fußnote auf einem (gelochten) DIN-A-5-Blatt, das in der Kopfzeile entsprechend zu kennzeichnen ist (z. B. FN 2/S. 23/Kap. I).

Quellennachweise und Zitate, soweit diese nicht gesondert und leicht auffindbar bereits wörtlich niedergelegt sind, müssen von Anfang an **sorgfältig bezeichnet** und ausgewiesen werden, um zeitraubende Suchaktionen ebenso wie die dabei verbleibende Gefahr eines Fehlzitates zu vermeiden.

Nachträgliche Ergänzungen und Einschübe sollten im Rohmanuskript auf gesonderte Blätter geschrieben und mit ergänzten Seiten- bzw. Fußnotenziffern bezeichnet werden (z. B. 4a, 4b, 4c). Soweit Manuskripte geschnitten oder zusammengeklebt werden, ist ebenfalls immer wieder auf das **DIN-A-4-Format** zu achten, da kleinere Zettel beim Sortieren und Heften der Seiten „abtauchen" können oder zu fliegenden Blättern werden; überformatige Seiten dagegen führen zu Schwierigkeiten bei der Schriftvorlage für das Typoskript.

Soweit für eine Arbeit ein bestimmter (Seiten-)Umfang vorgeschrieben ist, empfiehlt es sich, rechtzeitig einige **Probeseiten** nach dem Rohmanuskript mit der Maschine zu **tippen,** mit der auch die Reinschrift angefertigt werden soll. Auf diese Weise kann der **Umsetzungsfaktor** (Handschrift/Maschinenschrift) ermittelt werden. Ist diese Relation bekannt, so sollten weitere Manuskriptseiten nur mehr so beschrieben werden, daß ein möglichst festes Umsetzungsverhältnis **beibehalten** wird, um den Umfang der Arbeit der Seitenvorgabe entsprechend rechtzeitig anpassen zu können.[1]

Insgesamt umfaßt ein abgeschlossenes wissenschaftliches Manuskript regelmäßig mindestens die ersten drei der folgenden fünf **Einzelbestandteile** (vgl. *Darst. 22*).

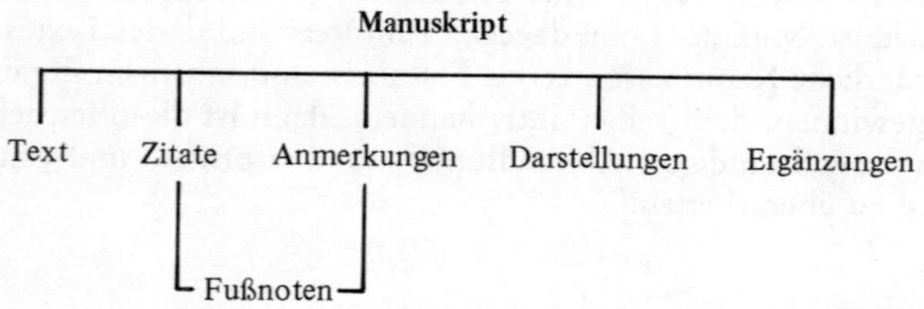

Darst. 22: Manuskriptbestandteile

Weitere Bestandteile wie Verzeichnisse, Register u. a. werden erst für das Typoskript erforderlich und sollen bei diesem Arbeitsschritt erklärt werden.[2]

2. Text

Der **Text** einer wissenschaftlichen Arbeit umfaßt alle unmittelbaren Ausführungen zum Thema. **Äußeres** gemeinsames **Kennzeichen** aller so definierten Textbestandteile ist, daß – unabhängig von dem Gliederungssystem – nur ihnen ein jeweils **gesonderter Gliederungspunkt** zugeordnet wird;[3] alle übrigen Teile einer Arbeit (Vortexte, Verzeichnisse, Nachtexte) werden dagegen mit ihrer Bezeichnung im Inhaltsverzeichnis linksbündig angeführt. **Inhaltlich** muß der Text einer Arbeit als solcher **geschlossen** und **vollständig** sein. Weder Zitate noch Anmerkungen, Darstellungen oder sonstige Ergänzungen

---

[1] Vgl. *Rösner, H. J.*, Seminararbeit, 1985, S. 32f.
[2] Vgl. Teil B, Kapitel VII, S. 161–179.
[3] Vgl. dazu das Inhaltsverzeichnis dieser Arbeit, S. XIII–XVI.

dürfen zum Verständnis eines wissenschaftlichen Textes zwingend erforderlich sein.

Wissenschaftliche Ausführungen, die nicht mit Interesse und Gewinn wie ein belletristischer Roman – d. h. also ohne den sog. wissenschaftlichen Apparat (Zitate, Anmerkungen, Anhang) – gelesen werden können, lohnen häufig auch ein vertieftes Studium unter Einbeziehung aller dieser Zusätze nicht. Unabhängig von der Art des Manuskriptes läßt sich nach diesem Kriterium eine Arbeit bereits dahingehend überprüfen, ob eine geschlossene Untersuchung bzw. Analyse vorliegt, das gestellte Thema also tatsächlich „abgehandelt" worden ist. Muß der Leser dagegen zum Verständnis des Textes noch erforderliche Kenntnisse aus den Fußnoten und sonstigen Ergänzungen gewinnen, d. h. selber aktiv handeln, dann ist die-offensichtlich noch unvollständige-„Abhandlung" zu überprüfen und entsprechend zu überarbeiten.

a. Aufbau

Funktion und Struktur der formalen Gliederung einer Arbeit wurden in Kapitel V dargestellt und diskutiert.[4]

Unabhängig von der formalen Gestaltung ist der **strukturelle Aufbau** einer Arbeit zu beachten, der die innere Logik jeder Gliederung bestimmt. So ist eine Arbeit nicht alleine schon deshalb systematisch aufgebaut, weil sie über die klassischen Schulaufsatz-Bestandteile Einleitung, Hauptteil und Schluß verfügt – wie dieser Text. Ohne konkreten Themenbezug ist aber ein **Vorschlag,** welcher Aufbau im Einzelfall am besten paßt, **nicht möglich.** Grundsätzlich kann jedoch zwischen verschiedenen **Strukturprinzipien** gewählt werden, die allerdings dann innerhalb einer Arbeit nicht gewechselt oder vermischt werden dürfen.[5] So wird dem **aufbauenden Prinzip** gefolgt, wenn die zur Argumentation notwendigen Bausteine schrittweise zusammengetragen werden; auf diese Weise entsteht ein langsam sich vervollständigendes Bild, das deshalb auch regelmäßig kein abschließendes oder zusammenfassendes Kapitel erfordert. Nach dem **kumulierenden Prinzip** folgt zwar auch ein schrittweises Ansammeln einzelner

---

[4] Vgl. Teil B, Kapitel V, Abschnitt 1, lit. a und b, S. 83–89.

[5] Vgl. dazu auch *Scheibler, A.*, Technik, 1976, S. 140–151; ihm folgend *Hanf, R.*, Anfertigung, 1976, S. 16f.

Argumentationselemente, hier entsteht aber zunächst eine Reihung, die der zusammenfassenden bzw. kommentierenden Schlußbemerkung dagegen aufbaunotwendigerweise bedarf.

Dem **aufzählenden Prinzip** wird üblicherweise gefolgt, wenn z. B. alternative Modelle vorgestellt werden sollen, die in eine einfache numerische (Gleich-)Ordnung gebracht und weitgehend unabhängig voneinander abgehandelt werden können; diese Form eignet sich insbesondere für Beschreibungen und Materialsammlungen.

Weiterhin kann zusätzlich noch zwischen **einengenden** und **ausweitenden Prinzipien** unterschieden werden. Während im Regelfall vom Allgemeineren zum Spezielleren vorgegangen wird, erfordert das ausweitende Prinzip eine Einbettung eines zunächst vorgestellten Untersuchungskerns in einen größeren Zusammenhang.

Erfahrungsgemäß erlauben die meisten Themenstellungen aber hinsichtlich des inneren Aufbaus nicht allzuviel Spielraum. Häufig verlangt bereits die Fragestellung einen Vergleich, oder der Untersuchungsgegenstand selbst bedingt zwingend einen bestimmten Aufbau. Ein einmal bewußt – oder zunächst unbewußt – gewählter **Aufbau** muß jedoch systematisch und **konsequent** in der gesamten Arbeit **verfolgt** werden.

α. *Einleitung*

Soweit eine Einleitung oder Einführung vorgesehen ist, muß sie auch **inhaltlich** – im Gegensatz zu einem Vorwort – als integraler **Bestandteil des Textes** gestaltet werden. Ein solcher erster Abschnitt einer Arbeit sollte aber nicht förmlich auch mit ,,Einleitung" überschrieben werden. So können hier Ausführungen zu folgenden Punkten vorgetragen und jeweils Kapitelüberschriften gewählt werden, die auf den entsprechenden Inhalt hinweisen:[6]

- Rechtfertigung der Themenstellung
- Ziel der Arbeit bzw. Untersuchung
- Abgrenzung des Themas und themenbezogene Definitionen
- Geschichte und Stand der Forschung
- Überblick über Aufbau und Argumentationsfolge

Um wirklich einleitend zu funktionieren, empfehlen *G. Rückriem/J. Stary/N. Franck* derartige Ausführungen erst nach Erstellung der

---

[6] Vgl. auch *Hülshoff, F./Kaldewey, R.*, Erfolg, 1984, S. 204.

gesamten Arbeit zu schreiben;[7] dieser Empfehlung ist schon deshalb zu folgen, weil das einführende Kapitel – ungeachtet seiner formalen Bezeichnung – immer auch eine ,,Kostprobe" für den Leser und Einladung zur weiteren Lektüre ist.

β. *Hauptteil*

Es bedarf kaum gesonderter Worte darüber, daß im Anschluß an einen einleitenden Abschnitt die Ausführungen zum Thema folgen müssen. Der Aufbau und Inhalt der einzelnen Kapitel und Abschnitte ist dabei eine Frage der gewählten Argumentationsfolge. Die **formale Aufteilung** in einzelne Teile, Kapitel, Abschnitte und Absätze muß auch **inhaltlich** ihre **Entsprechung** finden: Jeweils gleichgeordnete Texte (z. B. Kapitel II und Kapitel III oder Abschnitt 2 und 3) müssen auf vergleichbaren **Argumentationsebenen** liegen, systematisch muß die gewählte Gedankenabfolge in den einzelnen Kapiteln oder Abschnitten einer Arbeit nachvollzogen werden können. Darüber hinaus sollte die Gleichordnung auch **äußerlich** durch einen – zumindest annähernd – **vergleichbaren Seitenumfang** dokumentiert werden, soweit inhaltlich vertretbar, ist eine ,,Klumpenbildung" deshalb zu vermeiden. Die gegenläufige Gefahr eines zu symmetrischen Aufbaus liegt in der ständigen Wiederholung einzelner Ausführungen bzw. zahlreicher Überschneidungen sowie einer gewissen Starrheit der Argumentationsabfolge. Eine wissenschaftliche Arbeit soll inhaltlich überzeugen; in gut proportionierter Form wird dieses Anliegen aber sicherlich nicht erschwert. Darüber hinaus sollten die einzelnen Kapitel und Abschnitte durch geeignete **Übergänge** so verbunden werden, daß der logische innere Zusammenhang erkennbar und ein flüssiges Lesen ermöglicht wird. Einzelne Abschnitte oder Absätze mit getrennten Sachverhalten verlieren den Charakter einer reinen Aufzählung, wenn einige wenige Worte als **Verbindungselemente** eingefügt werden; dabei können sowohl Gegensätze betont als auch Gemeinsamkeiten angedeutet werden.

γ. *Schluß*

Ebenso wie es nicht in jedem Falle einer förmlichen Einleitung bedarf, gibt es auch keine generelle Regelung über das Erfordernis eines **Schlußwortes** oder einer **Zusammenfassung.** Soweit nicht der Auf-

---

[7] Vgl. *Rückriem, G./Stary, J./Franck, N.*, Technik, 1983, S. 256.

bau einen abschließenden Teil aus systematischen Gründen verlangt,[8] liegt deshalb diese Entscheidung im freien Ermessen des Verfassers.

Eine Zusammenfassung bzw. Wiederholung der wichtigsten Ergebnisse ist in Prüfungsarbeiten nach meiner Einschätzung meist unangebracht. Zum einen kann der Platz – insbesondere bei einer bestehenden Seitenzahlbeschränkung – für weitere Ausführungen zum Thema besser genutzt werden; zum anderen gibt bereits die (zwingend erforderliche) Gliederung einen ersten Überblick. Für zusammenfassende bzw. wiederholende Schlußbemerkungen besteht also nur dann ein Bedarf, wenn die Gliederung nicht aussagekräftig ist oder der Prüfer nach Auffassung des Bearbeiters eine Lektüre der Ausführungen überhaupt nicht beabsichtigt – also niemals. Im Einzelfall können in einem abschließenden Kapitel aber Gedanken der Einleitung (!) wieder aufgegriffen und abgerundet, es kann ein **Rückblick** oder ein interessanter **Ausblick** aufgezeigt werden.

Ein Vergleich mit themenverwandten oder -gleichen Arbeiten oder Untersuchungsergebnissen, eine Gesamtsicht in größerem Zusammenhang oder gar der umfassende Hinweis auf weitere, in der eigenen Arbeit aber nicht geklärte Probleme sollte dagegen an dieser Stelle vermieden werden.[9] Derartige Ausführungen gehören entweder (im Gesamtzusammenhang der eigenen Argumentation) in den Hauptteil der Arbeit oder sind – wie der Hinweis auf weitere Probleme – wissenschaftlichen Aufsätzen und Diskussionspapieren vorbehalten. In jedem Fall sollte eine Arbeit aber nicht mit einer, die Beurteilung durch den Prüfer oder sonstige Interessenten vorwegnehmenden Entschuldigung oder Bewertung schließen.

b. Stil

Der persönliche Stil kennzeichnet unverwechselbar einen Autor und ist zugleich Voraussetzung für dessen Erfolg. Wissenschaftliche Texte dienen jedoch in erster Linie der Darstellung und kritischen Diskussion eines Sachproblems. Auch wenn deshalb diese Arbeiten kein geeignetes Terrain für Stilübungen darstellen, sollte für die **sprachliche Ausarbeitung** einige Mühe aufgewandt werden, denn es entsteht

---

[8] Vgl. dazu oben unter lit. a., S. 112f.

[9] Anderer Meinung *Spandl, O.*, Methodik, 1977, S. 71.

leicht der Verdacht: Wer unscharf schreibt, hat auch unklar gedacht.[10]

An dieser Stelle muß auf die zahlreichen sprachkundlichen Werke verwiesen werden;[11] eine annähernd vollständige Auflistung auch nur der abschreckendsten Stilfehler in der Fachliteratur soll der Beurteilung durch Spezialisten vorbehalten bleiben.[12]

Einige der – häufig aus Unwissenheit – sehr verbreiteten stilistischen **Probleme** seien aber dennoch hier kurz erwähnt:

Jede Wissenschaft kennt und liebt ihre eigenen **Fachausdrücke** und **Abkürzungen.** Verwendung und Umfang müssen aber in jedem Einzelfall sorgfältig auf das Ziel und den **Leserkreis** einer Arbeit abgestimmt werden; themenspezifische Abkürzungen sollten – wenn überhaupt – höchst sparsam angewendet und müssen in einem entsprechenden Abkürzungsverzeichnis erklärt werden.[13]

Fremdwörter, fremdsprachliche Ausdrücke und **Modewörter** können – sparsam angewendet und richtig benutzt – zum ,,Salz in der Suppe" werden. Wie wenig Salz aber eine fein ausgewogene Suppe schon ungenießbar macht, zeigt folgendes themenbezogenes Beispiel: ,,Wie klar man sich ausdrückt, hängt von vielen Imponderabilien ab."[14]

Symbole, Vergleiche und **Bilder** müssen allgemein verständlich und nachvollziehbar sein, sonst entsteht häufig nur unfreiwillige Komik oder sogar eine unzutreffende Information: ,,Ein Text, in dem jeder Buchstabe gleich häufig auftreten würde, wäre konfus wie ein Teller Buchstabennudelsuppe."[15]

Umgangssprachliche Wendungen und saloppe Ton sind keine Mittel erwünschter stilistischer Vereinfachung, sondern lassen regelmäßig die erforderliche Sachlichkeit und den wissenschaftlichen Ernst vermissen.

Phrasenhafte Umschreibungen und **Plattheiten** sind ebenso zwingend zu vermeiden wie jeder Versuch eines Verfassers, sich selbst Mut zuzuschreiben, indem verstärkende Adverbien oder (zudem häufig falsche) Superlative statt

---

[10] Vgl. *Kliemann, H.*, Anleitungen, 1973, S. 138f.

[11] Vgl. *Reiners, L.*, Stilfibel, 1979; *Reiners, L.*, Stilkunst, 1980.

[12] Vgl. so die instruktiven Beispiele bei *Standop, E.*, Form, 1984, S. 174–189; *Poenicke, K./Wodke-Repplinger, I.*, Arbeiten, 1977, S. 106–108 sowie *Herrmann, I.*, Studieren, 1982, S. 188–190.

[13] Vgl. unten Kapitel VII, Absatz 4, lit. c., S. 163f.

[14] *Standop, E.*, Form, 1984, S. 16; noch schlimmer: ,,Dies bedeutet kein Plädoyer für einen monoton parataktischen, in ein Stakkato kurzer Hauptsätze zerhackten Stil" (*Poenicke, K./Wodke-Repplinger, I.*, Arbeiten, 1977, S. 108).

[15] *Seiffert, H.*, Einführung, 1976, S. 49.

überzeugende Argumente verwendet werden: „Einzig richtiges Modell", „unglaublich falscher Ansatz" oder „leicht ersichtlich", „optimalste (!) Alternative". Adverbien wie ‚natürlich' oder ‚selbstverständlich' verbieten sich in jeder wissenschaftlichen Arbeit, „wohl, fast, irgendwie, an und für sich, gewissermaßen" sind **Angstwörter,** die nur inhaltliche Unsicherheiten des Verfassers verdecken sollen; eine Gedankenlücke sollte nicht mit dem beliebten **Leimwort** ‚nun' ausgefüllt, ein Satzübergang nicht mit ‚übrigens' verschlechtert werden.[16]

Rechtschreibung, Grammatik und **Zeichensetzung** müssen der jeweils neuesten Ausgabe des DUDEN entsprechen; für englische Texte ist „The Shorter English Dictionary" (englisch) bzw. „Webster's Collegiate Dictionary" (amerikanisch) zu empfehlen. Falsche oder unzureichende und daher sinnentstellende Zeichensetzung führt nicht selten zu inhaltlichen Mängeln und damit auch zu materiellen Konsequenzen bei der Bewertung einer Arbeit.[17]

Ein **Manuskript** ist in jedem Stadium seiner Entstehung so **oft** wie möglich **durchzulesen.** Die erneute Lektüre einmal niedergeschriebener Textstücke sollte aber mit einem **zeitlichen Abstand** erfolgen.[18] Arbeitsorganisatorisch bietet sich dafür die jeweils erste Stunde eines neuen Arbeitstages an, da zu diesem Zeitpunkt der Mut zu neuen Formulierungen und (sicher nicht nur) die Hoffnung auf bessere Ideen am größten ist; auch fallen die Korrekturarbeiten sowie das Streichen einst mühsam erarbeiteter Passagen leichter. Es finden sich zu diesem Zeitpunkt meist auf Anhieb bessere Formulierungen, da die Einzelheiten der ursprünglich gewählten sprachlichen Darstellung bereits wieder vergessen sind und so der eigene Entwurf mit größerer Distanz gelesen und beurteilt werden kann.[19]

Jedes Manuskript gewinnt durch **Kürzungen** und Streichungen, „doppelt Gesagtes ist in der Regel nicht besser gesagt, sondern

---

[16] Diese und weitere treffliche Beispiele finden sich bei *Spandl, O.,* Organisation, 1980, S. 70.

[17] Vgl. dazu auch *Waldemar Wittmann:* „Falsch gebildete, durch unkorrekte Zeichensetzung, Grammatik oder Orthographie belastete Sätze erschweren das richtige Erfassen der Aussage und können einen Mangel an logischem Denken bloßlegen. Sie sind wie fehlerhafte Gleichungen in der Mathematik und führen ebensowenig wie diese zu richtigen Ergebnissen." (Betriebswirtschaftslehre, 1982, S. 280 dort FN 2). Schnelle Hilfe in Zweifelsfällen bietet die *Beratungsstelle* Mannheim der Dudenredaktion, Postfach 311, 6800 Mannheim 1, sowie *Luik, G.,* Stolpersteine, 1983.

[18] Vgl. *Rückriem, G./Stary, J./Franck, N.,* Techniken, 1983, S. 255.

[19] Vgl. *Michelitsch-Traeger, I./Seel, H.,* Lerntechniken (III), S. 25.

schlechter."[20] Zur Kontrolle von Ausdruck und Stil sollten alle – vorläufig endgültigen – **Texte** laut gelesen oder – besser noch – **auf Tonband** (Diktiergerät!) **gesprochen** werden. „Klingt" der Text dann noch in jeder Passage verständlich, kann mit der Reinschrift begonnen werden.[21]

c. Perspektive

Ein wichtiges Formulierungsproblem in jeder wissenschaftlichen Arbeit ist Art und Form der **Einbeziehung** des Verfassers, die Perspektive also, aus der heraus die Ausführungen dargelegt werden sollen.

Soweit wissenschaftliche Arbeiten – wie zumindest die meisten Prüfungsarbeiten – nur von **einem** Verfasser geschrieben werden, sollte ausschließlich (soweit überhaupt erforderlich) die direkte **„Ich"-Form** benutzt werden.[22] Eine äußerst sparsame Verwendung dieses Selbstbezuges ist indes geboten: Der Leser eines solchen Textes geht automatisch (und hoffentlich zu Recht) davon aus, mit der Lektüre die Meinung des jeweils angegebenen Verfassers aufzunehmen, soweit kein anderslautender Hinweis, insbesondere in Form eines Zitates, gegeben wird. Das anonyme „man" ist dagegen ebenso wie der „pluralis majestatis" („Wir, Wilhelm von Gottes Gnaden, ...") bzw. der „pluralis modestiae" (Scheinbescheidenheit: „Wir kommen zu dem Schluß ...") zu vermeiden. Die einzige **Ausnahme** hierzu bilden echte – und als Verfasser entsprechend ausgewiesene – **Autorengemeinschaften.** Das gouvernantenhafte, ärztliche „wir" („Wir nehmen jetzt die Tablette und gehen dann schlafen ...") unter Einbezie-

---

20 *Kliemann, H.*, Anleitungen, 1973, S. 140.

21 Ein nicht unwichtiger Nebeneffekt einer solchen Tonbandaufzeichnung ist das damit automatisch entstehende (weitere) Doppel des Textes, das für den Fall des Verlustes von Manuskriptteilen zu einem wichtigen Dokument werden kann.

22 Diese Formulierungsfrage ist in der einschlägigen Literatur heftig umstritten. Überzeugend *Poenicke, K./Wodke-Repplinger, I.*, Arbeiten, 1977, S. 106; unklar *E. Standop*, der zwar die ‚ich'-Form dringend empfiehlt, selber aber das auktoriale ‚wir' benutzt (Form, 1984, S. 15f., 183 einerseits, S. 93 andererseits). Gegen eine Empfehlung wie im Text: *Spandl, O.*, Organisation, 1980, S. 69f.; *Zimmermann, J.*, Diplomarbeit, 1975, S. 54f.; *Gerhards, G.*, Seminararbeit, 1984, S. 14; *Scheibler, A.*, Technik, 1976, S. 155f.; *Weber, W./Kolb, M.*, Studium, 1977, S. 118.

hung des Lesers wirkt – auch in Lehrbüchern – eher abschreckend; Umschreibungen wie „nach Ansicht des Verfassers" stammen aus einer längst vergangenen Zeit, in der noch ein Schriftkundiger die Meinungen des Wissenschaftlers zu Papier und Feder gebracht hat. Grundsätzlich sollten aber die zahlreichen (und besseren) Möglichkeiten, die gewählte Perspektive unaufdringlicher zu vermitteln, bevorzugt werden („hierzu ist festzuhalten", „dem wäre hinzuzufügen", „mit Nachdruck muß dieser Auffassung widersprochen werden" u. a.).[23] In engagierten Arbeiten und zur Unterstreichung der eigenen (z. B. abweichenden Meinung) ist dagegen der direkte Ich-Bezug zur Bekräftigung der Argumentation angebracht, wenn nicht sogar geboten. Noch einmal soll hier Altmeister *Johann Wolfgang von Goethe* zitiert werden:

„Nur die Lumpe sind bescheiden,
Brave freuen sich der That."[24]

3. Zitate

„Es sind ahnungslose, naive Plagiatoren, die meinen, wissenschaftliche Erstlingsarbeiten könnten überhaupt nur entstehen, indem man mal wörtlich, mal weniger wörtlich aus klugen Büchern abschreibe. Sicher, man nimmt seine Informationen, wo man sie findet, man muß nur **sagen,** wo man sie gefunden hat, und – beinahe noch wichtiger – seinen Stil so einrichten, daß der Leser stets weiß, wann man aus fremden Quellen berichtet und wann man Eigenes vorträgt."[25]

Die Qualität, insbesondere das Maß an Originalität und Eigenleistung in einer wissenschaftlichen Arbeit kann zu einem gewichtigen Teil nur an Hand der „Arbeit unter dem (Zitier-)Strich"[26] beurteilt werden. Die genaue Kenntnis und sorgfältige Berücksichtigung der unterschiedlichen **Zitatformen** ist deshalb eine „conditio sine qua non" (ein zwingendes Erfordernis); auch verlangen die Vorschriften der §§ 51, 63 UrhG bereits einen ordnungsgemäßen **Quellenbeleg.**

---

[23] Beispiele aus *Poenicke, K./Wodke-Repplinger, I.*, Arbeiten, 1977, S. 106.

[24] *Goethe, J. W. von*, Rechenschaft (Gedicht), zitiert nach *Sachsen, S.*, Werke, 1. Bd., 1887, S. 143.

[25] *Standop, E.*, Form, 1984, S. 185 (im Original z. T. kursiv).

[26] *Wittmann, W.*, Betriebswirtschaftslehre, 1982, S. 385 (im Original bereits in Anführungszeichen). Zur Eröffnung des *Instituts für Zitierbetriebswirtschaft* vgl. unbedingt *Ableiter, G.*, Festrede, 1984.

Ungeachtet dieses technischen Erfordernisses finden sich immer wieder ,,Empfehlungen" zu Umfang und Ausmaß der in einer Arbeit insgesamt zu zitierenden Literatur:

> ,,Wer zu wenig zitiert, erregt den Verdacht, Originalität vortäuschen zu wollen. Wer zu viel zitiert, erregt den Verdacht, mit Belesenheit angeben zu wollen."[27]

Als Kochrezepte für wissenschaftliches Arbeiten fehlen solchen **Bemerkungen** zumindest noch genauere Mengenangaben; in der Tat aber sind solche ,,Empfehlungen" zudem **gefährlich,** da sie **Plagiate** im oben zitierten Sinne geradezu **provozieren: Umfang** und Ausmaß der **Zitate** werden alleine bestimmt durch die **verarbeitete** und im Text verwendete **Literatur.** Diese und nur diese Literatur muß – ohne jede Ausnahme – zitiert werden. Jede Auswahl daraus ist ebenso unzulässig wie die Anführung auch nur einer nicht verarbeiteten Quelle oder Schrift.

Zitierfähig sind alle Quellen und Sekundärmaterialien, die in irgendeiner Form – wenn auch, wie z. B. bei Hochschulschriften, in gewissem Maße beschränkt – **veröffentlicht** worden sind; dieses Erfordernis stellt sicher, daß wissenschaftlich nur solches Material verwendet wird, das nachvollziehbar und damit auch **kontrollierbar** ist.

Die Autoren der, nach diesen Konventionen wissenschaftlich **nicht zitierfähigen** Unterlagen wie z. B. von Seminar- oder Diplomarbeiten sowie Vorlesungsmanuskripten werden deshalb nicht zum ,,Freiwild", dessen Forschungsergebnisse jeder wissenschaftlich Arbeitende sich frei bedienen könnte: Werden derartige Arbeiten **ausnahmsweise** zu eigenen wissenschaftlichen Bemühungen herangezogen, muß die Verwendung eines solchen Textes ebenso wie bei mündlichen Auskünften von Fachleuten oder sonstigen Informanten unter Nennung des **Urhebers** und gegebenenfalls dessen **Adresse** (für eventuelle Nachfragen) in einer Anmerkung bekanntgegeben werden. Von einer Aufnahme eines solchen Titels in das Literaturverzeichnis ist in diesen Fällen abzusehen, da es sich insoweit um **Quellen** im hier

---

[27] *Kliemann, H.*, Anleitungen, 1973, S. 144; ähnlich *Standop, E.*, Form, 1984, S. 41, der ,,ein gutes Maß an Feingefühl [!] und Übung" für das ,,richtige und wirkungsvolle Zitieren" für erforderlich hält; ebenso *Spandl, O.*, Methodik, 1977, S. 82; *Scheibler, A.*, Technik, 1976, S. 159; *Seidenspinner, G.*, Arbeiten, 1977, S. 60 (,,Gutes Maß an Fingerspitzengefühl") und *Hammer, G.*, Praxis, 1977, S. 81f.

definierten Sinne handelt, die in einem entsprechenden Verzeichnis angeführt werden müssen.[28]

Nicht zitierwürdig sind dagegen Publikumszeitschriften („Die Bäkkerblume", „Hör zu", „Brigitte" u. a.) und entsprechende Publikationen. Die Grenze zwischen derartigen Druckerzeugnissen und den zitierfähigen und zitierpflichtigen Veröffentlichungen ist allerdings fließend: So können aus aktuellem Anlaß auch Berichte aus Publikumsorganen („Stern", „Der Spiegel" u. a.) geboten sein, wenngleich diese Zeitschriften überwiegend nicht zitiernotwendiges **Allgemeingut** enthalten.[29]

Nicht zitiert werden muß in einer wissenschaftlichen Arbeit darüber hinaus auch solches Allgemeingut, das jedem Konversationslexikon entnommen werden kann; dies gilt in gleicher Weise für **einschlägige Fachausdrücke** und allgemein-übliche Begriffe aus den oben angeführten Fachlexika sowie **mathematische Formeln.**

Eine Lesefrucht soll abschließend zitiert werden, die ein weiteres **Mißverständnis** zur Frage der hier vorstehend erläuterten Zitierregeln belegt:

> „Eine Zitierung ist umso notwendiger ..., je jünger die Wissenschaftler sind, von denen das Übernommene stammt, je weniger diese und ihre Ausführungen bekannt sind [!], je weniger sich das Übernommene bereits durchgesetzt hat und je ausgefallener die übernommenen Worte, Begriffe und Gedanken sind [sic!]."[30]

a. Technik

Grundsätzlich lassen sich als allgemeine Zitiertechniken der **Vollbeleg** und der **Kurzbeleg** unterscheiden.

α. *Vollbeleg*

In einer Arbeit, die über **kein** eigenes **Literaturverzeichnis** verfügt, muß jeder im Text verwendete und verarbeitete, d. h. zitierte Titel bei seiner erstmaligen Erwähnung mit **allen bibliographischen Daten** so-

---

[28] Vgl. Teil B, Kapitel VII, Abschnitt 4, lit. g, S. 175f.

[29] Unzutreffend aber *J. Zimmermann,* der die Wirtschaftspresse ebenso wie die Fachzeitschriften „nur teilweise" bzw. zum „überwiegenden Teil ihres Inhalts" für zitierfähig hält (Diplomarbeit, 1975, S. 31).

[30] *Scheibler, A.,* Technik, 1976, S. 161.

wie der, dem zitierten Text jeweils entsprechenden Fundstelle (Seitenangabe) als **Fußnote** angeführt werden. Die Fußnoten werden dabei in der gesamten Arbeit **durchnumeriert.** Bei wiederholter Zitierung eines Titels ist nur mehr der Nachname, (abgekürzte) Vorname und die Fußnotenziffer des Erstbeleges in Klammern anzuführen. Soweit eine eindeutige Zuordnung innerhalb einer Fußnote nicht möglich ist, da ein Verfasser in dieser mit **verschiedenen Titeln** zitiert wird, muß ein **Stichwort** aus dem jeweiligen Titel im Erstbeleg gesondert angeführt (Zitierweise: ...) und in den folgenden Zitatenangaben der Namensangabe hinzugefügt werden.

Beispiele:

[1] Vgl. *Busse von Colbe, Walther/Laßmann, Gert* (Hrsg.), Zum Vorentwurf eines Bilanzrichtlinie-Gesetzes gemäß 4. EG-Richtlinie, Stuttgart: Poeschel, 1981; *Chmielewicz, Klaus* (Hrsg.), Entwicklungslinien der Kosten- und Erlösrechnung, Stuttgart: Poeschel, 1983 (Zitierweise: Kostenrechnung); *Chmielewicz, Klaus*, Forschungskonzeptionen der Wirtschaftswissenschaft, 2. überarb. Aufl., Stuttgart: Poeschel, 1979, S. 212–222 (Zitierweise: Forschungskonzeptionen); *Coenenberg, Adolf G.* u. a., Empirische Bilanzforschung in Deutschland, in: DBW 38 (1978), S. 495–507.

[2] Vgl. *Chmielewicz, K.*, Kostenrechnung (FN 1), S. 22–24; *Coenenberg, A. G.* u. a., (FN 1), S. 497f.

[3] Vgl. *Busse von Colbe, W./Laßmann, G.*, (FN 1), S. 100f.; *Chmielewicz, K.*, Forschungskonzeptionen (FN 1), S. 72–75.

Soweit auf ein Literaturverzeichnis verzichtet wird (oder werden muß), werden – statt der hier vorgeschlagenen Zitiertechnik – nach dem entsprechenden ersten Vollbeleg anstelle des Fußnotenvermerkes die verschiedensten **Abkürzungen** verwendet: Hier findet insbesondere das scheinbar unausrottbare „a. a. O." (= am angegebenen Ort) im Anschluß an die Verfasserangabe oder das vornehmere „l. c." (= loco citato) oder „op. cit." (= opere citato) – jeweils mit oder ohne Seitenangabe-**Verwendung.** Diese Verweismethoden sind entweder (zusammen mit dem vorgeschlagenen Fußnotenhinweis) **überflüssig** oder aber (ohne entsprechende Hinweise) eine **Zumutung** für jeden Leser, da es ihm überlassen bleibt, nach dem Erstbeleg im (gegebenenfalls umfangreichen) voranstehenden Text zu fahnden – und irgendwann entnervt aufzugeben. Ein vergleichbares **Ärgernis** stellen aber auch **verkürzte Verweise** auf ein und derselben Seite in einem Text dar, die den Leser zwingen, gegebenenfalls einen mäandernden Fußnotenwurm hinauflesen zu müssen, ohne – im Extremfall, wenn diese Technik mit den oben angeführten Verweisen zusammen gebraucht wird – die erwünschte Information zu erlangen: So läßt ein vermeintlich eigenständiger Fußnotenverweis im Text den Leser von „ibid" über „ebenda, S. 15" zu „*Dellmann, K.*, a. a. O., S. 23" eventuell noch aufgelockert durch „*Dellmann, K.*, a. a. O., passim (= da und dort)" eine Reise durch die Fußnoten antreten, ohne daß dieser die allein gesuchte vollständige bibliographische Angabe auf diesem Wege erhält. Obwohl im Vergleich zur vorgeschlagenen Zitierweise diese zuletzt angeführten Methoden regelmäßig **keine** bedeutende **Platzersparnis** verursachen, aber eine erheblich **geringere Information** (und jede Menge Ärger) bieten, erfreuen sie sich (noch) großer Beliebtheit.[31] Meiner Auffassung nach sollte die damit zum Ausdruck gebrachte **mehrfache Zitierung** eines Verfassers bzw. die entsprechend wiederholte Verwendung **einer** bestimmten **Schrift** auf ein und derselben Seite im eigenen Text vielmehr eher ein Alarmsignal für eine **Überarbeitung** sein. Entweder ist nämlich hier ein ganzer Absatz aus dem Gedankengut eines Verfassers sinngemäß übernommen worden, dann steht der Fundstellennachweis am Ende dieser Passage und nicht etwa hinter jedem einzelnen Satz, wobei einleitend der zitierte Autor im Text namentlich genannt werden sollte. Ist die eigene Textstelle dagegen tatsächlich eine **Aneinanderreihung** der unterschiedlichsten **Aussagen** eines Autors, zusammengestellt aus verschiedenen Stellen in einem seiner Werke, dann bedarf dieses Resultat in jedem Fall der eingehenden Umformulierung!

Als Ärgernis mit langer Tradition sollten die dargestellten **Verweisformen** in jeder ihrer Varianten endlich aus der wissenschaftlichen Literatur **verschwinden.**[32] Darüber hinaus muß aber auch noch den Autoren widersprochen werden, die **Reduktionen** (Verkürzungen) hinsichtlich der Vollständigkeit eines **Fußnotenverweises** immer dann für zulässig halten, wenn einzelne Daten der Zitatangabe bereits im Text explizit erwähnt worden sind;[33] die Wiederholung derartiger – zum Teil bereits zitierter – Daten ist aber (entgegen diesen Auffassungen) nicht überflüssig, da nur die vollständige bibliogra-

---

[31] Vgl. *Poenicke, K./Wodke-Repplinger, I.*, Arbeiten, 1977, S. 168; *Hanfland, F.*, Studium, 1978, S. 102; *Seidenspinner, G.*, Arbeiten, 1976, S. 67f.; *Hülshoff, F./Kaldewey, R.*, Erfolg, 1984, S. 211; *Gerhards, G.*, Seminararbeit, 1984, S. 128f.; *Scheibler, A.*, Technik, 1976, S. 165; *Boettcher, E./Homann, K.*, Richtlinien, 1982, S. 19.

[32] Vgl. so auch *Binder, A.* u. a., Einführung, 1982, S. 68; *Seiffert, H.*, Einführung, 1976, S. 132; bereits *Heyde, J.*, Technik, 1970, S. 96, 99.

[33] Vgl. statt vieler *Standop, E.*, Form, 1984, S. 65f.

phische Angabe die erforderliche **Eigenständigkeit** einer Fußnote, dem gewählten System entsprechend, sicherstellt.

Beispiel:

Text:
... ist dem Ansatz von *Erwin Dichtl* in seiner Schrift „Grundzüge der Binnenhandelspolitik" zu folgen ...[1]
Fußnote:
[1] Vgl. *Dichtl, Erwin,* Grundzüge der Binnenhandelspolitik, Stuttgart/New York: G. Fischer, 1979, S. 70.
bzw. (Kurzbeleg)
[2] Vgl. *Dichtl, E.,* (FN 1), S. 70.

β. *Kurzbeleg*

Der überwiegende Teil der wissenschaftlichen Literatur weist ein Verzeichnis der jeweils verarbeiteten und zitierten Literatur auf; wegen der sehr umständlichen und platzintensiven Zitierweise nach der Vollbeleg-Methode sehen auch Fachzeitschriften in zunehmendem Maße für einzelne Aufsätze bereits ein **gesondertes Literaturverzeichnis** vor. Für Seminar- und Hausarbeiten ist ein abschließendes Literaturverzeichnis ebenso selbstverständlich wie für Diplom- und Doktorarbeiten zwingend.

Ein solches Literaturverzeichnis ist gleichzeitig die notwendige **Voraussetzung** für die sog. Literaturverzeichnis-bezogene **Kurzzitierweise.**[34] Jeder Titel wird dabei – ungeachtet ob erstmals oder wiederholt – wie folgt erfaßt:
Name, Vorname (vgl. abgekürzt), Stichwort, Jahr, Zitatstelle.

Im Literaturverzeichnis folgen bei dieser Zitierweise dem voll ausgeschriebenen Vor- und Zunamen **Stichwort** und **Jahr** in **eckigen Klammern** vor der vollständigen Angabe aller bibliographischen Daten. Die mehrmalige Verwendung desselben Stichwortes muß dabei nur im Zusammenhang mit demselben Verfassernamen vermieden werden. Soweit mehrere Bände eines Werkes zitiert werden, müssen entweder verschiedene Stichworte gewählt oder entsprechende Bandangaben hinzugefügt werden.

---

[34] Vgl. dazu *Standop, E.,* Form, 1984, S. 68–70; *Hanfland, F.,* Studium, 1978, S. 102.

Beispiele:

Fußnoten:

[1] Vgl. *Dlugos, G.*, Implikationen, 1977, S. 470–471; *Dülfer, E.*, Projekte, 1983, S. 1–30.

[2] Vgl. *Eckardstein, D. v./Schnellinger, F.*, Personalpolitik, 1978, S. 34–44; *Egner, H.*, Programm, 1970, S. 778–782.

[3] *Federmann, R.*, Bibliographie, 1983, S. 15.

Literaturverzeichnis:

Dlugos, Günter [Implikationen, 1977]: Gesellschaftspolitische Implikationen unternehmungsinterner Konflikthandhabung, in: DBW 37 (1977), S. 465–474.

Dülfer, Eberhard [Projekte, 1982]: Projekte und Projektmanagement im internationalen Kontext, in: *Eberhard Dülfer* (Hrsg.): Projektmanagement-international, Stuttgart: Poeschel, 1983, S. 1–30.

Eckardstein, Dudo von/Schnellinger, Franz [Personalpolitik, 1978]: Betriebliche Personalpolitik, 3. überarb. Aufl., München: Vahlen, 1978.

Egner, Henning [Programm, 1970]: Zum wissenschaftlichen Programm der betriebswirtschaftlichen Prüfungslehre, in: ZfbF 22 (1970), S. 771–789.

Federmann, Rudolf [Bibliographie, 1983]: Bibliographie zur Unternehmensbesteuerung, Berlin/Bielefeld/München: E. Schmidt, 1983.

Oder noch kürzer:

Dlugos, Günter, 1977: Gesellschaftspolitische [Implikationen] unternehmungsinterner Konflikthandhabung, in: DBW 37 (1977), S. 465–474.

Dülfer, Eberhard, 1983: [Projekte] und Projektmanagement im internationalen Kontext, in: *Eberhard Dülfer* (Hrsg.): Projektmanagement – international, Stuttgart: Poeschel, 1983, S. 1–30.

Oder als weitere Vereinfachung (Unterstreichung bzw. Fettdruck):

Eckardstein, Dudo von/Schnellinger, Franz, 1978: Betriebliche **Personalpolitik,** 3. überarb. Aufl., München: Vahlen, 1978.

Egner, Henning, 1970: Zum wissenschaftlichen **Programm** der betriebswirtschaftlichen Prüfungslehre, in: ZfbF 22 (1970), S. 771–789.

Federmann, Rudolf, 1983: **Bibliographie** zur Unternehmensbesteuerung, Berlin/Bielefeld/München: E. Schmidt, 1983.

Als weitere Verkürzung wird vorgeschlagen, daß dem Namen des Verfassers nur das Jahr der Veröffentlichung mit der entsprechenden Seitenangabe folgen soll; mehrere Titel desselben Verfassers in einem Jahr sind dabei mit kleinen lateinischen Buchstaben zu unterscheiden (z. B. *Frese, E.*, 1981 a, 1981 b, usw.).

Gegen dieses Vorgehen spricht, daß der Leser ohne sehr gute themenspezifische Literaturkenntnisse an Hand der Jahresangabe allein regelmäßig nicht in der Lage sein wird, Rückschlüsse auf einen, ihm aber zumindest dem Titel nach bekannten Text zu ziehen; bei mehreren Titeln in einem Jahr dürfte sogar der intimste Kenner überfordert sein. So führt diese Verkürzung insgesamt zu einem erheblichen Informationsverlust dem ein nur sehr geringfügiger Platzgewinn bei der Reinschrift gegenübersteht, ein Ergebnis, das meines Erachtens für die hier vorgeschlagene und in meiner Schrift praktizierte Zitierweise spricht.

Nahezu die gleichen Einwände müssen gegenüber der aus dem anglo-amerikanischen Raum stammenden **Kurzzitierweise** im laufenden Text geltend gemacht werden („Harvard-System"). Diese lesefreundliche und zudem schreib- und insbesondere drucktechnisch sehr ökonomische Zitierweise (z. B. [*Furubotn, E.*, 1981, 256]) eignet sich aber nur für reine **Literaturarbeiten,** soweit das zu verarbeitende Material begrenzt ist. Sobald weitere Anmerkungen in Form von Zusatzinformationen, Erklärungen oder Querverweisen erforderlich sind,[35] werden dennoch Fußnoten notwendig und der – überwiegend technisch motivierte – Spareffekt ist verloren.

Aus der Sicht eines Korrektors sei hier noch ein wichtiges Argument gegen die Zitierung im Text angeführt: Da in diesem Fall nur an den Anführungsstrichen im Text eine Differenzierung zwischen direkten und indirekten Textübernahmen möglich ist, und innerhalb der Klammerangaben regelmäßig keine weiteren Differenzierungen vorgenommen werden, ist eine erste Kontrolle der Eigenständigkeit der Arbeit sowie der Fundierung und Auswertung der Sekundärliteratur sehr erschwert, wenn nicht ausgeschlossen.

Einige Anweisungen zu der oben empfohlenen und hier praktizierten Literaturverzeichnis-bezogenen Zitierweise verlangen, daß auch hierbei jeder Titel bei seiner ersten Erwähnung mit allen bibliographischen Daten (oder zumindest den wichtigsten Grunddaten) anzuführen sei.[36] Diese Empfehlung bleibt aber auf halbem Wege zwischen der Vollbeleg- und Kurzbelegmethode stehen. Die **vollständige** Information über eine **Literaturstelle** wird bei der Kurzbelegmethode **ausschließlich** im **Literaturverzeichnis** gegeben. Der erhebliche

---

[35] Vgl. unten Abschnitt 4, S. 138f.

[36] Vgl. so z. B. *Poenicke, K./Wodke-Repplinger, I.*, Arbeiten, 1977, S. 147; *Hofmann, K.*, Einführung, 1983, S. 55f.

Mehrbedarf an Platz für einen – zudem unsystematischen – einmaligen Vollbeleg steht in keinem Verhältnis zu der dadurch im gesamten Text jeweils nur einmal gewährten zusätzlichen Information.[37]

b. Formen

Die einmal gewählte **Zitattechnik** muß in einer Arbeit **konsequent** und ausnahmslos **durchgehalten** werden. Zitiervorschläge, wie sie häufig in Handbüchern oder Kommentaren auf der Titelblatt-Rückseite gemacht werden, müssen deshalb auf ihre Vereinbarkeit mit dem in der eigenen Arbeit gewählten System überprüft werden. Eine Differenzierung ist jeweils nur mehr hinsichtlich der **Zitatform** erforderlich (vgl. *Darst. 23*).

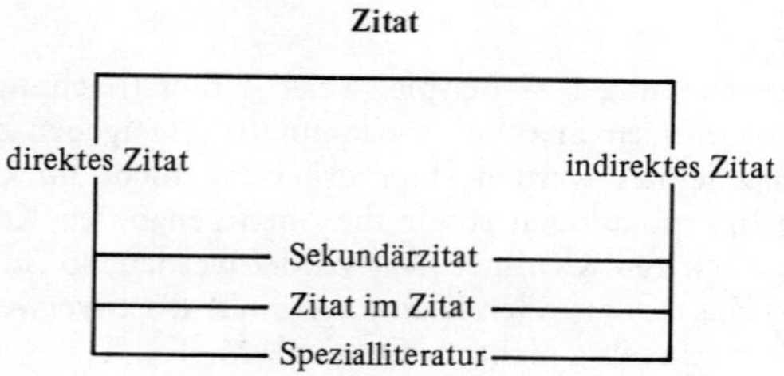

Darst. 23: Zitatformen

α. *Direktes Zitat*

Von einem direkten Zitat oder Zitat im engeren (eigentlichen) Sinne spricht man, wenn Ausführungen eines Dritten **wörtlich** in den eigenen Text übernommen werden. Derartige Übernahmen haben **buchstaben-** und **zeichengetreu** zu erfolgen.

Ein direktes Zitat muß **im Text** in **Anführungszeichen** gesetzt werden; der **Zitatvermerk** in der Fußnote **beginnt** mit dem **Nachnamen** des zitierten Autors ohne hinweisende Vorbemerkung.

---

[37] Ebenso *Seiffert, H.*, Einführung, 1976, S. 135.

Beispiel:

Text:
... Die Befragung bestätigt, „dass [!] die Mitbestimmung die Reaktionsgeschwindigkeit eines Unternehmens bei der Überwindung wirtschaftlicher Krisen nicht erhöht."[1]

Fußnote:
[1] *Gaugler, E.,* Mitbestimmung, 1983, S. 201.

Auslassungen in einem Zitat („Ellipsen") werden durch zwei Punkte „. ." (ein Wort) bzw. drei Punkte „. . ." (mehrere Worte/Sätze) angedeutet. Notwendige **Zusätze** oder Ergänzungen („Interpolationen") des zitierenden Verfassers stehen dagegen in eckigen Klammern. Textauszüge bzw. -zusammenziehungen dürfen niemals so gefaßt sein, daß auch nur die Gefahr einer unzulässigen Verkürzung oder Verfälschung der Argumentation des jeweils zitierten Autors besteht.

Eigene Hervorhebungen – beispielsweise Unterstreichungen oder Sperrungen – müssen in **eckigen Klammern** als eigener Zusatz im Zitat gekennzeichnet werden [Hervorhebung nicht im Original]; können für Interpolationen sowie die oben genannten Kennzeichnungen keine eckigen Klammern verwendet werden, so ist dem entsprechenden Zusatz in runden Klammern ein **Autorenverweis** hinzuzufügen (Hervorhebung nicht im Original, M. T.).[38]

Beispiel:

Originaltext:
Das Ziel der auf *J. Marschak* zurückgehenden Teamtheorie ist die simultane Ermittlung der optimalen Entscheidungs-, Informations- und Kommunikationsstruktur unter Abstraktion von allen psychologischen und soziologischen Charakteristika der Entscheidungsträger (1954). In der Teamtheorie wird das Problem der Entscheidungen in Unternehmungen wie folgt beschrieben: ...

Zitat:
„Das Ziel der . . .Teamtheorie [*J. Marschak,* 1954] ist die simultane Ermittlung der o p t i m a l e n [Sperrung nicht im Original] Entscheidungs-, Informations- und Kommunikationsstruktur unter Abstraktion von allen psychologischen und soziologischen Charakteristika der Entscheidungsträger . . . In der

---

[38] Vgl. *Weber, W./Kolb, M.,* Einführung, 1977, S. 119.

Teamtheorie wird das Problem der Entscheidungen in Unternehmungen wie folgt (umfassend, M. T.) beschrieben".[1]

Fußnote:
[1] *Grochla, E.*, Unternehmungsorganisation, 1974, S. 22.

Bei Auslassungen zu Beginn und am Ende eines direkten Zitates stehen keine **Auslassungspunkte;** dies gilt auch, soweit ein Zitat unmittelbar in den eigenen Text eingebaut und dabei Anfang oder Ende des zitierten Satzes weggelassen wird. Innerhalb eines Zitates müssen allerdings Kürzungen zu Satzbeginn oder -ende entsprechend gekennzeichnet werden.

Beispiel:

Nach *J. Maschak's* Teamtheorie steht im Mittelpunkt „die simultane Ermittlung der optimalen Entscheidungs-, Informations- und Kommunikationsstruktur unter Abstraktion ... der Entscheidungsträger".[1]
(Gleichzeitig enthält dieses Beispiel eine unzulässige Zitatverkürzung im oben angesprochenen Sinne, da die entscheidende Einschränkung (unter Abstraktion ...) vom Zitierenden unzulässig und sinnentstellend ausgelassen wurde).

Soweit durch den eigenen Satzbau bedingt **grammatikalische Änderungen** („Flexionen") im Zitat vorgenommen werden müssen, stehen diese ebenfalls in **eckigen Klammern.** Sonstige Änderungen in der **Zeichensetzung** sind ebenso wie eine Korrektur veralteter Schreibweisen oder orthographischer Fehler im Original **unzulässig;** derartige Eigenwilligkeiten des zitierten Textes können im eigenen Text mit einem [sic!] oder [!] kenntlich gemacht werden, um damit eine entsprechende Zurechnung sicherzustellen. Am Anfang und am Ende eines Zitates können die Groß- bzw. Kleinschreibung und die Interpunktion dem eigenen Text angepaßt werden. Soweit das direkte Zitat einen (oder mehrere) vollständige Sätze umfaßt, gehört der abschließende Punkt oder Strichpunkt zum Zitat und damit innerhalb des abschließenden Anführungszeichens; in allen anderen Fällen schließt das Anführungszeichen das direkte Zitat, der Punkt gehört zum laufenden Text. In beiden Fällen steht die Fußnotenziffer als letztes Zeichen vor dem Beginn des nächsten Satzes.

Fremdsprachliche Zitate im Text können im Original zitiert werden, soweit es sich um eine Schulsprache handelt und allein die Verwendung des Originaltextes Mißverständnisse und Fehldeutungen ausschließt; in einer Fußnote sollte regelmäßig dennoch eine deutsche Übersetzung (unter zusätzlicher Angabe des Übersetzers) angeboten werden. Soweit aber eine Übersetzung nicht zugleich Interpretation und damit subjektive Veränderung des Textes bedeutet, dem Zitat also mehr inhaltliche als sprachliche Bedeutung zukommt, sollte im Einzelfall die deutsche Übersetzung im Text und das Original in der Fußnote angeführt werden. In jedem Fall eignen sich fremdsprachliche Zitate nicht als Beleg der kosmopolitischen Einstellung des Verfassers und sollten deshalb – zumindest in einer wirtschaftswissenschaftlichen Arbeit – eher die Ausnahme bleiben.[39]

Für Länge und Häufigkeit direkter Zitate gilt das oben zu diesem Abschnitt einleitend Gesagte;[40] längere wörtliche Zitate sollten mit einfachem Zeilenabstand geschrieben und eventuell um drei Schritte vom linken Textrand eingezogen werden, um damit auch bereits optisch eine Abhebung vom eigenen Text zu erreichen.

β. *Indirektes Zitat*

Jede Form einer textlichen Anlehnung, sinngemäßen Wiedergabe oder auch nur stützenden Argumentationshilfe unter **Verwendung fremder** Gedanken und **Ausführungen** erfüllt (in unterschiedlichem Maße) den Tatbestand eines **indirekten Zitates.** Die vollständig eigene Formulierung berechtigt dabei ebenso wenig wie eine – wie immer geartete – Verkürzung im eigenen Text zum vollständigen Verschweigen des „geistigen Vaters" (oder der „geistigen Mutter"!). Indirekte Zitate werden ebenfalls durch eine **Fußnotenangabe** im Text gekennzeichnet, die Fußnote selbst **muß** mit einem „Vgl." (= vergleiche) oder „S." (= siehe) beginnen; so allein kann auch in der Fußnote bereits die Unterscheidung zwischen direktem und indirektem Zitat nachvollzogen werden.[41]

Werden längere **Passagen** oder ganze Abschnitte **sinngemäß übernommen,** so sollten diese mit Formulierungen wie „*Herbert Hax*

---

[39] Vgl. *Poenicke, K./Wodke-Repplinger, I.*, Arbeiten, 1977, S. 124.

[40] Vgl. S. 119f.

[41] Die Auffassung, „die bloss [!] inhaltliche oder sinngemäße Wiedergabe eines fremden Gedankens wird in den Fussnoten [!] genauso behandelt, wie die wörtliche" (*Gerhards, G.*, Seminararbeit, 1984, S. 116) verkennt gründlich das zwingende Erfordernis, daß die Verwendung direkter bzw. indirekter Zitate auch aus dem Fußnotenvermerk alleine erkennbar sein muß, da er definitionsgemäß eben kein Bestandteil des Textes ist; eine davon abweichende Betrachtung ist nur für die Zitierung im Text angebracht, die ich weiter oben als unzweckmäßig abgelehnt habe.

führt hierzu aus ...", „... soll die Auffassung von *A. Heigl* dargestellt werden ..." eingeleitet werden. In jedem Fall muß für den Leser **Anfang** und **Ende** auch eines längeren indirekten Zitates klar **erkennbar** sein; der **Fußnotenvermerk** im Text steht deshalb immer am **Ende** des jeweiligen **Satzes** oder Abschnittes nach dem schließenden Satzzeichen, nicht bei der Überschrift (!) oder der Namensnennung; nur soweit sich der Zitathinweis auf ein einzelnes Wort oder eine Wortgruppe bezieht, steht – wie beim direkten Zitat – der Vermerk im Text in unmittelbarem Anschluß und noch vor einem folgenden Satzzeichen. Sollen einem wörtlichen (direkten) Zitat weitere Fundstellen mit vergleichbaren Ausführungen anderer Autoren angefügt werden, so bleibt es bei einer Fußnotenziffer im Text; in der entsprechenden Fußnote ist unmittelbar nach der (direkten) Zitatquelle mit Semikolon und „vgl." fortzufahren.

Beispiel:

[1] *Heinen, E.,* Handelsbilanzen, 1985, S. 104; vgl. dazu auch *Heinhold, M.,* Investitionsrechnung, 1979, S. 150–153.

Folgen einem indirekten Zitat weitere vergleichbare oder gegenläufige Literaturmeinungen, sind diese mit „ebenso" oder „auch" bzw. „anderer Meinung (a. M.)" oder „anders aber", „dagegen" nach einem Semikolon anzuschließen.

Beispiel:

[1] Vgl. *Heymann, H.-H./Seiwert, L. J./Theisen, M. R.,* Mitbestimmungsmanagement, 1983, S. 170–193; auch *Hommelhoff, P.,* Konzernleitungspflicht, 1983, S. 194–202; a. M. *Immenga, U.,* Zuständigkeiten, 1977, S. 249–269.

Soweit **mehrere Fundstellen** bzw. Quellen zu einem Problem oder einer Meinung angegeben werden, kann es im Einzelfall geboten sein, **chronologisch** vorzugehen, um mögliche Abhängigkeiten in der zitierten Literatur kenntlich zu machen. Regelmäßig ist dann aber mit der ältesten Literaturstelle zu beginnen, wobei bei höheren Auflagen gegebenenfalls das Erscheinungsjahr der ersten Auflage eines Titels beachtlich ist.

Soweit Fundstellen zitiert werden, die ihrerseits weitere umfassende Nachweise zum angeführten Thema oder Problem enthalten, ist nicht die dort angeführte Literatur als Sekundärzitat zu übernehmen (oder genauer gesagt: abzuschreiben), sondern ein entsprechender Hinweis anzubringen (m. w. N. = mit weiteren Nachweisen).

Beispiel:

[1] Vgl. *Jacobs, O. H.*, Besteuerung, 1980, S. 289–291; *John, G./Theisen, M. R.*, Verlustverrechnung, 1981, S. 20–30 m. w. N.

γ. Sekundärzitat

Im Verlauf jeder wissenschaftlichen Arbeit, unabhängig davon, ob diese nach dem (vorgeschlagenen) systematischen, dem pragmatischen oder einem gemischten Verfahren angelegt wurde, nimmt die Zahl der **indirekt ermittelten** Fundstellen und **Zitate** sehr schnell zu.

Die Fülle des Materials, die meist begrenzte Zeit sowie der Glaube an die (mit der eigenen Vorgehensweise vergleichbare) Redlichkeit wissenschaftlicher Autoren verleiten deshalb häufig auch zu Zitaten aus zweiter bzw. -zigster Hand, die ich **„Gebrauchtzitate"** nennen will. Dieser Ausdruck wird bewußt unter Anlehnung an den Gebrauchtwagen hier eingeführt, weil ein solches Zitat dessen Zuverlässigkeit teilt: Es kann funktionieren, **häufig** allerdings wird man etwas später, aber dafür umso gründlicher **enttäuscht.**

Das wissenschaftlich abgesicherte Zitat hat nur eine Fundstelle, den Originaltext bzw. die Originalquelle. Das Ausmaß unbewußter, insbesondere aber auch bewußter Fehlzitierung in jeder Art von Literatur einschließlich der Rechtsprechung kann erfahrungsgemäß gar nicht hoch genug eingeschätzt werden; **Fehlzitate** – zum Teil in der zweiten oder dritten Generation weiter bis zur Unkenntlichkeit abgewandelt – gehören zum (traurigen) Tagesgeschäft jedes wissenschaftlich Arbeitenden.[42]

Jedes Zitat, das nicht selbst recherchiert wurde sowie jeder Verweis, muß an Hand des Originals **überprüft werden;** dabei sind die Veränderungen durch einen Auflagenwechsel ebenso zu beachten wie die Möglichkeit, daß bereits schon ein „Gebrauchtzitat" vorliegt. In diesem Fall müssen alle zwischengeschalteten Verarbeiter eliminiert und der „geistige Vater" selbst gesucht werden. Dieser Weg über zahlreiche Fußnotenverweise in den verschiedensten Verarbeitungsstufen ist zum Teil mühsam, sichert aber alleine das korrekte Zitat. Nicht selten erweist sich ein so ermitteltes, zunächst scheinbar geeignetes Zitat als für die eigene Arbeit völlig unbrauchbar.

---

[42] Vgl. ebenso bereits *Kliemann, H.*, Anleitungen; 1973, S. 27: „Es ist erstaunlich, wie viele Zitate immer wieder falsch übernommen werden, da niemand sich die Mühe gemacht hat, die Richtigkeit zu überprüfen."

Soweit trotz (intensiver) eigener Nachforschungen der Originaltext nicht selbst eingesehen bzw. in Kopie besorgt werden kann, ist ausnahmsweise ein **Sekundärzitat** zulässig. Dieses ist – je nach Zitiertechnik – in der Fußnote (Vollbeleg) oder im Literaturverzeichnis (Kurzbeleg) als solches zu kennzeichnen.

Beispiel:

[1] Vgl. *Kosiol, Erich,* Erkenntnisgegenstand und methodologischer Standort der Betriebswirtschaftslehre, in: ZfB 31 (1961), S. 129f. (zit. nach *Marcell Schweitzer,* Der Gegenstand der Betriebswirtschaftslehre, in: *Franz X. Bea, Erwin Dichtl* und *Marcell Schweitzer* (Hrsg.): Allgemeine Betriebswirtschaftslehre – Grundlagen, Bd. 1, Stuttgart/New York: G. Fischer, 1985, S. 17)
bzw.
[1] Vgl. *Kosiol, E.,* Erkenntnisgegenstand, 1961, S. 129f.

δ. *Zitat im Zitat*

Im direkten Zitat werden wörtliche Zitate, die sich bei dem angeführten Verfasser finden, in einfache (halbe) Anführungsstriche gesetzt (‚. . .'), um sie damit als Zitat im Zitat zu kennzeichnen. In der entsprechenden Fußnote kann dann gegebenenfalls auf die solchermaßen indirekt zitierte Quelle zusätzlich hingewiesen werden.

Beispiel:

Text:
Nach Auffassung von *W. Kroeber-Riel/G. Meyer-Hentschel* sind es insbesondere zwei Bedingungen, mit denen sich „die Konsumentenforschung und die zur Zeit entstehende ‚Psychologie der Macht' . . .sehr eingehend beschäftigt haben."[1]

Zitat:
[1] *Kroeber-Riel, Wolfgang/Meyer-Hentschel, Gundolf,* Werbung – Steuerung des Konsumentenverhaltens, Würzburg: Physica 1982, S. 41 (mit einem Zitat von *L. C. Perlmutter/R. A. Monty,* 1979).
bzw.
[1] *Kroeber-Riel, W./Meyer-Hentschel, G.,* Werbung, 1982, S. 41.

Soweit eine Ausführung des zitierten Verfassers bei diesem bereits in Anführungszeichen steht, ohne ein wörtliches Zitat, sondern evtl. nur einen besonderen Begriff darzustellen, ist diese im Rahmen des direkten Zitates ebenfalls mit einfachen Anführungsstrichen aufzunehmen.

Beispiel:

Original:
Mit dem Begriff Konflikt wurden eher Schlagworte wie ,,Erziehung zum Konflikt", ,,Systemveränderung", ,,Klassenkampf" und gewaltsame Auseinandersetzungen assoziiert.

Text:
W. Krüger weist zu Recht darauf hin, daß in der Unternehmungspraxis früher ,,mit dem Begriff Konflikt . . eher Schlagworte wie ,Erziehung zum Konflikt', ,Systemveränderung', ,Klassenkampf' und gewaltsame Auseinandersetzungen assoziiert [wurden]."[1]

Zitat:
[1] *Krüger, Wilfried,* Theorie unternehmungsbezogener Konflikte, in: ZfB 51 (1981), S. 910.
bzw.
[1] *Krüger, W.*, Theorie, 1981, S. 910.

Direkte Zitate im indirekten Zitat sind ungeachtet eines entsprechend einleitenden Hinweises auf die sinngemäße Übernahme der folgenden Passage **zusätzlich** als wörtliche Zitate zu **kennzeichnen** und mit einer eigenen Fußnote am Ende des wörtlichen Zitates – also meist vor dem Fußnotenhinweis für die indirekte Übernahme – zu versehen.

Beispiel:

Text:
Zu der Kritik an den Grundsätzen ordnungsmäßiger Buchführung sollen die Haupteinwände von *Ulrich Leffson* hier wiedergegeben werden, der in der vierten Auflage seiner ,,Grundsätze ordnungsmäßiger Buchführung" (1976) die Formulierung in § 38 HGB für ,,recht glücklich"[1], dennoch aber im Ergebnis für zu abstrakt gewählt hält. Er sieht deshalb insbesondere die Betriebswirtschaftslehre als sachkundige Instanz zur Konkretisierung dieser unbestimmten Rechtsinhalte berufen.[2]

Zitat:
[1] *Leffson, Ulrich,* Die Grundsätze ordnungsmäßiger Buchführung, 4. Aufl., Düsseldorf: IdW-Verlag, 1976, S. 26; vgl. dazu aber auch die Änderungen in der 6. Auflage, 1982, S. 26–36, 136–138.
[2] Vgl. *Leffson, U.* (FN 1), S. 25–41.
bzw. (Kurzbeleg):
[1] *Leffson, U.*, Grundsätze, 1976, S. 26; vgl. dazu aber auch die Änderungen in *Leffson, U.*, Grundsätze, 1982, S. 26–36, 136–138.
[2] Vgl. *Leffson, U.*, Grundsätze, 1976, S. 25–41.

ε. *Spezialliteratur*

Eine Reihe wirtschaftswissenschaftlicher Themen erfordert einen interdisziplinären Ansatz, wobei insbesondere aus dem Bereich der Rechtswissenschaften Literatur, **Gesetzestexte** und **Kommentare** herangezogen und verarbeitet werden müssen. Sowohl bei der Zitierung von Gesetzestexten (die den Quellen zuzurechnen sind) als auch von entsprechenden Kommentaren (die zum Sekundärmaterial gehören) sind **Besonderheiten** zu beachten.[43]

Gesetzestexte und **Paragraphen** werden soweit sie in direkter Form – also in Anführungszeichen – im eigenen Text Verwendung finden ebenso **wie direkte Literaturzitate** behandelt; ist die Zitierung einer Vorschrift im Einzelfall zum Verständnis erforderlich, sollte sie auch im Text unmittelbar genannt, nicht aber in Klammern nachgestellt werden.

Beispiel:

Text:
Das Einkommensteuergesetz (EStG) definiert den Gewinn ,,als den Unterschiedsbetrag zwischen dem Betriebsvermögen am Schluß des Wirtschaftsjahres und dem Betriebsvermögen am Schluß des vorangegangenen Wirtschaftsjahres, vermehrt um den Wert der Entnahmen und vermindert um den Wert der Einlagen."[1]

Zitat:
[1] § 4 Abs. 1 Satz 1 EStG; vgl. dazu *Schmidt, Ludwig,* Einkommensteuergesetz, München: Beck, 1986, § 4 Anm. 11.

oder:

Text:
Das Einkommensteuergesetz (EStG) definiert in § 4 Abs. 1 Satz 1 den Gewinn.

Soweit nur eine indirekte Zitierung einer Gesetzesvorschrift ohne unmittelbaren Paragraphenbezug im Text erfolgt, leitet ein ,,Vgl." oder ,,S." die entsprechende Fußnote ein.

Paragraphen können nach (mindestens) zwei Methoden geschrieben werden, wobei darauf zu achten ist, daß eine einmal gewählte Methode im gesamten Text **einheitlich** benutzt wird:

§ 11 Abs. 2, S. 2, 2. Hs. GWB

oder: § 11 II, 2, 2. Hs. GWB (Nr. und Ziffer müssen angeführt werden)

---

[43] Vgl. zum folgenden auch *Alsheimer, H.,* Studientechnik, 1973, S. 92–98.

In Abhängigkeit des jeweiligen Schrifttums spricht man statt von Paragraphen auch von Artikeln („Art., z. B. Grundgesetz), Section („Sec."), Rule oder Abschnitten („Abschn.", z. B. Steuerrichtlinien, die allerdings keine Gesetze, sondern Verwaltungsanweisungen sind). Untergliedert werden alle diese Texte in der Regel in Absätze (Abs.), Sätze (S.), Halbsätze (Hs.), Nummern (Nr.) oder Ziffern (Ziff.) sowie Buchstaben (Buchst.). Mehreren Paragraphen, auf die gemeinsam verwiesen wird, ist das Doppel-Paragraphenzeichen voranzustellen (z. B. §§ 26, 27 MitbestG). Jedem Gesetzeszitat muß mindestens die Kurzbezeichnung des jeweiligen Gesetzes folgen; eine Ausnahme bilden nur solche Texte, in denen im wesentlichen ein Gesetzestext zitiert wird, auf den im Abkürzungsverzeichnis abschließend hinzuweisen ist (z. B. „§§ ohne Gesetzesangabe sind solche des Aktiengesetzes 1965"). **Gesetzestexte** und vergleichbares amtliches Schrifttum sind nach der jeweils **amtlichen Quelle** und nicht nach einer Gesetzessammlung (z. B. *Schönfelder, H.*, Deutsche Gesetze) oder sonstigen Veröffentlichungen **zu zitieren.** Bei der erstmaligen Erwähnung eines Gesetzes im Text oder der Fußnote ist der vollen amtlichen Bezeichnung in Klammern die im folgenden verwendete Kurzbezeichnung und/oder Abkürzung hinzuzufügen.

Beispiel:

Text:
Bei Warenverkäufen an Letztverbraucher dürfen Preisnachlässe nur nach Maßgabe des Rabattgesetzes[1] gewährt werden.

Zitat:
[1] Gesetz über Preisnachlässe (Rabattgesetz – RabattG) vom 25. 11. 1933 (RGBl I. 1011) idF (= in der Fassung) vom 02. 03. 1974 (BGBl I. 469).

Gesetze und Rechtsverordnungen müssen nach dem Tag der **Ausfertigung** und letzten oder verwendeten **Fassung** zitiert werden. Soweit nicht nur die Änderung einzelner Vorschriften, sondern eine vollständig neue Fassung veröffentlicht worden ist, kann auf die Zitierung der ursprünglichen Fassung verzichtet werden.

Die Zitierweise und der Aufbau von Gesetzes- und Rechtsprechungsverweisen ist oben bereits erklärt worden.[44] Die Verwendung von **Gesetzeskommentaren** und kommentierten Gesetzessammlungen verlangt sowohl nach der Voll- als auch der Kurzbeleg-Methode

---

[44] Vgl. Teil B, Kapitel IV, Abschnitt 2, lit. a, S. 76.

eine abweichende Zitierweise. Umfassende Kommentare tragen meist nicht nur den Namen mehrerer **Herausgeber,** sondern werden darüber hinaus von einer Reihe von (weiteren) **Bearbeitern** erstellt. Eine korrekte **Literaturangabe** muß in diesen Fällen sowohl den Bearbeiter als auch die (oder den) Herausgeber des zitierten Kommentars **namentlich** erwähnen, wobei ebenfalls nur jeweils bis zu drei Namen berücksichtigt werden; bei Loseblatt-Sammlungen muß zusätzlich zum Erscheinungsjahr (bzw. den Erscheinungsjahren) des Gesamtwerkes auch der **Stand** der verwendeten Sammlung (Stand: 30. 08. 1982) bzw. die Ordnungszahl der **Lieferung** (19. Lfg. September 1983) angegeben werden.

Beispiel:

Text:
Als Reallast bezeichnet man die Belastung eines Grundstückes, wenn an denjenigen, zu dessen Gunsten die Belastung erfolgt, wiederkehrende Leistungen aus dem Grundstück zu entrichten sind.[1]

Zitat:
[1] Vgl. § 1105 BGB; dazu *Joost, D.*, in: *K. Rebmann* und *F.J. Säcker* (Hrsg.), Münchener Kommentar, § 1105 RdNr. 8–30.

Literaturverzeichnis:
Joost, Detlev (Bearb.), in: *Kurt Rebmann* und *Franz Jürgen Säcker* (Hrsg.): Münchener Kommentar zum Bürgerlichen Gesetzbuch, Bd. 4, 2. Aufl., München: Beck, 1985
und
Rebmann, Kurt/Säcker, Franz Jürgen (Hrsg.): Münchener Kommentar zum Bürgerlichen Gesetzbuch (Münch-Komm), 9 Bände, 2. Aufl., München: Beck, 1984/86.

In der einschlägigen juristischen Fachliteratur werden die verschiedensten Zitieralternativen vorgeschlagen; so wird häufig der Kommentar zusammen mit dem jeweiligen Bearbeiter zitiert (hier: MünchKomm – *Joost*).[45] Grundsätzlich sollte aber – von den angeführten Einschränkungen abgesehen – die für die eigene Arbeit gewählte Zitiertechnik konsequent durchgehalten, entsprechende Zitiervorschläge deshalb auf ihre Vereinbarkeit mit dem eigenen System überprüft werden.

---

[45] Vgl. *Tettinger, P.*, Einführung, 1982, S. 172–190; *Brinkmann, K.*, Seminararbeit, 1959, S. 137–146; *Walter, R.-E./Heidtmann, F.*, Literatur, 1984, S. 209–227.

4. Anmerkungen

Als Anmerkungen sollen hier alle **Fußnoten** bezeichnet werden, die **keine** (direkten oder indirekten) **Zitate** enthalten. Für eine wissenschaftliche Arbeit kann man folgende Differenzierung treffen (vgl. *Darst. 24*).

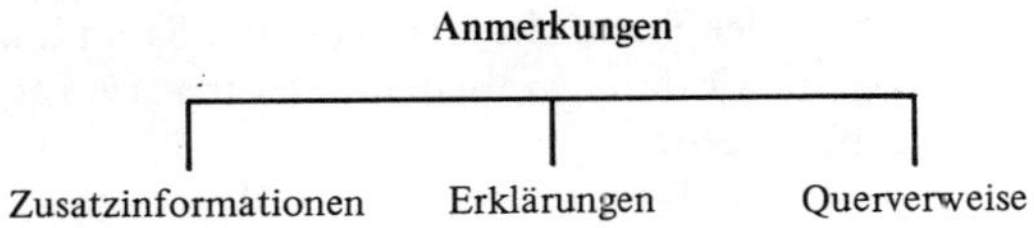

Darst. 24: Anmerkungsarten

Wichtigstes Merkmal jeder Anmerkung ist, daß sie inhaltlich zwar eine **Ergänzung** zum Text darstellt, **nicht** aber zum **Verständnis** des Textes oder gar zur Argumentation des Verfassers **zwingend erforderlich** ist.

Zusatzinformationen in diesem Sinne umfassen beispielhafte Aufzählungen, alternative Formulierungen und Definitionen, Literaturempfehlungen bzw. -verweise oder technische Ergänzungen, beispielsweise die Übersetzung eines fremdsprachigen Textes.

Erklärungen in einer Fußnote beziehen sich zum Beispiel auf weitere (detaillierte) Ableitungen einer im Text angeführten Formel, die jedoch **nicht** zwingend **erforderlich** sein dürfen. Oft werden auch nähere Ausführungen zum Text abgegeben, die dort nur den Gedanken- bzw. Argumentationsfluß stören würden oder auf ,,Nebenkriegsschauplätze" führen könnten.

Querverweise auf weiterführende bzw. thematisch verwandte Themenbereiche an anderer Stelle in der gleichen Arbeit erleichtern eine selektive Lektüre ebenso wie sie das Bemühen des Lesers, das Gesamtkonzept des Verfassers nachhaltig zu verstehen, unterstützen. Derartige Querverweise sollten aber neben den Ordnungsziffern des betreffenden Textteiles grundsätzlich auch die **Seitenangabe** enthalten. Zahlreiche Querverweise, insbesonders auf nachgelagerte Teile des Textes, zeugen allerdings – ebenso wie ein ,,Querverweisungssalat" – nicht gerade von einem systematischen Aufbau und sollten für den Verfasser Anlaß zur Überarbeitung seiner Gliederung und seiner Ausführungen sein.

Zu Inhalt und Gestaltung von Anmerkungen hat 1906 *Adolf Harnack* zehn Regeln aufgestellt, die unverändert und ohne Einschränkung empfohlen werden:

„1. Fasse deinen Text so, daß er auch ohne die Anmerkungen gelesen werden kann.
2. Vergiß nicht, daß es auch Parenthesen im Texte gibt und Exkurse am Schlusse des Buchs, welche Anmerkungen ersetzen können.
3. Sei sehr sparsam mit Anmerkungen und wisse, daß du deinem Leser Rechenschaft geben mußt für jede unnütze Anmerkung; er will in deinen Anmerkungen ein Schatzhaus sehen, aber keine Rumpelkammer.
4. Halte dich nicht für zu vornehm, um Anmerkungen zu machen, und wisse, daß du niemals so berühmt bist, um dir Beweise ersparen zu können.
5. Schreibe keine Anmerkungen, weil du in der Darstellung etwas vergessen hast; schreibe überhaupt die Anmerkungen nicht nachträglich.
6. Schreibe nichts in die Anmerkung, was den Text in Frage stellt, und schreibe auch nichts hinein, was wichtiger ist als der Text.
7. Betrachte die Anmerkungen nicht als Katakomben, in denen du deine Voruntersuchungen beisetzest, sondern entschließe dich zur Feuerbestattung.
8. Mache die Anmerkungen nicht ohne Not zum Kampfplatz; tust du es, so stelle deinen Gegner so günstig auf wie dich selbst.
9. Versuche es, die Kunst zu lernen, durch Anmerkungen die lineare Form der Darstellung zu ergänzen, Akkorde anzuschlagen und Obertöne zu bringen; aber spiele kein Instrument, das du nicht verstehst, und spiele dieses Instrument nur, wenn es nötig ist.
10. Stelle die Anmerkungen stets dort hin, wohin sie gehören, also nicht an den Schluß des Buchs – es sei denn, daß du eine Rede drucken läßt –, und scheue dich nicht, zwei Gattungen von Anmerkungen zu bieten und im Drucke zu unterscheiden, wenn der Stoff das verlangt."[46]

---

[46] *Harnack, A.*, Anmerkungen, 1911, S. 161f. Dieses Zitat ist gleichzeitig ein gutes Beispiel für die Qualität von Gebrauchtzitaten. Entdeckt habe ich dieses Zitat bei *F. Hanfland* (Studium, 1978, S. 100f.), der das Original direkt, allerdings ohne Anführungszeichen und leicht gekürzt zitiert; *J. Heyde* (Technik, 1970, S. 97) und *W. Kröber* (Kunst, 1971, S. 77f.) zitieren den Text unterschiedlich und nicht wortgetreu: alleine die – zudem im Zusammenhang reizvolle – Lektüre des Originalvortrages von 1906 – in der Fassung wie er 1911 veröffentlicht wurde – konnte ein Fehlzitat ausschließen.

5. Darstellungen

a. Bedeutung

Eine Graphik oder **Tabelle** erklärt oft mehr als hundert Worte; zudem erhöht jede optische **Ergänzung** eines Textes die Aufnahmebereitschaft des Lesers erheblich. Diese Reserven sollte auch der Autor wissenschaftlicher Arbeiten für die Vermittlung seiner Argumente nutzen. Die Gefahr, damit ein „gehobenes Bilderbuch"[47] zu schaffen, ist gering: Die Notwendigkeit, das optisch aufbereitete Material auch – und zwar vorrangig – im Text erklären zu müssen, stellt sicher, daß der Verfasser nicht nur etwas darzustellen, sondern auch etwas zu sagen hat. Die ausschließliche Information über eine optische Darstellung oder Tabelle ohne jede Erklärung und Bezugnahme im Text ist in wissenschaftlichen Arbeiten nur in Ausnahmefällen üblich und ansonsten Materialbänden bzw. statistischen Jahrbüchern vorbehalten. Umgekehrt aber muß jede **Darstellung** für sich alleine **verständlich** sein; auch nach mehrmaligem Überarbeiten müssen die Aussagen im Text mit denen in den Darstellungen noch übereinstimmen.

Grundsätzlich gilt für jede Art der Darstellung, daß sie – eben wegen des zwingend erforderlichen Zusammenhanges zwischen Darstellung und Text – dort und nur dort im Text anzubringen ist, wo auch die entsprechenden Ausführungen zu finden sind. Erklärende bzw. verdeutlichende Darstellungen sind ein unmittelbarer **Textbestandteil,** sie gehören deshalb grundsätzlich auch nicht in eine Fußnote oder einen Anhang.[48] Eine Ausnahme bilden hierbei nur solche Darstellungen, die aus technischen Gründen (z. B. Überformate u. a.), in einem Anhang oder einer Anlage untergebracht werden müssen oder deren zusammengefaßte Darstellung (z. B. Tabelle) bereits in den Text aufgenommen wurde. Soweit aus diesen Gründen Darstellungen im Anhang zu finden sind, sollten sie so gestaltet sein, daß eine parallele Lektüre der dort enthaltenen, zum Text erforderlichen Informationen möglich ist; Doppelseiten im Anhang sind deshalb als **Falttafeln** einzubinden und jeweils nur rechtsseitig zu beschreiben (vgl. *Darst. 25*).

---

[47] *Zimmermann, J.*, Diplomarbeit, 1975, S. 60.
[48] Zu Definition und Umfang eines Anhangs vgl. unten Abs. 6, lit. b, S. 147f.

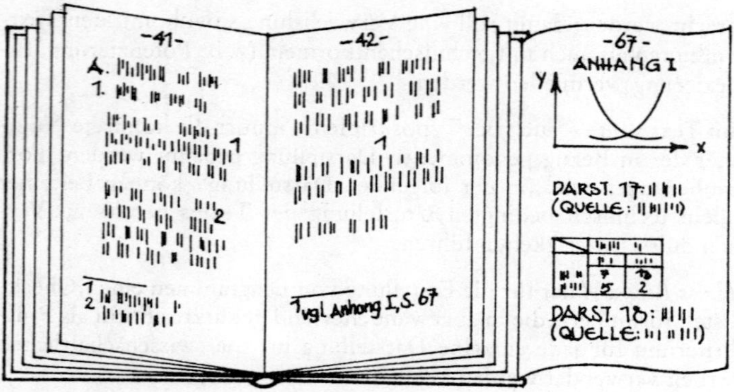

Graphik: *M. Schaller*

Darst. 25: Darstellungen im Anhang (Falttafel)

Im Text ist in diesen Fällen in einer Fußnote auf den **Anhang** zu verweisen:

[1] *Zur Bauherrenstatistik vgl. Tabelle 3 in Anhang II, S. 157.*

Alle Darstellungen im Text sollten – unabhängig davon ob es sich im einzelnen um Tabellen, Schaubilder oder Diagramme handelt – laufend **durchnumeriert** und in ein **Darstellungsverzeichnis** aufgenommen werden.[49] Jede einzelne Darstellung muß zwingend eine **Unterschrift** und – soweit fremde oder eigene Quellen verwendet werden – einen **Quellenvermerk** haben; ist eine Darstellung vom Verfasser nicht selber angefertigt worden, so ist jeweils der Name des Zeichners mitanzugeben. Alle Bestandteile und **Symbole** sowie gegebenenfalls der **Maßstab** (oder die Einheit) müssen unmittelbar bei der Darstellung **erklärt** werden; eine Ausnahme hierzu bilden nur solche – selten zu verwendende – Abkürzungen, die für die gesamte Arbeit im voranstehenden Abkürzungs- bzw. Symbolverzeichnis erläutert werden.

Anmerkungen zu einzelnen Sachverhalten in einer Darstellung müssen zeilenweise von links nach rechts und von oben nach unten mit **unverwechselbaren** Vermerken gekennzeichnet (*, + +, evtl. auch a, b, c) und ebenfalls unmittelbar unterhalb der Darstellung ange-

---

[49] Vgl. Kapitel VII, Abs. 4, lit. b, S. 163.

bracht werden; damit soll eine Verwechslung sowohl mit den Text-Fußnoten als auch mit technischen Formeln (z. B. Potenzierung, Indexierung) vermieden werden.

Im Text sollte – auch bei Typoskripten – immer die konkrete Nummer der in Bezug genommenen Darstellung genannt werden; Formulierungen wie ,,in der folgenden Darstellung" können bei einer allein technisch bedingten Umstellung des Textes bereits zu Verständnisschwierigkeiten führen.

Hans Riedwyl hat für die Erstellung von Diagrammen eine ,,Checkliste" formuliert, die in abgewandelter und gekürzter Form als Prüfkriterium für jede einzelne Darstellung in einer wissenschaftlichen Arbeit verwendet werden kann:[50]

a. Gibt die Unterschrift Auskunft über die Fragen: was? wo? wann? Sind überflüssige Worte eliminiert?
b. Sind alle Angaben und Zeichen gut zu unterscheiden bzw. durch die Erklärung am Ende der Darstellung vollständig zu identifizieren?
c. Ist die Quellenangabe vorhanden und vollständig?
d. Ist die Beschriftung auch bei einer notwendigen Verkleinerung gut lesbar?
e. Sind die Maßstäbe bzw. Proportionen so gewählt, daß jede bewußt oder unbewußt verzerrende Wiedergabe ausgeschlossen ist?
f. Sind nicht zu viele, überflüssige Details enthalten?
g. Ist der dargestellte Sachverhalt nicht trivial?
h. Erfüllt die Darstellung die Erfordernisse der Vollständigkeit, Genauigkeit und Anschaulichkeit?

b. Gestaltung

Im Interesse einer eindrucksvollen, d. h. aussagestarken Darstellung, sollte einige Zeit auf die Beurteilung möglicher alternativer Gestaltungsformen verwendet werden.[51] Die wichtigsten Darstellungsformen in wirtschaftswissenschaftlichen Arbeiten sind **Schaubilder, Diagramme** und **Tabellen.**

---

[50] Vgl. *Riedwyl, H.*, Gestaltung, 1979, S. 11.

[51] Vgl. dazu insbesondere *Riedwyl, H.*, Gestaltung, 1979; *Werneck, T./Ullmann, F.*, Arbeitsmethodik, 1973, S. 110–130; *Beelich, K.H./Schwede, H.-H.*, Denken, 1983, S. 171–178 sowie die aktuellen Beispiele und Darstellungen in der Wirtschaftspresse.

Jede Darstellungsform besitzt wiederum zahlreiche **Varianten:** So kann beispielsweise ein Diagramm in der Form eines Stab-, Balken-, Kreis-, Karto-, Linien-, Flächen- oder Flußdiagramms gekennzeichnet werden.

Generelle Empfehlungen zu Art und Gestaltung einzelner Darstellungen sind kaum möglich. Die im Einzelfall aufzubereitenden Daten bzw. Statistiken schließen jedoch meist bereits eine Reihe von Darstellungsformen aus. Ist z. B. der zeitliche Verlauf einer Entwicklung oder eine gegenseitige Abhängigkeit zu erklären, so wird regelmäßig eine graphische Aufbereitung geboten sein. Soweit dagegen Zahlenmaterial für den Leser unmittelbar zum Textverständnis erforderlich ist oder zur entsprechenden Interpretation der Ausführungen genutzt werden soll, empfiehlt sich die Darstellung in Form einer Tabelle; auf eine mehrfache, wenn auch unterschiedliche Darstellung desselben Sachverhaltes sollte jedoch grundsätzlich verzichtet werden.[52]

Zur Abfassung von Tabellen hat die Redaktion des *Instituts für Weltwirtschaft* (Kiel) Richtlinien herausgegeben, deren wichtigste Ausführungen hier sinngemäß wiedergegeben werden sollen:[53]

- Im **Tabellenkopf** stehen – gegebenenfalls in mehrere Zeilen eingeteilt – knapp und eindeutig formuliert Gegenstand, Zeit und Einheit; eine Bezeichnung für mehrere Spalten wird entsprechend übergreifend über diese gemeinsam gesetzt. Gleichartige Spalten sollten gleich breit sein. Vergleichbare Tabellen erhalten in der gesamten Arbeit den gleichen Tabellenkopf, unmittelbar hintereinander folgende Tabellen dieser Art sollten – möglichst durch Zwischenüberschriften getrennt – in einer Tabelle zusammengefaßt werden. Wird eine Tabelle auf der folgenden Seite fortgesetzt, müssen sowohl der Tabellenkopf als auch die Vorspaltenbeschriftung dort wiederholt werden; im Buchdruck ist die Zeilenbeschriftung bei zweiseitigen Tabellen auch auf der gegenüberliegenden Seite zu wiederholen, um die Orientierung und Suche einzelner Werte zu erleichtern.
- In der **Vorspalte** werden Untergliederungen durch Einzüge (nicht durch Spiegelstriche) angezeigt. Soweit Worte oder Bezeichnungen getrennt werden müssen, werden die Zahlenreihen jeweils in Höhe der letzten Zeile des Textes geschrieben.

---

[52] Vgl. *Spandl, O.*, Organisation, 1980, S. 73.
[53] Vgl. *Institut für Weltwirtschaft,* Richtlinien, 1982, S. 5–9 sowie Norm DIN 55 301 (9/78).

- **Lücken** im Zahlenteil einer Tabelle, insbesondere in den einzelnen Tabellenfeldern werden mit folgenden Symbolen ausgefüllt:
  - – = nichts
  - 0 = mehr als nichts, aber weniger als die Hälfte der kleinsten benutzten Maßeinheit
  - . = Angaben aus sachlichen Gründen nicht möglich
  - ... = Angaben sind noch nicht verfügbar
  - p = Angaben sind geschätzt (hochgestelltes p)
- Tabellen müssen so angeordnet werden, daß ihre Spalten parallel zum linken Seitenrand verlaufen. Bei Tabellen die quer eingefügt werden, steht der Tabellenfuß mit Quellenangabe immer am rechten Seitenrand.

Vorspalte	Spalte				
Sammeltext Tabellenkopf	X		Y		Tabellenkopf
	X . . .	Z . .	Y . . .	Z . .	
Sammeltext Vorspalte	DM	vH	DM	vH	
	Zwischenüberschrift				
Hauptpunkt	500 000				
Unterpunkte	1000	23			
	Zwischenüberschrift				
Insgesamt		100		160*	Zeile

* Mehrfachantworten

Quelle: In Anlehnung an *Institut für Weltwirtschaft,* Richtlinien, 1982, S. 6.

Darst. 26: Beispiel einer Tabelle mit Beschriftung

Der Einsatz graphischer Möglichkeiten ist konsequent auf die Verbesserung der Anschaulichkeit und Klarheit der eigenen Aussagen zu beschränken und darf keinesfalls zur Ablenkung, Verschleierung oder gar als „Platzhalter“ genutzt werden.

c. Exkurs: „Raubrittereffekt“

Die Fehler, die bei der Wahl und/oder Ausführung von Darstellungen gemacht werden können – und die den Leser dann regelmäßig in einem Erklärungsdilemma zwischen Text und Darstellung zurück (und allein) lassen – sind zahlreich. Aus diesem Grunde muß insbesondere auch der buchstaben-

bzw. zahlengetreuen Abstimmung und Korrektur von Text und Darstellung größte Aufmerksamkeit geschenkt werden. Mit ihrem „Raubritterdiagramm" liefern *T. Werneck/F. Ullmann* ein sehr anschauliches Beispiel eines mangelhaften Flußdiagramms (vgl. *Darst. 27*).[54]

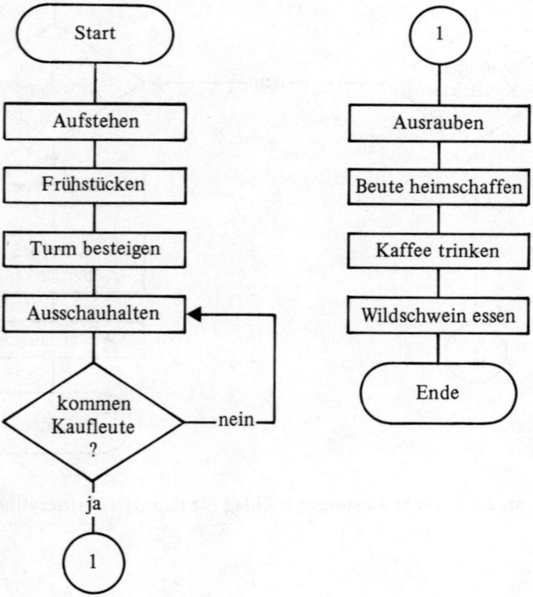

Quelle: *Werneck, T./Ullmann, F.*, Arbeitsmethodik, 1973, S. 129.

Darst. 27: Tätigkeit eines Raubritters an Sommertagen bei gutem Wetter

In diesem Flußdiagramm ist ein **unendlicher Kreislauf** enthalten: Nach der Darstellung kann der Raubritter den Turm nicht verlassen, wenn keine Kaufleute vorbeikommen („Raubrittereffekt"). Zur Lösung dieses Dilemmas muß eine weitere Entscheidungsweiche vorgesehen werden, die dem Raubritter auch einen Abstieg ermöglicht, wenn keine Kaufleute vorbeikommen; unter welchen Umständen er dann zu Hause verhungert, ist eine Frage seiner Vorratshaltung (vgl. *Darst. 28*).

---

[54] *Ullmann, T./Werneck, F.*, Arbeitsmethodik, 1973, S. 128f.

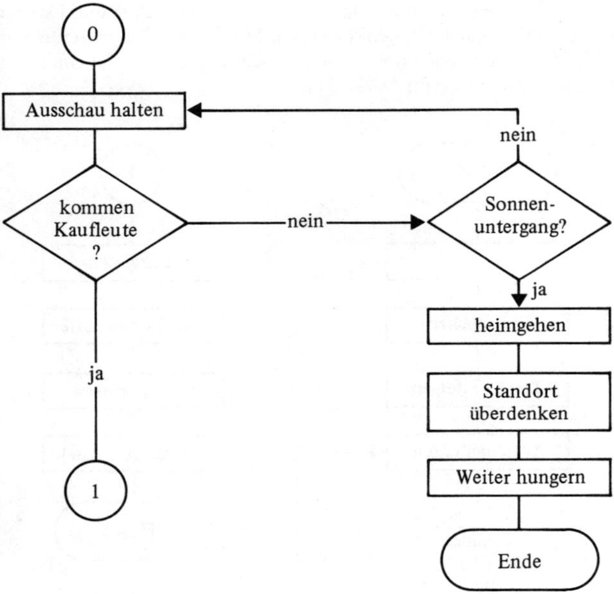

Darst. 28: Eigener Lösungsvorschlag für den „Raubrittereffekt"

6. Text-Ergänzungen

a. Exkurs

Exkurse sind Erörterungen oder Ausführungen, die aus dem Rahmen der themenspezifischen **Argumentation** im engeren Sinne **hinausführen;** sie ergänzen häufig als erklärende, zusätzliche – aber nicht notwendige – Information den jeweiligen Text. Entsprechend ihrer Funktion können sie nahezu an jeder Stelle eines Textes eingefügt werden. Ihrer besonderen Stellung wird innerhalb der Gliederung dadurch Rechnung getragen, daß ein Exkurs dem jeweiligen Kapitel oder Abschnitt gleichgeordnet mit eigener (laufender) Ordnungsziffer angeschlossen wird; zur Kennzeichnung wird er in der

Überschrift mit **„Exkurs"** eingeleitet.[55] Diese formale Abgrenzung zeigt dem Leser an, daß die folgenden Ausführungen, die definitionsgemäß aus dem Thema bzw. Gedankengang herausführen, bei der Lektüre übersprungen werden können. Trotz dieser Regelung sollte mit Exkursen sparsam umgegangen werden, denn sonst entsteht leicht der Eindruck, der Verfasser habe mehr neben bzw. außerhalb als zu seinem Thema zu sagen. Als Stilmittel kann jedoch der Exkurs insoweit genutzt werden, als er zwar neben den Kernausführungen, aber innerhalb des Textes steht: Damit kommt ihm – z. B. bei der vorgeschlagenen reinen Textlektüre[56] nach dem Romanvorbild – erheblich größere Aufmerksamkeit zu als den Anmerkungen in den Fußnoten oder einem Anhang. Ein Exkurs kann definitionsgemäß nur innerhalb des gesamten Textes und nicht etwa im Anhang stehen, denn dort – wo der Text abgeschlossen ist – kann er nicht aus dem Text führen („ex curso" = aus dem Kurs, Fahrt, Bahn).[57]

Eine gesonderte Fußnoten- oder Seitenzählung bezüglich der Exkurse ist bereits mit der Eigenschaft als Textbestandteil unvereinbar; zur weiteren Unterscheidung kann aber – wie bei längeren wörtlichen Zitaten – der Text eines Exkurses insgesamt mit einfachem Zeilenabstand geschrieben werden.

b. Anhang

Die **Funktion** eines Anhanges in einer wissenschaftlichen Arbeit wird sehr häufig **mißdeutet,** der **Anhang** selbst nicht selten **mißbraucht.** „Empfehlungen" in der Fachliteratur wie die folgende sind dafür sicherlich mitverantwortlich:

> „Nach Möglichkeit sollte eine wissenschaftliche Arbeit keinen Anhang bzw. keine sog. Anlagen haben ... Die nicht im ausführenden Teil integrierten Anlagen erwecken stets den Verdacht, daß sie nicht mitverarbeitet wurden und daß man sie lediglich mit einer gewissen Pompösitätsabsicht [sic!] der Arbeit hinten angehängt hat."[58]

---

[55] Vgl. oben S. 144.

[56] Vgl. oben Abschnitt 2, S. 112.

[57] Anderer Meinung *Seidenspinner, G.*, Arbeiten, 1976, S. 85; *Gerhards, G.*, Seminararbeit, 1984, S. 138.

[58] *Scheibler, A.*, Technik, 1976, S. 179; vgl. dazu bereits kritisch *Hax, H.*, Besprechung, 1977, S. 537f.

Richtig ist allein die Tatsache, daß ein Anhang unmittelbar im Anschluß an den Text steht; die Seitenzählung läuft weiter, Darstellungen im Anhang werden neu durchgezählt, wobei sich eine Kennzeichnung (z. B. A1, A2 . . .) empfiehlt, die vom Text zu unterscheiden ist. Jeder einzelne Bestandteil eines Anhangs wird getrennt mit großen römischen Ziffern (I, II . . .) bezeichnet und einschließlich der erforderlichen Überschrift auch in das Inhaltsverzeichnis – außerhalb der Gliederung – aufgenommen. Zitat- und Quellenangaben im Anhang werden (wie im Text) unterhalb eines Zitatstriches, jeweils seitenweise numeriert, angeführt.

Inhaltlich darf auch im Anhang nur stehen, was nicht zwingend zum Verständnis des Textes gehört, mit anderen Worten: Der **Text** einer Arbeit darf **nicht** unter anderem Vorzeichen – nämlich dem des Anhangs – **fortgesetzt** werden. Gegen diese Vorschrift wird immer wieder – insbesondere bei seitenzahlbeschränkten Seminar- oder Diplomarbeiten – verstoßen; die in diesen Fällen vom Korrektor vorzunehmenden Kürzungen des Textes und des Anhanges auf den insgesamt zugelassenen Umfang geht bewertungstechnisch immer zu Lasten des Verfassers. Dieses Vorgehen ist schon aus Gleichbehandlungsgrundsätzen gegenüber den Mitbearbeitern eines Themas erforderlich, die selbst die notwendigen, möglicherweise aber falschen oder unzutreffenden Kürzungen vorgenommen haben. Der Anhang darf auch nicht zum Abladeplatz für alle die Materialien werden, die sich im Rahmen der Arbeit als nebensächlich erwiesen haben oder – noch schlimmer – über deren Wert für das gestellte Thema sich der Verfasser kein abschließendes Urteil bilden konnte (oder wollte!).

Hauptbestandteile eines (berechtigten) **Anhanges** sind **ergänzende Materialien** und **Dokumente,** die geeignet erscheinen, weitere themenbezogene Informationen zu geben oder die – aus den verschiedensten Gründen – dem Leser nur schwer oder überhaupt nicht zugänglich sind. So sollten regelmäßig z. B. wichtige Briefe, unveröffentlichte Betriebsunterlagen, Gesetzesentwürfe sowie ausländische Dokumente in Ablichtung oder Abschrift in einem Anhang aufgenommen werden. In empirischen Arbeiten können, soweit diese nicht im Einzelfall erklärungsbedürftige Bestandteile der Themenstellung sind, die benutzten **Fragebögen** und die statistischen Daten (Grund- bzw. Untersuchungsgesamtheit u. a.) im Anhang näher dargestellt bzw. aufgelistet werden.

Der Umfang eines Anhanges ist also ebenso wie die Zahl der Zitate und Darstellungen keine Frage einer „Pompösitätsabsicht", sondern

– sehr pragmatisch – eine Funktion der Notwendigkeit dessen Inhaltes.

c. Glossar

Ein Glossar ist in wirtschaftswissenschaftlichen Arbeiten selten erforderlich. In ihm werden wichtige **Fachausdrücke** mit einer kurzen, treffenden Erklärung bzw. Definition vorgestellt. Die Aufgabe eines solchen Glossars, ein größeres Fachverständnis des Lesers zu ermöglichen, birgt aber zugleich eine große Gefahr: Eine derartige Auflistung verführt den Verfasser geradezu zu einer sorglosen Verwendung von Fachausdrücken und Fremdwörtern und entlastet ihn – aber nur scheinbar – von der erforderlichen stilistischen Sorgfalt.

d. Anlage

Beilagen und Darstellungen, die nicht (gegebenenfalls gefaltet) miteingebunden werden können, müssen in einer Einbandtasche im Buchdeckel oder einer gesonderten Mappe oder Rolle eingereicht werden. Inhaltlich und formal gilt für diese, nur **technische Variante des Anhanges,** das unter Absatz b. Ausgeführte.

VII. Ergebnisgestaltung und Typoskript

Spätestens wenn ein Manuskript vollständig abgeschlossen ist und damit die **endgültige Fassung** der gesamten Arbeit vorliegt, ist die **Reinschrift** zu erstellen. Wie der Zeit- und Terminplan beispielhaft vorsieht,[1] kann aber mit einzelnen Teilen der Reinschrift auch schon einige Zeit vor Abschluß der letzten Korrekturen und Überarbeitungen des Manuskriptes angefangen werden. Dieses arbeitsorganisatorisch empfehlenswerte Vorgehen sollte jedoch nur gewählt werden, wenn erste Teile **unabhängig** vom Rest **fertiggestellt** werden können, da sie in sich abgeschlossene Kapitel umfassen.

Grundsätzlich sollten – auch wenn man seine Arbeit selber tippt – inhaltliche ebenso wie umfassendere stilistische Korrekturen nach dem Abschluß eines Manuskriptes unterblieben: In dieser Schlußphase doch noch vorgenommene Änderungen führen erfahrungsgemäß meist zu einer Verschlechterung, da dabei der Überblick nicht gewahrt und die Geschlossenheit der Ausführungen zu wenig beachtet wird.

1. Schreibtechnik

a. Schriftbild

Wissenschaftliche Arbeiten im universitären Bereich sind ausnahmslos in einer **maschinenschriftlichen** Fassung zu erstellen. Die Modelle und Varianten der elektrischen und elektronischen Kugelkopf- bzw. Typenradschreibmaschinen sowie der Textautomaten lassen die Frage nach einem geeigneten Schriftbild kaum mehr problematisch erscheinen. Alle Vorzüge dieser neuen Generation von Schreibmaschinen können – müssen aber nicht – für eine ordentliche und ansprechende äußere Form genutzt werden; dies ist grundsätzlich kein Bewertungskriterium, wird aber (in Grenzen) sicherlich auch als **Zeichen** der insgesamt angewandten **Sorgfalt** betrachtet werden.

---

[1] Vgl. oben Teil B, Kapitel I, Abschnitt 4, S. 16–19.

Die gewählte **Schrifttype** sollte ein leicht lesbares Schriftbild sicherstellen, eine Abweichung der normalen 10-er **Schrittlänge** zugunsten der engeren 12-er Schrittlänge oder weitere Variationen sind nur für Korrekturen sowie Überschriften zulässig. Ergänzungen für die graphische Gestaltung bieten die zahlreichen Varianten der im Handel erhältlichen Abreibefolien mit Buchstaben, Symbolen und besonderen Schriftzeichen; ebenso sind einzelne Abreibebuchstaben in der jeweiligen Schrifttype erhältlich, die – unabhängig von der Maschine – auch noch Einzelkorrekturen im Original oder der Kopie ermöglichen.

Vor einer zu großen Schrifttypenvielfalt innerhalb einer Arbeit muß allerdings gewarnt werden: Ein ständiger Wechsel lenkt ab und führt bei anhaltender Lektüre sehr schnell zu Ermüdungserscheinungen.

Das Typoskript ist mit eineinhalbfachem Zeilenabstand einseitig auf weißes Maschinenpapier zu schreiben; ein **Durchschlag** sollte grundsätzlich von Anfang an **mitangefertigt** werden, da dieser für Korrekturzwecke ebenso wie – bei dezentraler Verwahrung (!) – im Verlustfall einer Manuskriptseite wertvolle Dienste leisten kann. Bei Diplomarbeiten, insbesondere aber bei Dissertationen ist allein der Durchschlag jedoch als **Absicherung** gegen Diebstahl oder sonstigen **Verlust** nicht hinreichend. Hier empfiehlt es sich, bereits erste abgeschlossene (handschriftliche) Rohmanuskripte gelegentlich kapitelweise zu kopieren und dezentral zu lagern. Durchschlag oder Kopie und Originale sind niemals gleichzeitig an einem Ort oder in einem Beförderungsmittel (!) aufzubewahren. Zeitungsanzeigen und Verlustmeldungen verzweifelter Kandidaten sollten hier Warnung genug sein.

Die Fußnoten sind im Text durch – um einen Schritt hochgestellte – **Ziffern** regelmäßig **nach dem Satzzeichen** anzuzeigen; eine Ausnahme hierzu bilden nur solche Fußnoten-Kennziffern, die ein einzelnes Wort, ein Teilzitat oder einen einzelnen Ausdruck – nicht aber z. B. einen im Text zu einem Zitat angeführten Namen – zum Inhalt haben. Mehrere Fußnotenziffern an ein und derselben Stelle im Text sind unsinnig, da in einer Fußnote mehrere Angaben sowie notwendige weitere Differenzierungen vorgenommen werden können. Die **Numerierung** der Fußnoten beginnt auf jeder Seite neu; die von dieser Regel abweichende kapitelweise Numerierung in der vorliegenden Schrift hat ausschließlich drucktechnische Gründe, die gegebenenfalls auch bei der Anfertigung einer Arbeit mit Hilfe eines Textautomaten geltend gemacht werden müssen. Der Fußnotentext ist unter dem Zitierstrich, der über ein Drittel der Textbreite läuft, nach der hochgestellten Ziffer ohne Punkt und/oder Klammer und ohne weiteren Einzug jeweils mit einfachem Zeilenabstand in normaler Schrittlänge zu schreiben; zwischen den einzelnen Fußnoten ist ein eineinhalbfacher Abstand vorzusehen. Jede Fußnote gilt als Satz und beginnt deshalb mit einem Großbuchstaben und endet mit einem Punkt. Enthält eine Fußnote mehrere Quellenbelege eines oder mehrerer Autoren, so empfiehlt sich eine **chronologische** Ordnung in absteigender Reihenfolge, um mögliche Abhängigkeiten (und Sekundärzitat-Hierarchien) in der Bezugsliteratur kenntlich zu machen.

Mehrere **Seitenangaben** bei einer Quelle sind in numerisch aufsteigender Reihenfolge zu nennen; eine Ausnahme bilden Zitatstellen, die besonders hervorgehoben werden sollen, wobei weitere Verweise nur ergänzend hinzugefügt werden.

Beispiele:

[1] Zum Begriff der Bilanzregeln vgl. *Leffson, U.*, Bilanzanalyse, 1977, S. 2ff., 15–18, 190f.

aber:

[1] Zur Informationspflicht des Abschlußprüfers vgl. *Lutter, M.*, Information, 1984, S. 102–109 sowie S. 3, 20, 77, 163.

Technische Einzelheiten zu Literaturangaben in fremder Sprache werden in der Sprache des zitierten Autors oder einheitlich unter Verwendung der lateinischen Bezeichnungen angegeben.

Der **beschriebene Teil** einer DIN-A-4-Seite soll mit Überschriften und Fußnoten, aber ohne Seitenzahlangabe die **Fläche eines DIN-A-5-Blattes** nicht überschreiten; als Anhaltspunkte gelten vom linken Rand ca. 4 bis 4,5 cm und vom oberen Rand 5 cm Abstand; bei einer normalen Schrifttype und eineinhalbfachem Zeilenabstand entspricht diese Fläche etwa 32 Zeilen mit jeweils 58 Anschlägen. Zur Erleichterung einer einheitlichen Textaufteilung kann – soweit die Maschine einen Blocksatz nicht zuläßt – für die so beschriebene Fläche mit stark zeichnendem Stift eine **Schablone** gefertigt und beim Tippen der jeweiligen Originalseite vor dem Kohlepapier (für den Durchschlag) unterlegt werden.

Zur Abstimmung des auf einer Seite erforderlichen **Raumes** für **Fußnoten** gibt es zwei bewährte Wege. Erstens kann zunächst mit der Schreibmaschine unter Berücksichtigung des unterschiedlichen Zeilenabstandes eine getrennte Fassung des Textes sowie der Fußnoten angefertigt werden. Unter Verwendung der Schriftbild-Schablone wird dann der Text am oberen Rand der **Schablone** bündig angelegt; darüber werden die getrennt geschriebenen Fußnoten solange nach unten geschoben, bis der, der letzten im Text aufgedeckten Ziffer entsprechende Fußnotentext noch innerhalb des unteren Randes der Schablone abschließt.

Ein alternatives, gröberes **Abschätzungsverfahren** kann bei der hier vorgeschlagenen Literaturverzeichnis-bezogenen Zitierweise insofern verfolgt werden, als eine einzelne Literaturangabe kaum mehr als eine Zeile Fußnotenraum für sich beansprucht; dabei ist allerdings zu beachten, daß **mehrere Literaturangaben** in einer Fußnote **fortlaufend** und nur durch Semikolon getrennt geschrieben werden.
Eine Übertragung von Teilen des Fußnotenapparates auf die nächstfolgende Seite sollte unter allen Umständen vermieden werden; im Ausnahmefall ist auf der nächsten Seite unter dem Zitierstrich zunächst in der ersten Zeile allein ein entsprechender Vermerk anzubringen (z. B. Noch Fußnote 3 zu Seite . . . :).

Für formale Texte macht die Redaktion des *Instituts für Weltwirtschaft* (Kiel) unter anderem folgende Vorschläge:[2]

Formeln werden vom Text um einen zweifachen Zeilenabstand abgesetzt und einheitlich um drei Anschläge eingerückt. Bei einem Block von Gleichungen ist – nach Möglichkeit – darauf zu achten, daß alle Gleichheitszeichen untereinander stehen. Alle Formeln sind durchzunumerieren, Ableitungen sind mit kleinen lateinischen Buchstaben als solche zu kennzeichnen (z. B. 3a, 3b, 3c . . .). Die Nummer für jede Formel steht in runden Klammern rechtsbündig in der jeweiligen Zeile einer Formel, bei mehrzeiligen Formeln in der letzten Zeile. **Zahlen** im Text werden bis einschließlich zwölf ausgeschrieben, ebenso die vollen Zehner, Hunderter usw.; eine Ausnahme bilden Gegenüberstellungen (z. B. 7 von 20 Gesellschaften). Statt eines Bruchstriches steht im Text der Schrägstrich (z. B. $^{8}/_{12}$, $^{3}/_{4}$).

Folgende **einheitliche Schreibweise** sollte angewendet werden:

- vH statt % (Ausnahme: Zinssätze)
- Million (Milliarde) ausschreiben, wenn keine ergänzende Angabe folgt
- 1983/84: ein Wirtschafts- oder Geschäftsjahr umfaßt Teile von beiden Jahren, aber:

---

[2] *Institut für Weltwirtschaft,* Richtlinien, 1982, S. 3, 5.

- im Durchschnitt der Jahre 1967–1979 und für den Zeitraum von 1963 bis 1976 ...
- zwischen zwei Zahlen stehen Doppelpunkte: ... betrug im Jahr 1980: 9 vH der Gesamtbevölkerung

Kann bei der Benutzung von **Schreibautomaten** der Text auf Discette bzw. eine sonstige Speichereinheit aufgenommen werden, sollte davon unbedingt Gebrauch gemacht werden; Korrekturen und formale Gestaltungsvarianten lassen sich so problemlos durchführen. Unbedingt beachtet werden muß bei der Wahl von Schreibautomaten die **Schrift- bzw. Drucktype:** Punktdrucker sind bereits im Original so schwer zu lesen wie die frühere Perlschrift mechanischer oder elektrischer Schreibmaschinen; bei Verkleinerung auf dem Vervielfältigungswege für Seminarzwecke oder den Dissertationsdruck führen diese Schrifttypen häufig zu einem unlesbaren Schriftband.

Ausbesserungen im Original können, soweit sie noch beim Schreiben erkannt werden, mit Hilfe des Korrekturbandes der Schreibmaschine oder eines Klebestreifens sofort auf dem Blatt vorgenommen werden. Später werden Tippfehler oder unpassende Stellen mit flüssigem Korrekturlack überdeckt und der gewünschte Text einfach darüber geschrieben. Größere Passagen werden rationeller (und billiger) überklebt. Hierzu sollte ein graphischer Kleber benutzt werden, der kein Wasser enthält; Alleskleber bzw. Klebestifte lassen dagegen das Papier wellig werden und führen so zu Schwierigkeiten beim Kopieren bzw. Reproduzieren.

b. Überschriften und Einzüge

Die Überschriften im Text und im Inhaltsverzeichnis müssen wörtlich übereinstimmen; zusätzliche Überschriften alleine im Text sind unzulässig. Alle Überschriften sind **knapp** und **substantivisch** zu formulieren, sie dürfen **keine** (halben) **Sätze** oder Fragen sowie keinerlei Satzzeichen enthalten;[3] nur in englischen Arbeiten beginnen alle Worte mit Großbuchstaben. Überschriften sollen das Ergebnis nicht vorwegnehmen, sondern problemorientierte Schlagworte beinhalten. **Wiederholungen** bzw. einfache Zusammenfassungen einzelner Punkte in übergeordneten Abschnittsüberschriften sind ebenso zu **vermeiden** wie Leerformeln (z. B. ‚Einleitung', ‚Allgemeine Bemer-

---

[3] Vgl. auch *Spandl, O.*, Methodik, 1977, S. 64; *Seidenspinner, G.*, Arbeiten, 1976, S. 54.

kungen' oder ‚Besondere Probleme').[4] Abschnittsüberschriften dürfen sich nicht mit dem Gesamttitel der Arbeit und auch nicht mit Überschriften von Unterabschnitten decken.

Sämtliche Überschriften sind **linksbündig** am Rand nach dem letzten Gliederungspunkt zu beginnen. Die Schreibweise sowie gegebenenfalls Unterstreichungen der Überschriften sind eine Frage des subjektiven Formgefühls; vereinheitlichte Regeln sind in diesem Zusammenhang nur bei Druckvorlagen zu beachten. Eine nachgeordnete Überschrift kann ohne Zwischentext unmittelbar einer Überschrift folgen, bei gleichgeordneten Überschriften schließt sich dagegen definitionsgemäß eine unmittelbare Folge ohne Zwischentext aus.

Zwischen den einzelnen Abschnitten und Absätzen des Textes ist ein (unterschiedlicher, aber jeweils in der ganzen Arbeit gleicher) **Abstand** vorzusehen. Alle Überschriften werden so plaziert, daß sie näher zu dem folgenden als dem vorangegangenen Text stehen: Der Abstand zwischen der Überschrift und dem vorausgegangenen Text ist doppelt so groß wie der zwischen der Überschrift und dem folgenden Text.[5] Eine Seite darf nie mit einer Überschrift bzw. der ersten Zeile eines neuen Kapitel oder Absatzes enden, ebenso wie eine neue Seite nicht mit der letzten Zeile eines Absatzes beginnt.[6]

Einzüge am Abschnitts- bzw. Absatzbeginn gelten als veraltet und bedeuten zudem eine Erschwerung bei der Typoskript-Erstellung; auf derartige Einzüge wird deshalb auch im vorliegenden Text verzichtet. Aus Platzersparnis können jedoch Einzüge zum Teil an die Stelle von Leerzeilen zwischen den Absätzen eines Textes treten; Einzüge über mehrere Seiten hinweg sollten vermieden werden, da ihr Bezugspunkt nicht mehr erkennbar ist.

Umfassendere wörtliche Zitate im Text können dagegen mit einfachem Zeilenabstand und insgesamt mit einem Einzug von drei Schritten geschrieben werden; auf die Anführungszeichen darf aber auch dann nicht verzichtet werden, da ausführlichere Beispiele und kleinere Exkurse gelegentlich entsprechend geschrieben werden.

---

[4] Vgl. dazu auch *Weber, W./Kolb, M.,* Einführung, 1977, S. 110f.; *Spandl, O.,* Methodik, 1977, S. 69f.

[5] Vgl. *Institut für Weltwirtschaft,* Richtlinien, 1982, S. 3.

[6] Derartige einsame Zeilen heißen im Englischen „widdow", im Deutschen „Hurenkind"; dieser Hinweis findet sich bei *Standop, E.,* Form, 1984, S. 120.

Sperrungen, *Kursivschrift,* **Halbfettdruck** bzw. Unterstreichungen („Auszeichnungen") sollten äußerst **sparsam** eingesetzt werden, auch wenn die neue Generation der Schreibmaschinen dazu verleitet; die optische Wirkung solcher Hervorhebungen wird in einem wissenschaftlichen Text sehr schnell durch eine zu große Häufung abgenutzt.[7] Eigennamen sollten im Text allerdings ebenso wie in der Fußnote unterstrichen bzw. kursiv oder in Großbuchstaben (im Druck „Kapitälchen" genannt) gesetzt werden; weitere Hervorhebungen wie senkrechte Balken oder Schlagwortpunkte sind in einem Lehrbuch oder einer Anweisung wie der vorliegenden angebracht; sie stören aber die kontinuierliche Lektüre eines geschlossenen wissenschaftlichen Textes.

c. Seitenzählung

Die Seitenzählung („Paginierung") mit **arabischen** Ziffern beginnt grundsätzlich mit der ersten Textseite und läuft bis zur allerletzten Seite einer Arbeit; das Titelblatt sowie die Vortexte und Verzeichnisse werden mit **römischen** Ziffern durchgezählt, die allerdings erst nach dem Titelblatt, also regelmäßig ab „– III –" ausgeschrieben werden.

Die römischen wie arabischen Seitenzahlen stehen in der „optischen Mitte" einer Seite auf halber Höhe des oberen Randes jedes Blattes zwischen zwei Strichen; die „optische Mitte" liegt bei der hier empfohlenen Blattaufteilung ca. 1 cm rechts von der geometrischen Mitte einer Seite. Bei durchgehend einseitiger Beschriftung der Seiten zählen die (leeren) Rückseiten („Vakate") nicht mit; bei Dissertationen in vervielfältigter Form (Dissertationsdruck)[8], sowie Büchern jeder Art werden solche „Vakate" aber regelmäßig in die Seitenzählung einbezogen, die rechte Buchseite trägt deshalb immer eine ungerade Seitenzahl.

Die auf den eigentlichen Text beschränkte arabische Seitenzählung erleichtert zum einen die regelmäßig erst abschließende Erstellung der Titelblätter und schafft Spielraum für ein Geleit- bzw. Vorwort;

---

[7] Ebenso *Poenicke, K./Wodke-Repplinger, I.,* Arbeiten, 1977, S. 117; *Gerhards, G.,* Seminararbeit, 1984, S. 110.

[8] Vgl. Teil B, Kapitel VIII, Abschnitt 2, lit. a, S. 183f.

darüber hinaus werden nur so die erstellten Textseiten zutreffend ausgewiesen, soweit für den Text der Umfang beschränkt wurde.[9]

Müssen in einem bereits durchnumerierten Text einzelne **Blätter eingefügt** werden, so sind diese durch lateinische Kleinbuchstaben nach der Nummer des laufenden Blattes zu kennzeichnen; soweit der Text nicht fest gebunden wird, ist zudem zur Absicherung am Fuße des vorhergehenden Blattes ein entsprechender Vermerk anzubringen („es folgt Seite 25a"). Entfallen Blätter, so ist auf dem vorhergehenden Blatt die numerische Lücke zum folgenden Blatt zu schließen (z. B. „– 36/37 –" bzw. – 36–38 –").[10]

2. Titelblätter

Als „Titelei" bezeichnet man beim gedruckten Buch die Gesamtheit der dem Text des Autors vorangehenden Seiten mit den Titelangaben. Hier sollen nur die Titel – bzw. Deckblätter einer universitären Prüfungsarbeit behandelt werden.

Jede schriftlich eingereichte Haus- oder Seminararbeit muß ein **Deckblatt** aufweisen, das mindestens folgende Angaben enthält:[11]

- Universitäts- und Fakultäts-/Instituts-/Seminarbezeichnung
- Prüfungszeit (laufendes Semester: Sommer-Semester 1984 bzw. WS 1984/85)
- Art bzw. Funktion der Arbeit (Referat, Seminararbeit u. a.)
- Thema der Arbeit
- Namensangabe des Dozenten, Veranstaltungsleiters oder Prüfers mit akademischen Titeln und universitärer Position (z. B. Prof. Dr. XY, Direktor des Instituts für Betriebswirtschaftslehre), nicht aber des gegebenenfalls (auch) konsultierten Assistenten
- Name, Vorname des Verfassers (Vorgelegt von: . . .)
- Studienadresse (gegebenenfalls mit Telefonangabe)
- Fachsemesterzahl des Verfassers **in der Prüfungszeit** und Fachrichtung
- Termin der Abgabe bzw. der Einreichung (nicht des Prüfungstages)

---

[9] Aus diesem Grunde muß auch *O. Spandl* widersprochen werden, der die vorgezogene römische Seitenzählung für eine (veraltete) Modeerscheinung hält (Methodik, 1977, S. 97).

[10] Vgl. auch Norm DIN 1422 Teil 1 (2/83), S. 4f.

[11] Vgl. hierzu die Musterblätter in der Anlage der jeweiligen Prüfungsordnung sowie bei *Gerhards, G.*, Seminararbeit, 1984, S. 25–28.

Diese **Angaben** sind ohne Einschränkung **erforderlich,** um eine eingereichte Arbeit sowohl inhaltlich als auch formal richtig zuordnen zu können; hinsichtlich der Studienadressen-Angabe (mit Telefonnummer) ist zu beachten, daß hier die – gegebenenfalls abweichende – Adresse anzugeben ist, unter der der Verfasser in der Prüfungszeit für etwaige Rückfragen, Terminvereinbarungen und anderes zur Verfügung steht; ist der Verfasser telefonisch nicht erreichbar, sollte ein entsprechender Vermerk (Telefon: –) gemacht werden, um dem Prüfer überflüssige Ermittlungen zu ersparen.

Das Titel- bzw. Deckblatt selbst erhält keine Seitenzahl, wird aber bei der römischen Seitenzählung der gesamten Titelei mitgezählt.

Die Textgestaltung des Titel- bzw. Deckblattes von Diplomarbeiten und Dissertationen sowie weitere formale Anforderungen werden regelmäßig von den Prüfungsämtern bzw. zuständigen Behörden vorgeschrieben; entsprechende Merkblätter sind einzuholen soweit nicht bereits Muster der jeweiligen Prüfungsordnung beigefügt sind.

Auf die Vollständigkeit der Titelangaben sowie deren optische Gestaltung sollte einige Mühe verwandt werden; das Deckblatt ist Verpackung und Werbeanzeige gleichermaßen, es ist das „Gesicht“ jeder Prüfungsarbeit.

3. Vortexte

Als Vortexte gelten alle Ausführungen außerhalb der bibliographischen Daten und der erforderlichen Verzeichnisse, die dem eigentlichen Text einer Arbeit – gekennzeichnet durch den Beginn der arabischen Seitenzählung – vorangestellt sind (vgl. *Darst. 29*).

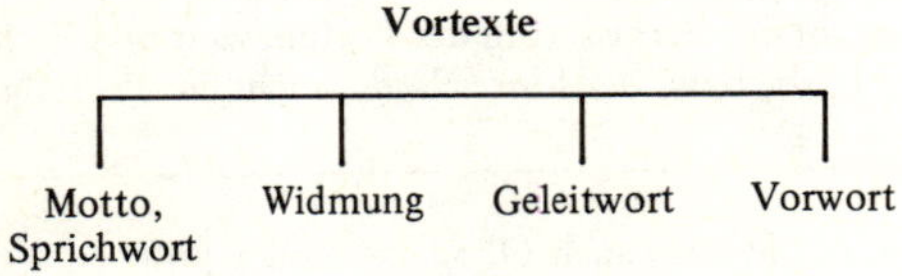

Darst. 29: Vortexte

Allen diesen Ausführungen ist gemeinsam, daß sie **kein Bestandteil des Textes** sind, regelmäßig aber in einem – zum Teil sehr informativen – Zusammenhang mit dem Inhalt und Verfasser einer Arbeit stehen (sollten). Hinsichtlich des jeweiligen Erfordernisses bzw. der Üblichkeit einzelner Vortexte ist nach Art und Umfang der Prüfungsarbeit zu differenzieren.

a. Motto, Sprichwort

Ein generelles Motto, ein Sprichwort oder der Ausspruch einer – meist berühmten – Persönlichkeit ist nur in Dissertationen oder Monographien angebracht. Bei der Auswahl eines solchen Zitats muß größte Sorgfalt angewandt werden, insbesondere eignet es sich nicht zur Dokumentation einer (vermeintlichen) Belesenheit oder Allgemeinbildung des Verfassers: Zitatesammlungen und Aphorismen-Fundgruben stellen jedem – der nur danach sucht – eine genügende Auswahl zur Verfügung. Die Bedeutung eines solchen Ausspruches liegt allein in dessen themen- und/oder verfasserbezogenen Trefflichkeit. Ein Motto kann so zum einleitenden ,,Credo" des Verfassers genutzt werden, ohne daß es längerer erklärender Worte bedarf. Grundsätzlich gilt: lieber kein einleitendes Zitat als ein unzutreffendes!

b. Widmung

Als Widmung wird in Dissertationen und Monographien eine separat gedruckte **Zueignung** bezeichnet. Häufig soll damit herausragenden Stellen gedankt, meistens aber nur persönlichen bzw. familiären Bedürfnissen Rechnung getragen werden. Für beide Zwecke ist die gedruckte Widmung m. E. gleichermaßen ungeeignet (und unangebracht): Für den Hinweis auf die Personen und Institutionen, die die Arbeit in sachlicher Hinsicht gefördert haben sowie den entsprechenden Dank des Verfassers ist das Vorwort vorgesehen,[12] das auch die Orts-, Datums- und Namensangabe trägt. Direkter oder indirekter persönlicher Dankesschuld an die Ehefrau, Familie, die Eltern oder Freunde sollte richtigerweise – und persönlicher – durch eine handschriftliche Widmung im jeweils dem Betroffenen zugeeigneten Exemplar Rechnung getragen werden. Eine persönlich formulierte und solchermaßen ausgebrachte Zueignung wird dem Charakter der

---

[12] Vgl. unten S. 160f.

Beziehung in jedem Einzelfall gerecht – in wissenschaftlichen Arbeiten hat sie nichts, aber auch gar nichts zu suchen, sondern ist vielmehr geeignet, die Sachbezogenheit des Verfassers in Frage zu stellen. Vermutlich freut sich die geschätzte „Else" auch über eine etwas persönlichere Widmung mehr als über das hundertfach in Bibliotheken oder Handapparaten verstaubende, gedruckte „Für meine liebe Else"; an die Grenze der Seriosität führen Fehltritte wie „Für meine Putzi" oder „Für E.T.". – Zudem: Eine gedruckte Widmung kann auch nicht gemäß § 530 BGB – wie bei persönlichen Geschenken – wegen groben Undankes widerrufen werden!

c. Geleitwort

Ein Geleitwort wird definitionsgemäß nicht vom Verfasser selber, sondern vom Herausgeber, dem Doktorvater, einer anerkannten **Fachautorität** oder einer sonst geeigneten Persönlichkeit geschrieben. Ein solches Geleitwort – in der Regel nicht mehr als zwei Seiten – umfaßt inhaltlich entweder die Zuordnung der vorliegenden Arbeit in einen größeren Reihen- oder Fachzusammenhang oder aber eine kurze wertende bzw. empfehlende **Stellungnahme** zu Gehalt und Bedeutung der Arbeit; es schließt mit der maschinenschriftlichen Orts-, Datums- und Namensangabe des jeweiligen Autors.

d. Vorwort

In einem Vorwort – als sehr kurze Variante auch Vorbemerkung genannt – kann der **Verfasser** aus seiner Sicht auf den Anlaß und die **Bedeutung** der vorgelegten Schrift und ihre Stellung in der wissenschaftlichen Diskussion eingehen, allerdings ohne dabei dem Inhalt **der Arbeit** vorgreifen zu dürfen. Darüber hinaus ist auf die sachliche und/oder finanzielle **Unterstützung** durch fremde Dritte (z. B. Unternehmungen oder Stiftungen) sowie Umfang und Quelle der erteilten Abdruckerlaubnisse hinzuweisen und einer entsprechenden Dankesschuld Rechnung zu tragen. Art und Umfang der persönlichen **Mitarbeit** und Unterstützung weiterer Personen sind zu erwähnen, wobei eine eindeutige Abgrenzung zur Mitautorenschaft sicherzustellen ist. Entsprechende Vorworte enthalten meist auch einen Hinweis auf den, vom Verfasser (und Verlag) gewünschten **Leserkreis** sowie die Aufforderung zur kritischen Stellungnahme. Ein Vorwort schließt mit einer maschinenschriftlichen Orts- und Datumsangabe sowie dem Vor- und Zunamen des Verfassers (aber ohne akademische Titel).

Vorworte – auch Vorbemerkungen – sind in Prüfungsarbeiten einschließlich der Diplomarbeit grundsätzlich unangebracht, da diese Arbeiten als interne Papiere keine Öffentlichkeitswirkung erfahren. Ein Dank an den Prüfer oder den die Arbeit betreuenden Dozenten wirkt hier regelmäßig anbiedernd und kann als Versuch, dessen Urteil beeinflussen zu wollen, mißverstanden werden.

4. Verzeichnisse

Verzeichnisse jeder Art sind die eigentlichen **Schlüssel** zu einer wissenschaftlichen Arbeit. Für folgende Bestandteile einer wirtschaftswissenschaftlichen Arbeit sind gegebenenfalls Verzeichnisse anzufertigen (vgl. *Darst. 30*).

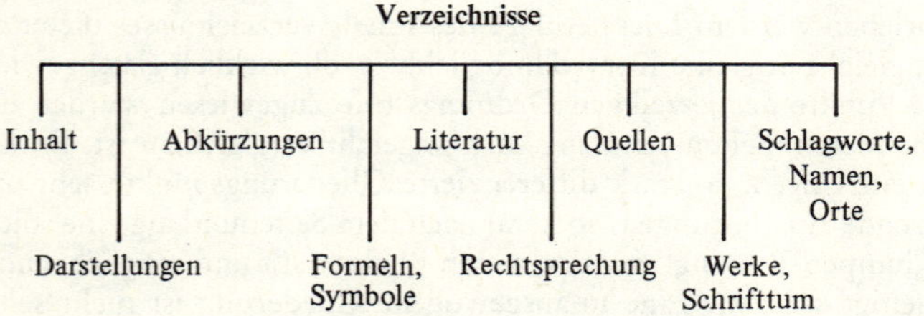

Darst. 30: Verzeichnisse

Zwingend erforderlich sind in jeder wissenschaftlichen Arbeit ein **Inhaltsverzeichnis** und ein **Literaturverzeichnis.** Die Notwendigkeit weiterer Verzeichnisse ist in jedem Einzelfall vom Aufbau einer Arbeit abhängig. Soweit auch nur eine Darstellung, Abkürzung oder Quelle bzw. ein Urteil in der Arbeit verwendet bzw. zitiert worden ist, ist ein entsprechendes zusätzliches Verzeichnis anzulegen; Verzeichnisse von sehr geringem Umfang müssen aber nicht jeweils auf gesondertem Blatt aufgeführt werden.

a. Inhalt

Das **Inhaltsverzeichnis** spiegelt den gesamten Aufbau eines schriftlich niedergelegten Werkes wider. Es muß zwingend **alle Bestandteile** einer Arbeit und ihre Fundstellen nachweisen, die eine – römische oder arabische – Seitenzahl tragen; ein Inhaltsverzeichnis ohne **Seitenangaben** ist völlig unbrauchbar. Die Gliederung des Textes bildet dabei das Kernstück, alle Vortexte und sämtliche Verzeichnisse müssen jedoch auch in dem Inhaltsverzeichnis erfaßt werden. Bereits aus diesem Grunde kann ein Inhaltsverzeichnis richtigerweise nur **unmittelbar nach dem Titelblatt** stehen.[13]

Alle Überschriften und Abschnittstitel im **Inhaltsverzeichnis** und der Arbeit müssen textidentisch sein, d.h. **jeder** einzelne **Gliederungspunkt** muß im Text der Arbeit wortgleich **aufgeführt werden.** Die Arbeitsteile außerhalb des Textes führen definitionsgemäß keine Ordnungsziffer und sind deshalb jeweils linksbündig in das Inhaltsverzeichnis aufzunehmen. Die Gliederungspunkte des Textes selbst können dem Linienprinzip oder dem – optisch überzeugenderen – Abstufungsprinzip folgen.[14] Wird die Abstufungsform gewählt, ist darauf zu achten, daß die einzelnen Ordnungspunkte ihrer Wertigkeit entsprechend eingestellt und jeweils bündig untereinander geschrieben werden. Diese Anlage des Inhaltsverzeichnisses bietet damit gleichzeitig eine Kontrollmöglichkeit, ob wirklich gleichgewichtige Punkte der jeweiligen Ordnungsstufe zugewiesen wurden und dabei deren (Seiten-)Umfang auch ungefähr vergleichbar ist. Enthalten einzelne, z.B. stark differenzierte Gliederungspunkte sehr umfassende Ausführungen, so kann nach dem Seitenumfang eine solche „Klumpen-Bildung" auf den ersten Blick erfaßt und möglichst noch beseitigt werden. Eine **unausgewogene Gliederung** ist nicht selten nur das optische Anzeichen für eine ungenaue oder sogar **falsche Gedankenführung.**[15] Die Kapiteleinteilung muß systemlogisch angelegt werden, so daß kein Punkt oder Unterpunkt alleine, d.h. ohne einen weiteren korrespondierenden gleichgeordneten Punkt steht („Wer A sagt, muß auch B sagen!").

Der freie Raum zwischen dem letzten Wort in jeder Zeile des Inhaltsverzeichnisses bis zur zwingend erforderlichen Seitenangabe kann mit horizontal angeordneten Punkten aufgefüllt werden; dies erleichtert die Zuordnung der Seitenzahlen.

---

[13] Vgl. *Kunze, H.*, Registermachen, 1964, S. 16; anders allerdings in diesem Band aus verlagstechnischen Gründen.

[14] Vgl. Teil B, Kapitel V, Abschnitt 1, S. 83–89.

[15] Vgl. *Spandl, O.*, Organisation, 1980, S. 64; *Hülshoff, F./Kaldewey, R.*, Training, 1983, S. 80, 103f. sowie oben Teil B, Kapitel VI, Abschnitt 2, lit. a, S. 112–115.

Bei Dissertationen und Monographien sollte dem Inhaltsverzeichnis eine gesonderte **Inhaltsübersicht** vorangestellt werden; diese enthält nur die Überschriften der Hauptkapitel und deren Seitenangabe. Eine solche Übersicht erlaubt an Hand der angesprochenen Themenbereiche sowie des Umfanges der einzelnen Ausführungen bereits eine erste Abschätzung und Beurteilung der Schwerpunkte einer Arbeit.

b. Darstellungen

Werden Tabellen, Schaubilder und Diagramme – wie empfohlen – unter der einheitlichen Bezeichnung „Darstellung" aufgeführt und im gesamten Text laufend durchnumeriert, so sind sie mit der jeweiligen vollständigen, ebenfalls wortgleichen Unterschrift sowie der (ersten) Seitenzahl in einem **Darstellungsverzeichnis** aufzuführen; lediglich die verwendeten Einheiten (z. B. vH, DM), die gegebenenfalls in der Unterschrift angegeben werden, fehlen dabei im Darstellungsverzeichnis.

Bei jeder Differenzierung muß entsprechend verfahren, also z. B. ein getrenntes Abbildungs- und Tabellenverzeichnis angelegt werden. Die Unterschriften werden mit einfachem Zeilenabstand geschrieben, zwischen den einzelnen Darstellungstiteln ist ein zweifacher Zeilenabstand zu berücksichtigen.[16]

c. Abkürzungen

Abkürzungen („Aküs") sind selten ein Beleg für Wissenschaftlichkeit, sondern meist ein Zeichen reiner Bequemlichkeit und manchmal zudem ärgerlich-erhabener Arroganz des Verfassers. Ohne Einschränkung zulässig sind in jeder wissenschaftlichen Arbeit nur die im DUDEN als allgemein-verständlich angeführten Abkürzungen; sie müssen weder allein noch zusammen mit erklärungsbedürftigen Abkürzungen in einem entsprechenden Verzeichnis aufgeführt werden.

Soweit themen- bzw. fachspezifisch-übliche Abkürzungen, die nicht im DUDEN verzeichnet sind, verwendet werden, müssen diese ausnahmslos, d. h. soweit sie auch nur an einer Stelle in der gesamten

---

[16] Weitere Muster bei *Gerhards, G.*, Seminararbeit, 1984, S. 96–106.

Arbeit (also insbesondere z.B. auch im Literaturverzeichnis!) benutzt werden, in einem **Abkürzungsverzeichnis** erklärt werden.[17]

Eigene Abkürzungen zu bilden ist unzulässig soweit dies ausschließlich aus Gründen der Arbeitserleichterung erfolgt.[18] Eine Ausnahme bilden Abkürzungen, die in der vorgefundenen Form im Rahmen der eigenen Arbeit nicht eindeutig verwendbar sind. Eine abweichende Abkürzung ist in diesen Fällen zusätzlich unmittelbar im Text bei deren ersten Verwendung zu erklären (z. B. DB = Deutsche Bundespost (DUDEN) = ? Deutsche Bank = ? Der Betrieb [Zeitschrift]). Abkürzungen mit Kleinbuchstaben enden mit Punkt, solche mit Großbuchstaben ohne Punkt.

Zeitschriftentitel, Gesetzesbezeichnungen oder Kommentar-Abkürzungen, die im Literaturverzeichnis und/oder in den Fußnoten verwendet werden, sind im Abkürzungsverzeichnis genau zu erklären und mit einem entsprechenden Hinweis zu versehen.

Beispiel:

DBW Die Betriebswirtschaft (Zeitschrift)

Die in Darstellungen verwendeten Abkürzungen müssen unmittelbar bei diesen in einer Legende erläutert werden; sind entsprechende Abkürzungen nicht an anderen Stellen in der Arbeit auch angeführt, brauchen sie (zusätzlich) nicht in das Abkürzungsverzeichnis aufgenommen werden.

Das Abkürzungsverzeichnis wird an Hand der im Typoskript mit Markierstift (Leuchtstift) angezeichneten Abkürzungen erstellt; der Ausgangspunkt kann hier die Kopie des Abkürzungsverzeichnisses aus einer themenverwandten Dissertation oder Monographie sein: In der eigenen Arbeit ebenfalls (gleichlautend) verwendete Abkürzungen werden abgehakt, zusätzliche ergänzt und abschließend die überzähligen Abkürzungen in der so angepaßten Vorlage gestrichen.

---

[17] Zur Erklärung von Abkürzungen vgl. *Werlin, J.*, Abkürzungen, 1971; *Kirchner, H./Kastner, F.*, Abkürzungen, 1983; *Friedl, G.*, Abkürzungen, 1970; zu englischsprachigen Abkürzungen vgl. *Gibaldi, J./Achtert, W.*, Handbook, 1982, p. 122–131.

[18] Anderer Meinung offensichtlich *Poenicke, K./Wodke-Repplinger, I.*, Arbeiten, 1977, S. 104, 129, die Abkürzungen für zulässig halten, ,,wenn man die erzielte Raumersparnis nicht mit einer erheblichen [!] Einbuße an Klarheit und Lesbarkeit bezahlen muß.“ (S. 129).

d. Symbole

Als eine besondere Variante der Abkürzungen können alle mathematisch-technischen Formelzeichen und Symbole bezeichnet werden, die in formal orientierten Arbeiten Verwendung finden;[19] soweit diese allgemein-verständliche Zeichen und deren Kombinationen übersteigen (z. B. Σ, m^2 u. a.) müssen sie in einem gesonderten **Formel-** bzw. **Symbolverzeichnis** erklärt werden; erfahrungsgemäß stiften jeweils ähnliche Symbole, die zudem schreibtechnisch schwierig auszudrücken sind, die meisten Verwirrungen und Ärgernisse in wissenschaftlichen Texten. Sehr hilfreich ist in einem solchen Verzeichnis der zusätzliche Hinweis auf die Seite der erstmaligen Verwendung oder Ableitung der Formel oder des Symbols in der eigenen Arbeit.

Werden Symbole aus fremden Quellen herangezogen, so sind diese unter Wahrung der inhaltlichen Übereinstimmung den in der eigenen Arbeit verwendeten anzupassen; dies gilt nicht für wörtliche Zitate, bei denen jede Veränderung grundsätzlich ausgeschlossen ist.[20]

Soweit in formalen Arbeiten zahlreiche Symbole und technische Abkürzungen Verwendung finden, bietet es sich im Einzelfall an, eine entsprechende **Kartei** zu Beginn der Arbeit anzulegen, die während der Arbeit zur eigenen Orientierung und einheitlichen Verwendung der Symbole dient; bei Erstellung des Typoskriptes wird diese Kartei dann unmittelbar in das erforderliche Verzeichnis umgesetzt.

e. Literatur

Bei der Erstellung des **Literaturverzeichnisses** werden die meisten Fehler gemacht. Auch in der einschlägigen Literatur finden sich zahlreiche mangelhafte bzw. unvollständige Angaben, obwohl das Literaturverzeichnis ein **zwingender Bestandteil** jeder wissenschaftlichen Arbeit ist.[21] Um das Bild vom Schlüssel noch einmal aufzugreifen:

---

[19] Vgl. dazu *Ebel, H.F./Bliefert, C.*, Manuskript, 1982, sowie *Poenicke, K./Wodke-Repplinger, I.*, Arbeiten, 1977, S. 104, mit Hinweis auf Norm DIN 1304 (1/84) sowie DIN 1338 (7/77), Beiblatt 1 (5/80), Beiblatt 2 (12/83) insbesondere aber Beiblatt 3 (5/80).

[20] *Kaiser, A.*, Anleitung, 1978, S. 85.

[21] Vgl. dazu z. B. die fehlerhaften Angaben bei *Freymann, C.D.*, Anleitung, 1979, S. 12–14; *Spandl, O.*, Methodik, 1977, S. 69f.; *Gerhards, G.*, Seminararbeit, 1984, S. 53–58, 59–72; *Scheibler, A.*, Technik, 1976, S. 180–183. Die folgenden Ausführungen basieren deshalb im wesentlichen auf Norm DIN 1505 (5/84) und Norm DIN 1505/Teil 2 (1/84).

Wie fehlende oder zusätzliche Zähne im Bart eines Schlüssels, so können entsprechend fehlende bzw. überzählige Angaben im Literaturverzeichnis das Erschließen einer Arbeit beeinträchtigen.

Probleme bereitet bereits die Bezeichnung: Begriffe wie Bibliographie, Literaturübersicht, Literaturhinweise, Schrifttumsverzeichnis, verarbeitete bzw. ausgewählte Literatur, Quellenverzeichnis oder Werkverzeichnis werden trotz ihrer zum Teil erheblichen inhaltlichen Unterschiede häufig synonym verwendet.

Dem pragmatischen Vorgehen dieser Anleitung treu bleibend, soll hier ausschließlich die Bezeichnung **Literaturverzeichnis** verwendet und empfohlen werden:

Ein Literaturverzeichnis ist die vollständige Zusammenstellung aller in einer wissenschaftlichen Arbeit verarbeiteten literarischen Sekundärmaterialien, welche in irgendeiner Form **nachweislich** (d. h. im Text, einer Fußnote oder an einer sonstigen Stelle) in der Arbeit **berücksichtigt** worden sind.

Dieses Literaturverzeichnis hat nur einen Platz: Es steht im Anschluß an den Text (einschließlich eines Anhanges) einer Arbeit. Kapitelweise getrennten Literaturverzeichnissen (nicht Literaturübersichten), die zudem noch am Ende eines jeweiligen Kapitel versteckt werden, sollte für wissenschaftliche Monographien und Lehrbücher eine deutliche Absage erteilt werden: Der Leser zahlt den Buchpreis nicht für das Suchen, sondern für den Inhalt.[22]

Das Literaturverzeichnis kann – je nach Umfang der Quellenmaterialien – inhaltlich um die verarbeiteten Quellen erweitert werden und ist entsprechend dann als „Literatur- und Quellenverzeichnis" zu bezeichnen. In Diplomarbeiten und Dissertationen empfiehlt sich jedoch regelmäßig ein gesondertes Quellenverzeichnis.[23]

Alle Titelangaben im Literaturverzeichnis werden mit einfachem Zeilenabstand, der Text wird mit einem Einzug von drei Schritten ab der zweiten Zeile geschrieben. Zwischen den einzelnen Literaturangaben wird ein zweifacher, zwischen den einzelnen Buchstaben des Alphabetes ein dreifacher Zeilenabstand freigelassen.

---

[22] Das Gleiche gilt auch für die Unsitte, Fußnoten auf ähnliche Weise – da kostengünstig – zu beerdigen; Verleger wie Herausgeber sollten nur einen Tag verpflichtet werden, mit solchen „Werken" arbeiten zu müssen.

[23] Vgl. unten S. 175 f.

Jeder im oben definierten Sinne nachweislich berücksichtigte Titel ist mit **allen** auf der Vorderseite der betreffenden Verfasserkarte notierten **bibliographischen Angaben** in das Literaturverzeichnis aufzunehmen.[24] Einige technische Details für die Anlage eines Literaturverzeichnisses sollen im folgenden, nach der Art der verarbeiteten Literatur differenziert, noch erklärt werden.

α. *Bücher*

Jeder selbständige Titel ist mit allen bibliographischen Daten zu erfassen:

Name, Vorname(n): Titel – Untertitel, Band, Auflage, Erscheinungsort(e): Verlag(e), Erscheinungsjahr(e) (Gesamttitel- bzw. Reihenangabe, Nr.)

bzw. bei bis zu drei Autoren:[25]

Name, Vorname(n)/Name, Vorname(n)/Name, Vorname(n): ...

oder

Name, Vorname(n); Name, Vorname(n) und Name, Vorname(n): ...

Beispiele:

Meffert, Heribert/Steffenhagen, Hartwig: Marketing-Prognosemodelle – Quantitative Grundlagen des Marketing, Stuttgart: Poeschel, 1977.

Moxter, Adolf: Betriebswirtschaftliche Gewinnermittlung, Tübingen: Mohr, 1982.

Oberhofer, Walter: Lineare Algebra für Wirtschaftswissenschaftler, 2. Aufl., München: Oldenbourg, 1984.

Mehr als drei Verfasser werden nicht namentlich genannt. Nach den bibliothekarischen Regeln werden solche Schriften unter dem Sachtitel in den Katalog aufgenommen; der erste Verfassername folgt dabei mit dem Zusatz „u. a." mit einem Schrägstrich dem Sachtitel. Entsprechend der Aufzeichnung in der Verfasserkartei sollten aber in einem alphabetisch angeordneten Literaturverzeichnis diese Titel mit

---

[24] Vgl. Teil B, Kapitel V, Abschnitt 2, lit. a, S. 90–98.

[25] Teilweise wird vorgeschlagen, die Namen des zweiten und dritten Verfassers (oder Herausgebers) umzustellen (*Standop, E.,* Form, 1984, S. 73f.); da aber eine bibliographische Recherche hier auch nach dem zweiten bzw. dritten Namen alleine möglich ist, wird diesem Vorschlag nicht gefolgt.

dem **Namen des ersten Autors** sowie dem Zusatz „u. a." oder „et al." (= et alii) angeführt werden. Zu beachten ist jedoch, daß diese Schriften in den Katalogen unter dem Sachtitel aufgenommen werden.

Mehrere Titel eines Verfassers werden chronologisch – mit dem ältesten Titel beginnend – untereinander aufgeführt; der Verfassername muß dabei nicht immer wieder neu angegeben werden, sondern kann durch einen linksbündigen kurzen waagrechten Strich mit dem anschließenden Doppelpunkt vor der Titelangabe ersetzt werden; Angaben wie „ders." bzw. „dies." sind wenig informativ und verhindern optisch die sofortige Zuordnung eines Titels zu dem gesuchten – weiter oben im Literaturverzeichnis angegebenen – Verfassernamen. Wechselt während einer solchen Auflistung die Seite, muß der Verfassername deshalb auch beim jeweils ersten Titel einer Seite neu angegeben werden (vgl. dazu die Beispiele am Ende dieser Seite).

Der Vorschlag von *Herbert Alsheimer,* mehrere Titel eines Verfassers allein nach der alphabetischen Reihenfolge des Sachtitels einzuordnen, erscheint systematisch unbefriedigend, da regelmäßig zwar eine chronologische, selten aber eine entsprechend thematische Hierarchie zwischen den einzelnen Titeln aus der Feder eines Autors bestehen wird.[26]

Mehrere Titel eines Verfassers aus demselben Jahr können allerdings entweder – soweit möglich – ebenfalls in chronologischer Abfolge (bei Zeitschriftenaufsätzen nach der Seiten- bzw. Heftzählung abschätzbar) oder aber der vorgeschlagenen alphabetischen Reihenfolge des Sachtitels folgend eingeordnet werden.

Arbeiten eines Verfassers mit mehreren Ko-Autoren erscheinen im Literaturverzeichnis nach den von ihm alleine verfaßten Schriften. Unter Berücksichtigung der chronologischen Abfolge innerhalb der Gruppierungen sind dort erst die Werke, die zusammen mit einem, dann die, welche mit zwei bzw. mehreren Autoren verfaßt wurden, anzuzeigen. Bestehen Ko-Autorenschaften mit verschiedenen Partnern, so ist innerhalb der Reihe alphabetisch vorzugehen.

Beispiele:

Säcker, Franz Jürgen: Anpassung von Satzungen und Geschäftsordnungen an das Mitbestimmungsgesetz 1976, Düsseldorf: Handelsblatt, 1977 (Schriftenreihe Der Betrieb)

---

[26] *Alsheimer, H.,* Studientechnik, 1973, S. 107.

Säcker, Franz Jürgen: Informationsrechte der Betriebs- und Aufsichtsratsmitglieder und Geheimnissphäre des Unternehmens, Heidelberg: Recht und Wirtschaft, 1979 (Schriften des Betriebs-Beraters, Nr. 60)

–/Joost, Detlev: Betriebszugehörigkeit als Rechtsproblem im Betriebsverfassungs- und Mitbestimmungsrecht – Zur Unterscheidung von Betrieb und Unternehmen, Königstein/Ts.: Hanstein, 1980 (Schriften zum Wirtschafts- und Arbeitsrecht, Bd. 11).

–/Theisen, Manuel R.: Die statutarische Regelung der inneren Ordnung des Aufsichtsrats in der mitbestimmten GmbH nach dem MitbestG 1976, in: AG 25 (1980), S. 29–45.

–/Zander, Ernst (Hrsg.): Mitbestimmung und Effizienz – Humanität und Rationalität der Produktionsstruktur in mitbestimmten Unternehmen, Stuttgart: Schäffer, 1981.

Soweit ein Buchtitel – wie in den vorstehenden Beispielen – nur unter dem Herausgeber erscheint, tritt dieser mit dem Zusatz „(Hrsg.)“ an die Stelle der Autorenangabe. Soweit aber **Autor und Herausgeber** für einen Titel angegeben werden, müssen die entsprechenden bibliographischen Daten beider Gruppen vollständig in das Literaturverzeichnis aufgenommen werden:

Name, Vorname(n): Titel – Untertitel, hrsg. von Vorname(n) Name, Band, Aufl., Erscheinungsort(e): Verlag(e), Erscheinungsjahr(e) (Gesamttitel- bzw. Reihenangabe, Nr.).

Bei mehreren Autoren und/oder Herausgebern gelten die oben angeführten Regeln für den Mehrautorenfall entsprechend. Soweit an die Stellen natürlicher Personen Körperschaften, Institutionen, Behörden oder Unternehmungen treten, sind diese entsprechend der bibliographischen Aufnahme in der Verfasserkartei ebenfalls alphabetisch im Literaturverzeichnis anzuführen. Schriften ohne Verfasserangabe erscheinen entsprechend im Alphabet unter „o. V.“, mehrere Titel ohne Verfasserangabe sind chronologisch in aufsteigender Reihenfolge – beginnend mit dem ältesten Titel – aufzulisten.

Beispiele:

o. V.: Mit dem Literaturverzeichnis auf Du und Du – Neue Tips und Kniffe bei der Anlage eines Literaturverzeichnisses, Regensburg: Selbstverlag, o. J. [1906?]

Schredelseker, Klaus: Unternehmensverfassung, kritische Publizität und Sozialbilanzierung, in: *Hans Diefenbacher* und *Hans G. Nutzinger* (Hrsg.): Gewerkschaften und Arbeitsbeziehungen im internationalen Vergleich, Heidelberg: Forschungsstätte der Evangelischen Studiengemeinschaft, 1984, S. 143–165.

Serfling, Klaus: Controlling, hrsg. von *Hans G. Schachtschabel*, Stuttgart: Kohlhammer, 1983 (Studienbücher Wirtschaftswissenschaften).
Siemens AG (Hrsg.): Geschäftsbericht 1983, München [Druckort]: Selbstverlag, 1984 [?].
Statistisches Bundesamt (Hrsg.): Jahresgutachten des Sachverständigenrates zur Begutachtung der gesamtwirtschaftlichen Entwicklung 1982/83 – Gegen Pessimismus, Stuttgart: Kohlhammer, 1983.
Statistisches Bundesamt (Hrsg.): Statistisches Jahrbuch 1983 für die Bundesrepublik Deutschland, Stuttgart: Kohlhammer, 1983.
Stiftung „Gesellschaft und Unternehmen" (Hrsg.): Standort und Auftrag, Frankfurt [Druckort]: o. Verlag, o. J.

Bei Übersetzungen ist der Originaltitel als Ergänzung, der Übersetzer als zusätzliche bibliographische Angabe anzuführen:

Name, Vorname(n): Titel – Untertitel (Originaltitel – Untertitel, übersetzte Sprache), übers. von Vorname(n) Name, Band, Aufl., Erscheinungsort(e): Verlag(e), Erscheinungsjahr(e) (Gesamttitel- bzw. Reihenangabe, Nr.).

Hochschulschriften (Dissertationen, Habilitationen) müssen, auch wenn sie als selbständige Veröffentlichung eines Verlages erscheinen, einen entsprechenden Hinweis in Klammern führen (z. B.: „zugl. Diss. rer. pol. Univ. München 1978"). Bei unveröffentlichten maschinenschriftlichen oder vervielfältigten Arbeiten tritt an die Stelle der Verlagsangabe der Hochschulort mit dem Zusatz „masch." oder „vervielf." und dem Jahr der Ausstellung der Urkunde, das nicht mit dem Prüfungsjahr identisch sein muß (z. B.: „Habil.-Schr. Univ. Saarbrücken 1980 [masch.]").

Beispiele:

Stigler, George J.: La Théorie des prix (The Theory of Price, franz.), übers. von Mireille Rose, Paris: Dunod, 1980.
Strohn, Lutz: Die Verfassung der Aktiengesellschaft im faktischen Konzern – Zur Harmonisierung der §§ 311 ff. AktG mit den allgemeinen Bestimmungen des Aktienrechts, Köln u. a.: Heymanns, 1977 (zugl. Diss. jur. Univ. Köln 1976).

β. *Sammelwerke*

Handwörterbücher, Kommentare oder Festschriften werden entsprechend den Angaben zu α. unter dem Herausgeber bzw. den Autoren im Literaturverzeichnis erfaßt.

Soweit darüber hinaus aus solchen Sammelwerken einzelne Aufsätze, Beiträge oder Anmerkungen verarbeitet werden, muß – was bereits bei der Anlage der Verfasserkartei zu berücksichtigen ist – **zusätzlich** zu der Angabe des gesamten Werkes (unter dem Namen des erstgenannten Verfassers oder Herausgebers) auch unter dem Namen des in der Arbeit konkret **zitierten Bearbeiters** oder **Verfassers** – der z. B. auch einer der Herausgeber sein kann – eine vollständige Literaturangabe vorgenommen werden:

Name, Vorname(n) (des Bearbeiters): Titel des Beitrags oder Stichworts, in: Vorname(n) Name (des Autorenteams oder der Herausgeber mit Abk. ‚Hrsg.'): Titel – Untertitel, Band, Auflage, Erscheinungsort(e): Verlag(e), Erscheinungsjahr(e) (Gesamttitel- bzw. Reihenangabe, Nr.), erste und letzte Seite (Spalte) bzw. §-Angabe und Anmerkungs- oder Randziffer.

Beispiele:

Szyperski, Norbert: Informationsbedarf, in: *Erwin Grochla* (Hrsg.): Handwörterbuch der Organisation, 2. Aufl., Stuttgart: Poeschel 1980 (Enzyklopädie der Betriebswirtschaftslehre, Bd. II), Sp. 904–913.

Szyperski, Norbert: Planungsorganisation, in: *Norbert Szyperski* (Hrsg.): Handwörterbuch der Planung, Stuttgart: Poeschel, 1987 (Enzyklopädie der Betriebswirtschaftslehre, Bd. IX) [im Erscheinen].

Theisen, Manuel R.: Gesetzestypische und tatsächliche Stellung der Unternehmensorgane in AG und GmbH, in: *Otfried Kießler, Michael Kittner* und *Bernhard Nagel* (Hrsg.), Unternehmensverfassung, Recht und Betriebswirtschaftslehre, Köln u. a.: Heymanns, 1983, S. 49–66.

Tipke, Klaus (Bearb.) in: *Klaus Tipke* und *Heinrich W. Kruse:* Abgabenordnung, 11. Aufl., 49. Lfg. (April 1986), Köln: O. Schmidt, 1965/83.

Nach dem Untertitel kann, z. B. bei einem bereits seit einiger Zeit erscheinenden Kommentar, dessen ursprünglicher Herausgeber oder Verfasser verstorben ist, auch noch eine entsprechend ergänzende Angabe erforderlich sein (z. B. ..., begr. von X. Y.,).

γ. *Zeitschriftenaufsätze*

Zeitschriftenaufsätze werden wie Beiträge in Sammelbänden zitiert, an die Stelle des Herausgebers und des Buchtitels tritt – meist in abgekürzter Form – der Titel der Zeitschrift sowie die Angabe der ersten und letzten Seite des Aufsatzes; die Angabe von Verlagsort und Verlag entfällt, dagegen muß – soweit die **Seiten** eines Jahrgangs **nicht durchgezählt** werden – die genaue **Heft-Nummer,** das Erscheinungsdatum und gegebenenfalls auch noch die Art der Ausgabe (Nachtausgabe, Ausgabe M. u. a.) angeführt werden, um eine eindeutige bibliographische Angabe sicherzustellen. Hat eine bestimmte Ausgabe einer Zeitschrift – z. B. als Sonderheft – ein Generalthema, so wird dies nach dem Namen der Zeitschrift eingefügt:

Name, Vorname(n): Titel des Aufsatzes, in: Name der Zeitschrift (abgekürzt), Jahrgang (Jahr), Band- oder Heft-Nummer (gegebenenfalls mit Datumsangabe), erste und letzte Seite.

Für den Fall mehrerer Autoren bzw. fehlender Verfasserangaben ist ebenso zu verfahren, wie unter α. dargelegt. Buchbesprechungen tragen, soweit sie nicht als eigenständiger Aufsatz unter eigenem Sachtitel erscheinen, folgende zusätzliche Angaben:

Name, Vorname(n) (**Rezensent oder Rez.**): ,,Vorname Name, Titel des besprochenen Buches (Erscheinungsort: Verlag, Jahr)", in: Name der Zeitschrift (abgekürzt), Jahrgang (Jahr), [gegebenenfalls Band- oder Heft-Nummer], erste und letzte Seite.

Ist eine Zeitschriftenbeitrag mehrfach zum Abdruck gekommen, können im Anschluß an die oben genannten bibliographischen Angaben in Klammern die weiteren Fundstellen angegeben werden; damit wird dem Benutzer eine alternative Informationsmöglichkeit geboten.

Für alle Angaben im Literaturverzeichnis gelten wie in den Fußnoten entsprechende **Klammerzusätze** für notwendige Ergänzungen:

(. . .) = Ergänzungen aus dem Buch selbst
[. . .] = Ergänzungen aus anderen Quellen
⟨. . .⟩ = Teile, die im Titel selbst in runden Klammern stehen

Sämtliche in diesem Abschnitt vorgetragenen Angaben für die Erstellung eines Literaturverzeichnisses wurden unter der Prämisse gemacht, daß im jeweiligen Text nach der **Vollbelegmethode** zitiert wurde.[27] Soweit aber – wie auch in dieser Schrift – das **Literaturverzeichnis-bezogene Kurzbeleg-Verfahren** benutzt wird, muß jede Titelangabe im Literaturverzeichnis um den in der Arbeit verwendeten **Kurztitel** mit entsprechender **Jahresangabe ergänzt** werden. Diese Ergänzungen im Literaturverzeichnis sind erforderlich, damit jeder Titel, der in den Fußnoten in Kurzbelegform zitiert wurde, nach diesen Angaben in der jeweils ersten Zeile der entsprechenden Lite-

---

[27] Vgl. Teil B, Kapitel VI, Abschnitt 3, lit. a, S. 121–124.

raturangabe identifiziert werden kann; die damit bedingte Wiederholung eines Stichwortes aus dem Titel sowie des Erscheinungsjahres dient der Erleichterung des bei diesem Verfahren grundsätzlich erforderlichen Blicks in das Literaturverzeichnis und darf deshalb nicht als überflüssig weggelassen werden:

Name, Vorname(n) [Stichwort, Jahr]: Titel – Untertitel, Band, Aufl., Erscheinungsort(e): Verlag(e), Erscheinungsjahr(e) (Gesamttitel- bzw. Reihenangabe, Nr.)

oder:

Name, Vorname(n), Jahr: Titel (dabei steht das gewählte Stichwort in eckigen Klammern): Untertitel, Band, Aufl., Erscheinungsort(e): Verlag(e), Erscheinungsjahr(e) (Gesamttitel- bzw. Reihenangabe, Nr.).

Beispiele:

Wächter, Hartmut [Mitbestimmung, 1983]: Mitbestimmung – Politische Forderung und betriebliche Reaktion, München: Vahlen, 1983 (WiSt-Taschenbücher)

oder:

Wöhe, Günter, 1984: Betriebswirtschaftslehre und [Unternehmensbesteuerung] – Ausgewählte Aufsätze, München: Vahlen, 1984.

Entsprechend diesen Beispielen ist in allen anderen Fällen der oben angegebenen Literaturangaben zu verfahren; zahlreiche weitere Beispiele bietet das Literaturverzeichnis dieser Arbeit, in der nach der Kurzbeleg-Methode zitiert wird.

Zum Abschluß noch eine Warnung von *Ernst Grünfeld* aus dem Jahre 1922, die noch heute unverändert aktuell ist:

> „In allen übrigen Fällen ist das Literaturverzeichnis entbehrlich, ja vielleicht sogar schädlich, wenn es nämlich dazu verwendet wird, um auf naive Gemüter Eindruck zu machen, die vor der Fülle der aufgezählten Bände in ehrfürchtiges Staunen versinken, ohne zu bemerken, daß viele davon nur genannt, nicht aber wirklich durchgearbeitet sind. Der Fachmann läßt sich durch solche Manöver nicht täuschen."[28]

f. Rechtsprechung

In wirtschaftswissenschaftlichen Arbeiten ist es häufig erforderlich, die **Rechtsprechung** der nationalen und/oder internationalen Gerich-

---

[28] *Grünfeld, E.*, Anleitung, 1922, S. 71f.

te zu berücksichtigen und entsprechend zu zitieren. Für dieses Material gilt insbesondere der Hinweis, jede Fundstelle **genauestens zu überprüfen.** Nach meiner Erfahrung ist die Vollständigkeit und Richtigkeit eines Rechtsprechungsnachweises in der gesamten wissenschaftlichen Literatur eher ein (Glücks-)Zufall. Dies hat – erkennbar – zwei Gründe: Zum einen ist die Suche und Lektüre einzelner Urteile mühsam und zeitraubend, die Originaltexte stehen nicht immer in dem erforderlichen Umfang zur Verfügung. Zum anderen aber sind bei kaum einem weiteren Sekundärmaterial die jeweiligen Bearbeiter – häufig mit juristischer Argumentations- und Denkweise wenig vertraut – verleitet, aus dem Urteil etwas heraus – bzw. in ein solches etwas hineinzulesen, was dort weder explizit noch sinngemäß niedergelegt bzw. ausgesprochen worden ist. Vererbt sich dann ein solches Zitat als „Gebrauchtzitat" über die nächsten Generationen wissenschaftlicher Arbeiten, so kann im Extremfall bald nicht einmal mehr der Geist des Gerichtes erahnt werden.

Urteile können **nicht abgekürzt** zitiert, sondern müssen immer vollständig mit ihrer Fundstelle in jeder Fußnote angeführt werden; mit den gleichen Angaben werden sie in einem gesonderten **Rechtsprechungsverzeichnis** zusammengefaßt. Wenige Urteile können dabei chronologisch nach dem Datum der Entscheidung aufgeführt werden, bei umfassender Verwendung der Rechtsprechung verschiedener Gerichte ist nach den Funktionen und Standorten der Gerichte zu differenzieren. Urteile und Beschlüsse sind dabei einheitlich zu erfassen:

Gericht (ggf. abgekürzt), Urteil (bzw. Beschluß) vom „Datum", Aktenzeichen, Fundstelle

Beispiel:

BVerfG – Urt. vom 1. 3. 1979, 1 BvR 532/77, BVerfGE 50, 290–381 = DB 32 (1979), S. 593–605.

Als Fundstelle sollte grundsätzlich die jeweils **amtliche Sammlung,** hilfsweise eine Fachzeitschrift verwendet werden; letztere ist nur zu zitieren, wenn ein Abdruck des Urteils oder der Entscheidung (noch) nicht in einer der amtlichen Sammlungen erfolgt ist. Sämtliche hierbei benutzten **Abkürzungen** müssen, soweit diese nicht allgemeinverständlich sind, im Abkürzungsverzeichnis erklärt werden. Im Rechtsprechungsverzeichnis am Ende der Arbeit sollten zusätzlich in einer getrennten Spalte die Zitatstellen im eigenen Text erwähnt werden; eine gezielte Suche und Lektüre einzelner Urteile im Textzusammenhang wird erst so ermöglicht,[29]

g. Quellen

Alle in der eigenen Arbeit in vergleichbarer Weise nachweislich berücksichtigten Quellen sind entweder in chronologischer oder – häufig schwieriger – alphabetischer Reihenfolge in ein **Quellenverzeichnis** aufzunehmen. Gesetzestexte sind dabei mit allen bibliographischen Daten im Quellenverzeichnis zu erfassen;[30] neben der vollen sowie gegebenenfalls abgekürzten Gesetzesbezeichnung ist demgemäß der Zeitpunkt der Veröffentlichung, der Fundort im jeweiligen Gesetzesblatt und das Datum der verwendeten Fassung anzuführen. **Unzulässig** ist die Zitierung eines Kommentars oder einer **Gesetzessammlung,** in der entsprechende Texte nur zusammengestellt werden. Gesetzestexte und sonstige amtliche Veröffentlichungen müssen vielmehr mit der **Original-Belegstelle** zitiert werden (Amtsblatt, Bundesgesetzblatt u. a.); ist in Ausnahmefällen die Verwendung anderer Publikationsformen notwendig, so ist dies entsprechend zu vermerken (zit. nach: . . .).
Die Quellenangaben einzelner Darstellungen im Text sind nur insoweit in das Quellenverzeichnis aufzunehmen, als es sich dabei nicht um in Sekundärmaterial nachgewiesene Angaben oder Daten handelt; diese Fundstellen müssen bereits im Literaturverzeichnis enthalten sein.

Eigene Quellen des Verfassers (Briefe, Protokolle u. a.) werden nur in Ausnahmefällen in das Quellenverzeichnis aufgenommen. Mündliche Äußerungen (Vorträge, Radiosendungen u. a.) sind, soweit sie schriftlich niedergelegt wurden, im Literaturverzeichnis zu erfassen. An die Stelle des Sachtitels tritt der Vortragstitel, Erscheinungsort und -datum sowie ein geeigneter Zusatz.

Beispiele:

Zentes, Joachim: Marketing heute – Fluch oder Segen, Vortrag vom 18. 2. 1982, Frankfurt: Marketing-Club [masch.].

---

[29] Vgl. dazu das Rechtsprechungsverzeichnis auf Seite 205.
[30] Vgl. oben Kapitel VI, Abschnitt 3, lit. b., S. 135–137.

Aber im **Quellenverzeichnis:**

Zentralarchiv Köln: Bergbausachen, Grossheim, Nr. 20, 1700–1750.

Alle Quellen werden wie die Literaturangaben mit einfachem Zeilenabstand und mit einem Einzug von drei Schritten geschrieben, zwischen zwei Angaben ist ein eineinhalbfacher Zeilenabstand vorzusehen.

h. Werke

Als **Werkverzeichnis** werden insbesondere bei literaturwissenschaftlichen Arbeiten **gesonderte Auflistungen** des Gesamtwerkes eines Schriftstellers bezeichnet. Diese Zusammenstellungen können sowohl eine eigenständige Leistung als auch nur ein – vom Literaturverzeichnis getrennter – Nachweis der von einem bestimmten Autor verarbeiteten Schriften sein. In wirtschaftswissenschaftlichen Arbeiten werden derartige Werkverzeichnisse gegebenenfalls zu wirtschaftsgeschichtlichen Themenstellungen erwartet.

Fachspezifische Bibliographien dagegen, die nicht nur einen vollständigen Überblick über das Werk eines Autors geben, sondern die gesamte Literatur zu einem bestimmten Themenbereich zusammenfassen, überschreiten regelmäßig den Rahmen wissenschaftlicher (Prüfungs-)Arbeiten.

i. Schlagworte, Namen und Orte

Ein **Sachverzeichnis** (Register) ist nur in Arbeiten erforderlich, die veröffentlicht werden. Ein solches Verzeichnis kann, je nach Themenstellung, weiter unterteilt werden:

- Schlagwortverzeichnis
- Namensverzeichnis
- Ortsverzeichnis

Jede Mischung dieser Einzelverzeichnisse kann dabei als eine Art Kreuzkatalog[31] hergestellt werden; so werden häufig z. B. Schlagwort- und Namensverzeichnisse zu einem gemeinsamen (General-) Register zusammengefaßt.

---

[31] Vgl. oben Kapitel III, Abschnitt 2, lit. e., S. 38.

Hauptaufgabe eines Registers ist die Unterstützung des Lesers bei einer **zielgerichteten Recherche** zu einzelnen Problemen. Aus diesem Grund darf das Register nicht nur den in Stichworte aufgelösten Inhalt einer Arbeit wiedergeben. Der Verfasser muß vielmehr selbst mit äußerstem Einfühlungsvermögen in seinem Werk alle Stellen erforschen, die zu speziellen Fragen eine (gemeinsame) Antwort geben könnten. Darüber hinaus ist es mindestens so wichtig, synonyme Begriffe sowie alternative Bezeichnungen und Definitionen – auch gerade solche, die in der eigenen Arbeit nicht verwendet werden – als Schlagworte zu ermitteln; nur so können die erforderlichen Querverweise auf die entsprechenden Stichwörter und Fundstellen in der jeweils vorliegenden Arbeit ermittelt und damit ein Verharren der Registersprache in der Gedankenwelt des Verfassers verhindert werden.

Soweit ein Text bereits in einer Textverarbeitungsanlage gespeichert ist, ist zwar die mechanische Erstellung eines Registers nach eingegebenen Stichwörtern technisch kein Problem. Dennoch werden auch in diesen Fällen die Methoden eines „per Hand" verfaßten Registers ergänzend erforderlich sein, da maschinell nur Stichwörter, aber keine übergreifenden oder synonymen Schlagwörter ermittelt werden können. Zwei bewährte Methoden der Registererstellung sollen hier erklärt werden.[32]

Der Verfasser liest mit farbigem Markierstift (bei getrennten Registern verschiedene Farben) eine Kopie oder den vorsorglich angefertigten Durchschlag des bereits mit den endgültigen Seitenzahlen versehenen Typoskripts durch und streicht alle wichtigen Stichworte an, fehlende bzw. synonyme Begriffe sowie weitere Schlagworte werden am Rand der entsprechenden Textstelle vermerkt. Jedes so ermittelte Stich- bzw. Schlagwort ist auf einen Zettel im Format DIN-A-7 (oder DIN-A-8) mit der/den genauen Seitenangabe(n) sowie möglichen Unterschlagworten zu schreiben; nach Abschluß der (zweifachen) Lektüre werden die Zettel alphabetisch sortiert, gleiche Worte auf einem Zettel zusammengefaßt und synonyme Begriffe und Definitionen in alphabetischer Reihenfolge als Querverweisungen hinzugefügt.

---

[32] Vgl. dazu umfassend *Kunze, H.*, Registermachen, 1964, S. 23–36, sowie *Poenicke, K./Wodke-Repplinger, I.*, Arbeiten, 1977, S. 194–198; *Kliemann, H.*, Anleitungen, 1973, S. 163–165 (allerdings mit einem abschreckenden eigenen Register, das nach den numerischen Gliederungspunkten erstellt ist).

Bei der zweiten Methode, die meist zu einer insgesamt wünschenswerteren, da größeren Ausbeute an Stich- bzw. Schlagworten und Querverweisen führt, werden zunächst entsprechende Zettel nach der Gliederung sowie den Registern themenverwandter Literatur (Monographien, Kommentare, Sammelwerke u. a.) alphabetisch angelegt. Diese bilden dann die Grundlage für die entsprechenden Einträge, wobei die Sammlung laufend durch eigene, meist arbeitsspezifische Begriffe ergänzt bzw. erweitert wird. Dieses Vorgehen schützt insbesondere in verstärktem Maße davor, daß ein Register nur in der eigenen Begriffswelt lebt und so für den Leser nur schwer einen Einstieg für seine Probleme bietet.

In beiden Fällen ist nach der alphabetischen Ordnung zu überprüfen, welche **Unterschlagworte** evtl. noch zusätzlich zu bilden bzw. entsprechend umzugruppieren sind. „Die summarische Anführung von vielen Seitenzahlen unter einem Hauptschlagwort . . . ohne Unterschlagwort ist keine Registerarbeit, sondern grober Unfug!“[33]

In einem **Namensregister** können entweder alle Eigennamen, die im Text mindestens einmal erwähnt werden oder aber auch alle in den Fußnoten angeführten Verfassernamen zusammengestellt werden. Soweit die letztere Variante im Ergebnis nicht zu unsinnigen Globalverweisen führt, da zahlreiche Autoren nahezu auf jeder dritten Seite auch in den Fußnoten berücksichtigt werden, gibt ein solches Register eine gute Möglichkeit, die Verarbeitung der im Literaturverzeichnis aufgeführten Titel auch unmittelbar personen- und nicht nur sachbezogen überprüfen zu können.

Ein Register sollte möglichst in zwei Kolumnen, mit einfachem Zeilenabstand und mit Einzügen abgedruckt werden. In einer Vorbemerkung müssen unbedingt die im Register gewählten Bezeichnungen und Angaben sowie dessen Aufbau und Struktur erklärt werden. Grundsätzlich sollten jedoch nur Seitenzahlen (ohne vorangestelltes „S.“) und keine Kapitel- oder Gliederungspunkte als Fundstellenhinweise verwendet werden. Durch **Fettdruck** bzw. Unterstreichungen oder *Kursivschrift* können besondere Schwerpunkte angedeutet oder – wie in dieser Schrift – Beispiele und Texte unterschieden werden. Ist mehr als eine Seite des Textes für das jeweilige Stich- oder Schlagwort relevant, ist die Seitenangabe mit „f.“ bei insgesamt zwei Seiten, bei mehr als zwei Seiten aber mit der genauen Seitenangabe zu kennzeichnen; mehrere Nachweise erfolgen im Register aus-

---

[33] *Kunze, H.*, Registermachen, 1964, S. 26.

schließlich in numerisch-aufsteigender Reihenfolge (z. B.: Kartei 23, 27f., 64–68, 160–162).

Nach Abschluß der Registererstellung ist eine stichprobenartige Überprüfung angeraten, denn ein fehlerhaftes Register schreckt mögliche Interessenten – zu Recht – bereits vor dem Kauf eines Titels ab! Die Mühe des Registererstellens bzw. eine falsch verstandene Wissenschaftlichkeit, derzufolge der Leser mangels Register gleich zur Lektüre des gesamten Textes gezwungen werden soll, sind keine Argumente, die das Fehlen eines Registers entschuldigen, wie bereits *John Baynes* feststellte:

> „Wer ein Buch ohne Register veröffentlicht, gehört zehn Meilen hinter die Hölle verbannt, wo sich nicht einmal der Teufel mehr hintraut!"[34]

5. Nachtexte

a. Nachwort

Ausschließlich in zu veröffentlichenden Arbeiten kann auch ein **Nachwort** angebracht sein. In einer solchen, dem Text nachgestellten – meist kurzen – Bemerkung können Gedanken des Verfassers formuliert werden, die beispielsweise nur einen Teil der Leser ansprechen oder aber persönliche Zusammenhänge aufzeigen. Liegt zwischen der Erstellung des Textes und der Veröffentlichung eine erhebliche Zeit, kann hier auch – dem Vorwort vergleichbar – auf in der Zwischenzeit abgelaufene themenspezifische **Entwicklungen** oder die weiteren Forschungsergebnisse und Bemühungen des Verfassers hingewiesen werden. Darüber hinaus werden Nachworte gelegentlich dazu genutzt, um in **späteren Auflagen** seitens des Verlages oder des Herausgebers auf entsprechende Veränderungen hinzuweisen oder aber einen Bearbeiterwechsel anzuzeigen.

b. Vermerke

Prüfungsleistungen wie die Diplomarbeit, Dissertation und Habilitation müssen regelmäßig nach den näheren Bestimmungen der jeweiligen Prüfungsordnung einen besonderen Vermerk zum Abschluß der Arbeit aufweisen, mit dem – meist an Eides Statt – die selbständige

---

[34] Zitiert nach *Heyde, J.*, Technik, 1970, S. 110

Anfertigung der vorgelegten Arbeit versichert wird. Diese Erklärung ist in **jedem eingereichten Exemplar handschriftlich** – nach dem Kopieren! – mit Orts- und Datumsangabe zu versehen und mit Vor- und Nachnamen zu unterzeichnen. Soweit die Formulierung nicht im Wortlaut vorgeschrieben ist, kann folgender **Mustertext** verwendet werden:

Eidesstattliche Erklärung

Ich erkläre hiermit an Eides Statt, daß ich die vorliegende Arbeit selbständig und ohne Benutzung anderer als der angegebenen Hilfsmittel angefertigt habe; die aus fremden Quellen direkt oder indirekt übernommenen Gedanken sind als solche kenntlich gemacht.
Die Arbeit wurde bisher in gleicher oder ähnlicher Form keiner anderen Prüfungsbehörde vorgelegt und auch noch nicht veröffentlicht.

Ort, Datum Unterschrift

Für eine **Gruppenarbeit** wird folgende Formulierung vorgeschlagen:

Ich erkläre hiermit an Eides Statt, daß ich meinen Beitrag zur vorliegenden Gruppenarbeit (Kapitel ...) selbständig und ohne Benutzung anderer als der angegebenen Hilfsmittel angefertigt habe; das gleiche gilt für die von den auf dem Titelblatt der Arbeit genannten Autoren gemeinsam verfaßten Teile (Kapitel ...). Die aus fremden Quellen direkt oder indirekt übernommenen Gedanken sind als solche kenntlich gemacht.
Die Arbeit wurde bisher in gleicher oder ähnlicher Form keiner anderen Prüfungsbehörde vorgelegt und auch noch nicht veröffentlicht.

Ort, Datum Unterschrift

Diese Erklärung ist **keine reine Formsache,** sondern ist die rechtliche Zusicherung, daß alle für die Arbeit verwendeten Materialien angegeben und im Text entsprechend gekennzeichnet worden sind. Ein erheblicher Verstoß gegen die vorstehend erläuterten Zitierregeln bedeutet damit juristisch den Bruch eben dieser eidesstattlichen Erklärung. Die Annahme der Arbeit muß in diesen Fällen vom Prüfer nach den näheren Vorschriften der jeweiligen Prüfungsordnung abgelehnt werden. Die Wiederholung der Prüfungsleistung ist die bittere Konsequenz eines (zu) nachlässigen wissenschaftlichen Arbeitens – eine Konsequenz, die nach meinen Erfahrungen nicht allzu selten eintritt.

c. Lebenslauf

Die meisten Promotionsordnungen und einige Diplomprüfungsordnungen schreiben vor, daß die Arbeit mit einem Lebenslauf des Verfassers („curriculum vitae") schließen muß, der mit dem Text fest verbunden zu sein hat. In einem solchen Lebenslauf sind neben den knapp gehaltenen persönlichen Daten die für den wissenschaftlichen Werdegang des Verfassers wichtigsten Abschnitte (Ausbildung, abgelegte Prüfungen, Praktika) aufzuzeigen; der Lebenslauf kann dabei als Text oder Tabelle verfaßt werden. Er trägt keine Seitenzahl und ist regelmäßig weder hand- noch maschinenschriftlich zu unterzeichnen.

6. Exkurs: Ein klarer Fall

Sherlock Holmes ging dem Thema „Schriftliches Arbeiten" „mit detektivischem Spürsinn"[35] nach. Tarnen und Täuschen gehört zum Instrumentarium guter Detektive. Doch *Dr. Watson* war auch hier wieder erfolgreich. Als Akademiker und somit wissenschaftlich geschulter Geist weiß er – wie *Sherlock Holmes* berichtet –, daß „jede Form einer textlichen Anlehnung an einen anderen Autor, jede sinngemäße Wiedergabe fremder Gedanken oder auch nur ihre Verwendung im Zuge einer eigenen Argumentation"[36] nicht verschwiegen werden darf. In der Sprache *Dr. Watson's* formuliert: „Jede Form einer textlichen Anlehnung, sinngemäßen Wiedergabe oder auch nur stützenden Argumentationshilfe unter Verwendung fremder Gedanken ... erfüllt den Tatbestand eines indirekten Zitats."[37] Der berühmte Detektiv warnt zu Recht, „ein erheblicher Verstoß gegen die Zitierregeln bedeutet den Bruch der [eidesstattlichen] Erklärung und führt schon deshalb konsequenterweise zur Ablehnung der Arbeit."[38] – Wie wahr![39] Wissenschaftliches Arbeiten ist eben doch etwas anderes als „Schriftliches Arbeiten".

---

[35] *Deutsch, C.*, Arbeiten, 1986, S. 17.
[36] *Deutsch, C.*, Arbeiten, 1986, S. 16.
[37] So wörtlich oben S. 130.
[38] *Deutsch, C.*, Arbeiten, 1986, S. 17.
[39] So wörtlich vorstehend auf S. 180.

VIII. Veröffentlichung und Druck

1. Vervielfältigung

Wissenschaftliche **Prüfungsarbeiten** sind in der erforderlichen Anzahl von Exemplaren beim Prüfer oder dem Prüfungsamt einzureichen.

Bis vor einigen Jahren sahen die entsprechenden Regelungen noch die Abgabe des Originals eines Typoskriptes vor und gestatteten gelegentlich auch die Eingabe von maschinenschriftlich erstellten Durchschlägen. Heute können Prüfungsarbeiten regelmäßig in einer, meist ordentlicheren (und kostengünstigeren) **Fotokopie** eingereicht werden, das Original verbleibt als Kopiervorlage beim Verfasser. Bei Ausbesserungen, Texteinschüben sowie geklebten Passagen und Absätzen können die Schnittstellen mit Korrekturlack überdeckt werden, so daß keine Schatten und Ränder auf der Kopie verbleiben. Die Fotokopien müssen auf weißem Normalpapier im Trockenkopierverfahren hergestellt werden, da beschichtetes Spezialpapier sehr schlecht beschriftet werden kann und Markierungen nach einiger Zeit verblassen. Von jeder Seite des Typoskriptes ist eine Kopie in **Originalgröße** (1:1) herzustellen (DIN-A-4), Verkleinerungen auf das halbe Format (DIN-A-5) können von Tabellen oder sonstigen Darstellungen angefertigt werden; für weitere Teile (z. B. Fußnoten u. a.) oder die gesamte Arbeit sind sie nur bei ausdrücklicher Genehmigung durch das Prüfungsamt zulässig. Zeichnungen und Handschriftliches sollten mit schwarzer Tusche – nicht mit Bleistift – angefertigt werden; soll der Raster des verwendeten Millimeterpapiers in der Kopie erkennbar sein, muß solches mit rotem oder braunem Raster verwendet werden.

Tippfehler, die erst in der Kopie festgestellt werden, können noch mit einem Spezial-Korrekturlack überdeckt und ausgebessert werden; eine Alternative hierzu bieten die in allen üblichen Schrifttypen erhältlichen Abreibebuchstaben und -ziffern auf Folien, mit denen ein Tippfehler mit dem korrekten Buchstaben überdeckt werden kann. Bei jeder fotokopierten Fassung ist auf die **Vollständigkeit** der Seiten und die Lesbarkeit der einzelnen Kopien zu achten. Bei der

Herstellung der Kopien ist zu berücksichtigen, daß die Aufteilungsverhältnisse auf jedem Blatt, insbesondere aber der rechte und linke Rand wie im Original bemessen sind.

Die Kopien werden nach den laufenden römischen bzw. arabischen Seitenzahlen zusammengelegt, Darstellungen (Schaubilder, Tabellen u. a.) müssen so angeordnet sein, daß ihre **Spalten parallel** zur Bindung verlaufen. Bei der Anordnung quer zur Bindung muß die Tabelle nach Rechtsdrehung lesbar sein. Haus- und Seminararbeiten sowie Referate können an der oberen Ecke geklammert oder in einem Schnellhefter abgelegt werden. Diplomarbeiten, Dissertationen und Habilitationen müssen regelmäßig in gebundener Form eingereicht werden, gelegentlich werden auch feste, kartonierte Klemmordner akzeptiert. Der Einband von Prüfungsarbeiten sollte funktionell gewählt und farbig nicht zu auffällig wie ausstattungsmäßig nicht zu übertrieben gestaltet sein. Beschriftungen der Einbanddecke sind nicht nötig, da jede wissenschaftliche Prüfungsarbeit statt des Titelblattes ein Deckblatt mit den erforderlichen prüfungstechnischen Angaben aufweisen muß.[1]

2. Druck

Dissertationen sind in einer bestimmten Anzahl von (Pflicht-)Exemplaren (meist zwischen 50 und 200 Stück) herzustellen und bei der Prüfungsbehörde abzugeben. Diese Exemplare werden zwischen den Universitäten ausgetauscht und so der Fachöffentlichkeit mit der Aufforderung zur kritischen wissenschaftlichen Diskussion über Inhalt und Ergebnisse der Arbeit zugänglich gemacht.

Grundsätzlich kann der Doktorand zwischen einem sog. **Dissertationsdruck** und dem konventionellen **Buchdruck** wählen; die auf DIN-A-5-Format verkleinerte Einzelkopie einer gesamten Dissertation wird bei der erforderlichen Anzahl von Exemplaren regelmäßig bereits aus Kostengründen nicht in Erwägung gezogen werden.

a. Dissertationsdruck

Als Dissertationsdruck wird ein Herstellungsverfahren bezeichnet, bei dem eine (meist verkleinerte) Fassung des Originaltextes auf foto-

---

[1] Vgl. Teil B, Kapitel VII, Abschnitt 2, S. 157f.

mechanischem Reproduktionswege erstellt wird. Für diese Zwecke ist ein einwandfreies Typoskript erforderlich, das nach den oben näher angeführten Vorschriften anzufertigen ist.[2] Ausbesserungen und insbesondere geklebte bzw. zusammengesetzte Typoskriptseiten werden hierbei allerdings nicht oder nur bei zusätzlicher Kostenerstattung akzeptiert, da durch sie zeitliche Verzögerungen bzw. Unterbrechungen im Herstellungsprozeß verursacht werden können.

Beachtlich ist, daß auch bei einer (verkleinerten) DIN-A-5-Wiedergabe keine abweichenden Vorschriften für die Schreibtechnik und insbesondere das Schriftbild erforderlich sind. Da jede Verkleinerung linear erfolgt, ergeben sich auch keinerlei Verschiebungen hinsichtlich der Größenverhältnisse (z. B. des Zeilen- oder Randabstandes). Bei **Darstellungen** muß aber darauf geachtet werden, daß auch bei entsprechender Verkleinerung die Angaben und Beschriftungen noch **lesbar** bleiben.[3] Maßstäbe müssen in diesem Fall in Form von Referenzstrecken eingezeichnet werden (z. B. |——| 1 cm).

Die Kosten für den Dissertationsdruck variieren je nach Universitätsort, sie sind zudem abhängig vom Umfang des Typoskriptes, der Zahl und Art der Darstellungen sowie weiterer technischer Einzelheiten (überformatige Tabellen, Anhänge, Falttafeln u. a.). Aufgrund der insgesamt erheblichen Kosten für die Herstellung der Pflichtexemplare einer Dissertation sind unbedingt eine Reihe von **Angeboten** einzuholen. Den Anfragen bei den Druckereien ist keinesfalls sofort der gesamte Text einer Arbeit beizulegen: So genügt zunächst regelmäßig das Inhaltsverzeichnis und einige typische Musterseiten des Typoskriptes, denen die Schreibweise der Fußnoten und des Literaturverzeichnisses, die Formate und Arten der Darstellungen sowie weitere Besonderheiten entnommen werden können; darüber hinaus sind zusätzliche technische Probleme anzugeben.

Im Vertrag bzw. den Vereinbarungen mit der Druckerei ist festzulegen, unter welchen **Bedingungen** und zu welchem Datum die Repro-

---

[2] Merkblätter und Richtlinien der entsprechenden Druckereien sollten rechtzeitig – vorsorglich – angefordert werden, um eine zeitraubende Anpassung des fertigen Typoskriptes an die technischen Erfordernisse der im Einzelfall ausgewählten Druckerei weitgehend zu verhindern. Weitere allgemeine Hinweise gibt *Lichtenstern, H.*, Manuskript, 1971.

[3] Vgl. dazu ein eindrucksvolles Beispiel bei *Riedwyl, H.*, Gestaltung, 1979, S. 155f.

duktion begonnen werden soll und welcher **Termin** für die Auslieferung bestimmt bzw. **verbindlich** zugesagt wird.[4]

Ist der Druck nach den universitären Prüfungsbedingungen von einer Druckerlaubnis des Dekans oder der Fakultät abhängig, darf auf keinen Fall vor der Erteilung dieser Genehmigung mit dem Druck begonnen werden. Zum einen besteht grundsätzlich die Möglichkeit, daß die Druckgenehmigung selbst nur unter – bislang dem Doktoranden nicht bekanntgegebenen – Änderungs- bzw. Ergänzungsauflagen erteilt wird. Zum anderen stellt die vorzeitige Vervielfältigung einer Prüfungsarbeit ohne Genehmigung einen Verstoß gegen die Prüfungsvorschriften dar und gefährdet damit den erfolgreichen Abschluß des Verfahrens.

b. Buchdruck

Soweit für eine Dissertation ein **Verlagsvertrag** abgeschlossen werden kann, reduziert sich meist die Zahl der an der Universität einzureichenden Pflichtexemplare, allerdings steigen häufig die Kosten erheblich; die Verbreitung einer Arbeit durch den Buchhandel ersetzt hier weitgehend den Austausch der Dissertationen. In diesen Fällen genügt regelmäßig der Nachweis eines Verlagsvertrages zur Ausstellung der Promotions-Urkunde soweit die Druckgenehmigung vorher erteilt und das Erscheinen der Arbeit – innerhalb von ein bis zwei Jahren – zugesagt bzw. vereinbart worden ist.

Neben den renommierten Fachverlagen kommen für die Veröffentlichung von Dissertationen sog. Dissertationsverlage in Frage. Diese Verlage geben verschiedene themen- oder fachspezifische Reihen heraus, in denen eine Dissertation nach Vorschlag des Verlages veröffentlicht werden kann. Das Typoskript der Dissertation wird (in verkleinerter Form) auf fotomechanischem Wege vervielfältigt, erhält aber eine gedruckte Titelei, auf dem Buchdeckel den Serientitel und eine ISBN-Nummer. Damit ist den Erfordernissen für die Aufnahme als selbständige Veröffentlichung Rechnung getragen und gleichzeitig werden die Produktionskosten so gering wie möglich

---

[4] Weitere Hinweise hierzu finden sich u. a. bei *Poenicke, K./Wodke-Repplinger, I.*, Arbeiten, 1977, S. 184–187; *Standop, E.*, Form, 1984, S. 114–143; *Kliemann, H.*, Anleitungen, 1973, S. 150–159; *Heyde, J.*, Technik, 1970, S. 100–105.

gehalten. Diese Form der Veröffentlichung von Dissertationen ist in den letzten Jahren nicht zuletzt deswegen sehr beliebt geworden, da hier der vom (regelmäßig honorarlosen) Verfasser zu leistende sog. Druckkostenzuschuß in den Grenzen von DM 2.000 bis DM 3.000 bleibt (Stand 1986).[5] Der Verkauf wirtschaftswissenschaftlicher Dissertationen beschränkt sich bei der derzeitigen Knappheit öffentlicher (und damit Bibliotheks-) Finanzmittel auf eine Menge, die national zwischen 200 und 400 Exemplaren liegt.

Die **Bedingungen** und Konditionen des Verlagsvertrages sind genau zu studieren bzw. auszuhandeln. Mit diesem Vertrag übernimmt der Verfasser nicht nur eine Reihe zusätzlicher, meist nicht vergüteter Pflichten wie die (mehrfache) Korrektur der Druckfahnen und ähnliche Arbeiten. Gleichzeitig werden in einem solchen Vertrag auch die Pflichten des Verlages – neben der Herstellung und dem Vertrieb – insbesondere die Werbemaßnahmen und der Verkaufspreis festgelegt. Für den Fall, daß dem Verfasser – meist ab einer Mindestverkaufszahl – ein prozentuales Honorar zugesagt wird, bestimmt der Verkaufspreis auch mittelbar die späteren Einnahmen aus der Veröffentlichung.[6]

Wichtige Punkte bei einem solchen Verlagsvertrag sind neben dem **Zeitpunkt der Veröffentlichung** die exakte Festlegung des **Titels** einschließlich des **Untertitels** und eines eventuell davon abweichenden Buchdeckeltitels sowie des **Verkaufspreises.** Soweit eine Arbeit thematisch grundsätzlich – über den reinen wissenschaftlichen Bereich im engeren Sinne hinaus – auch für die Praxis oder Lehre Verwendung finden kann, muß der Preisgestaltung größte Aufmerksamkeit geschenkt werden. Ist eine prozentuale Honorierung vorgesehen, darf aber auch ein noch so hoher Ladenpreis nicht darüber hinwegtäuschen, daß damit gleichzeitig die Mengenkomponente (negativ) beeinflußt wird! Bei sehr aktuellen Arbeiten sind neben der – hier besonders wichtigen – Festlegung des Veröffentlichungszeitpunktes auch Regelungen über **Ergänzungen** des Manuskriptes, die durch einschlägige Veröffentlichungen während der Drucklegung bedingt sind, zu treffen. Die Kosten für solche, vom Verfasser nicht zuletzt auch im Interesse des Verlages verursachten Ergänzungen und Aus-

---

[5] Aktuell zur Berechnung von Druckkostenzuschüssen mit Beispielen vgl. *Uschtrin, S.*, Handbuch, 1985, S. 50–59 m. w. N.

[6] Zum Kapitel ‚Der Autor und sein Recht' vgl. *Uschtrin, S.*, Handbuch, 1985, S. 186–206 m. w. N.

besserungen werden häufig – über einen gewissen Prozentsatz hinaus – alleine dem Autor zusätzlich in Rechnung gestellt.

Wissenschaftliche Veröffentlichungen (insbesondere Dissertationen) sind jedoch selten dazu geeignet, den finanziellen Aufwand auch nur für die Erstellung des Typoskriptes und die sonstigen Produktionskosten zum Ausgleich zu bringen. Wichtiger ist deshalb für den Verfasser ein einvernehmliches Verhältnis mit seinem Verlag, eine fachkundige Unterstützung bei der Herstellung sowie eine möglichst gezielte, effektive Werbung. Ein bedeutendes Entscheidungskriterium ist hierbei die Kompatibilität (Vereinbarkeit) des eigenen Titels mit dem gesamten Verlagsprogramm, die sonstigen Verlagserzeugnisse sowie der Ruf und Name des Verlages. So ermöglichen die in einem Verlag gleichzeitig herausgegebenen Fachzeitschriften z. B. bereits eine Plazierung (wichtiger!) Buchbesprechungen sowie entsprechender Anzeigen. Die Veröffentlichung in einer **Reihe** ist dann zu befürworten, wenn diese bereits eingeführt ist und somit in den anderen Verlagsankündigungen der Reihe auch für den eigenen Titel geworben werden kann.

3. Korrektur

Als Korrekturarbeiten sollen hier sowohl die Überprüfung des Typoskriptes auf Abweichungen vom vorgelegten (bzw. diktierten) Text einer wissenschaftlichen Arbeit als auch die Durchsicht des seitens einer Druckerei erstellten Satzes, der sog. Druckfahnen, bezeichnet werden. Beide Aufgaben sind mit größter Sorgfalt und unter Zuhilfenahme vereinheitlichter Vorschriften zu erledigen.

Für die Korrektur eines maschinenschriftlichen bzw. gesetzten Textes sollte grundsätzlich eine zweite Person um Unterstützung gebeten werden. Während eine den Inhalt des Typoskriptes bzw. der Druckfahnen einschließlich aller Satzzeichen und sonstigen Merkmale und den Absätzen laut vorliest, kontrolliert die zweite den jeweiligen Vorgabetext. Der oder die Vorlesende sollte mit dem Text und Inhalt der Arbeit möglichst wenig vertraut sein: Dies stellt sicher, daß der tatsächlich geschriebene bzw. gesetzte Text, nicht aber der gewünschte vorgetragen und verglichen wird.

Steht dem Verfasser keine Hilfe zur Verfügung, so muß die Kontrolle mittels der satzweisen Parallellektüre durchgeführt werden. Die

Suche nach Tipp- bzw. Druckfehlern wird erfolgreicher, wenn jede Textzeile von hinten, d.h. von rechts nach links gelesen wird: Der dem Verfasser bekannte Sinnzusammenhang des Textes wird so zerstört, die Aufmerksamkeit ausschließlich auf die fehlerfreie Wiedergabe der einzelnen Worte gelenkt. Fußnoten sowie die entsprechenden Zahlenvermerke im Text müssen gesondert kontrolliert werden. Jede Ziffer ist im Text einzukreisen, die entsprechende Fußnote ist parallel abzuhaken. Zitate müssen zudem erneut auf ihre wörtliche Richtigkeit sowie die Korrektheit der Seitenangabe überprüft werden.

Sämtliche Abweichungen bzw. Beanstandungen sowie Ergänzungen müssen durch ein **Korrekturzeichen** kenntlich gemacht werden. Die Korrekturzeichen für das schreibende Gewerbe sind genormt,[7] sie sind im DUDEN-Rechtschreibung abgedruckt. Korrekturen sind immer mit **rotem Stift** anzubringen. Bei Typoskripten sind die Korrekturzeichen auf dem Durchschlag, bei Druckfahnen auf beiden übersandten Exemplaren in gleicher Weise anzubringen: Die erforderlichen Korrekturzeichen – nicht die gewünschte Änderung – werden im Text an der jeweils beanstandeten Stelle angebracht, in derselben Zeile wird am linken Rand das Korrekturzeichen wiederholt, rechts daneben wird die Änderung bzw. der entsprechende Befehl geschrieben.

Nach der Korrektur eines **Typoskriptes** müssen sowohl das Original als auch der mit den Korrekturzeichen und entsprechenden Befehlen versehene Durchschlag dem für die maschinenschriftliche Fassung Verantwortlichen übergeben werden; wird hierzu das Typoskript einschließlich Durchschlag aus dem Haus gegeben (z.B. im Falle eines Schreibbüros), sollte aus Vorsichtsüberlegungen und um Rückfragen leichter beantworten zu können eine Kopie des korrigierten, aber noch nicht ausgebesserten Typoskriptes angefertigt und zurückbehalten werden. Korrekturzeichen und Anmerkungen werden nicht auf dem Original angebracht, da bei Ausbesserungen diese ausradiert werden müssen und damit für die Sekretärin verschwinden; zudem hinterlassen sie häufig Spuren, die weitere Arbeit verursachen.

Nach der zweiten Durchsicht und gegebenenfalls weiteren Korrekturen kann das Typoskript sofort vervielfältigt werden, wobei vorher zu kontrollieren ist, ob auch jede vorsorglich ausgelackte bzw. über-

---

[7] Vgl. Norm DIN 16511 (1/66).

deckte Textstelle wieder aufgefüllt worden und somit keine Lücke verblieben ist.

Eine der beiden identisch korrigierten **Druckfahnen** wird an den Verlag zurückgesandt, das zweite Exemplar dient der Kontrolle nach Erledigung der gewünschten Korrekturarbeiten durch die Druckerei. Bei dieser zweiten Durchsicht darf **nicht** nur die jeweils beanstandete **Zeile** nochmals kontrolliert werden, vielmehr muß der **gesamte Absatz** erneut überprüft werden, da eine Zeilenänderung meist zu weiteren Änderungen (und neuen Fehlern) im betroffenen Absatz führt. **Eigene Korrekturen,** die in den zurückbehaltenen Druckfahnen noch nach Abgabe des korrigierten Exemplares zu einem späteren Zeitpunkt vorgenommen werden und eventuell im Umbruch berücksichtigt werden sollen, sollten zur Unterscheidung mit **grünem Stift** angebracht werden.

Die korrekte Druckfahne wird nach nochmaliger Durchsicht mit dem ,,druckreif"-Vermerk (,,impr." = imprimatur, darf gedruckt werden) des Verfassers und dessen Unterschrift oder Handzeichen versehen und nach der Fertigstellung in Buchform dem Leser zur kritischen Lektüre und weiteren Fehlersuche anvertraut, wie dieser Text auch. – Zu Recht?

C. Ratschläge für einen schlechten wissenschaftlichen Arbeiter*

Seit Einführung der allgemeinen Schulpflicht kann jeder in Europa schreiben. Also kann er auch wissenschaftlich arbeiten.

Wer einer entsprechenden Aufgabe entgegensieht, stelle sich ihr: Unvoreingenommen, unvorbereitet, spontan – in der Improvisation zeigt sich – bereits bei der Themenauswahl – der Meister. Planung ist etwas für ängstliche Gemüter, sie haben meist nichts Besseres zu tun und nur wenig zur Sache zu sagen. Amerika wäre unentdeckt geblieben, hätte *Christoph Kolumbus* für seine Reise erst eine detaillierte Zeit- und Kostenplanung aufgestellt. Nein, gehe auf Entdeckungsreise mit Deiner Arbeit, jeden Tag ein neues Erlebnis, erfrischende Spannung bis zum Abgabetermin ist Dir nur so sicher. Bibliotheken sind die Brutstätte kleiner Geister, Kataloge und Bibliographien die Gedächtnisstütze wissenschaftlicher Fußgänger. In der Beschränkung liegt das Heil, ein oder zwei Bücher, die dem Titel nach ungefähr passen könnten, sollten genügen. Den wissenschaftlichen Eifer dieser Vordenker gilt es zu würdigen, deren Literatur- bzw. Quellensammlung sei die Urzelle eigener Bemühungen. Der Mensch wäre nie auf den Mond gekommen, müßte jedermann *Nikolaus Otto's* Verbrennungsmotor für sich selbst neu erfinden. So kopiere nur die Literatur, die Du dort zitiert findest soweit Dir die Beschaffung keine Schwierigkeiten bereitet. Genaues Recherchieren hat etwas mit der Tätigkeit erfahrener Trüffelschweine zu tun, Du solltest Dich auf Quellen aus zweiter oder dritter Hand berufen, denn je öfter eine Aussage zitiert wird, desto wichtiger ist sie: Was Fachleute bereits erkannt (und gedruckt!) haben, sollte nur von notorischen Querulanten in Frage gestellt werden.

Soweit die eigene Lektüre dennoch unvermeidbar erscheint, lese mit der nur Dir eigenen Spontaneität und Deinem Engagement. In gelie-

---

* Als Anregung hierzu dienten *Kurt Tucholsky's* „Ratschläge für einen schlechten Redner" (Werke, 1975, S. 290–292), dessen brillante Ausführungen jedem Referenten anstelle der zahlreichen weitschweifigen Rhetorik-Fibeln empfohlen werden können.

henen Büchern geize deshalb nicht mit Unterstreichungen, Anmerkungen und Kommentaren, jeder spätere Benützer wird sich ob Deiner Vorarbeit glücklich schätzen: Dessen Scham über die Beschränktheit seines eigenen Geistes flicht Dir noch über Generationen Lorbeerkränze der Verehrung. Zudem kannst Du damit auf das lästige, ohnehin nur zeitraubende Exzerpieren ebenso wie auf die bürokratische, kleingeistige Pflege jedwelcher Arbeitskartei verzichten. Eigenes Material wie Bücher, Aufzeichnungen und Originalbelege bedürfen ebenfalls keiner Ordnung, denn Du weißt schließlich, was Du Dein eigen nennen darfst.

Die bei der Materialsuche und Materialbewertung gesparte Zeit nütze für die Formulierung Deiner schriftlichen Ausführungen. Eine wissenschaftliche Arbeit ist schließlich kein Ärzte-Roman, ihr Tiefgang und ihre praxisferne Fundierung muß allein am Stil, dem Satzbau und der Wortwahl erkennbar sein: Komplizierte Sachverhalte müssen kompliziert, technische Details verwirrend und ermüdend, Allgemeinplätze in epischer Breite dargestellt werden, denn sonst besteht die Gefahr, daß der Leser sie nicht als solche erkennt. Nur die schriftliche Ausarbeitung erlaubt es, lange, verschachtelte, über Stunden mühevoller Formulierarbeit – die so manchen Abend auszeichnet – modellierte und dabei immer wieder verfeinerte, das heißt um treffende Einschübe ergänzte, Satzgebilde zu gebären, die mündlich vorzutragen Du – ohne Deine, über die Grenzen bekannten und gefürchteten entsprechenden Fähigkeiten in Abrede stellen zu wollen – niemals in der Lage wärest. – So etwa! Verzichte auf das penible Tarieren einzelner Meinungen auf der geistigen Goldwaage, wie dies gelegentlich noch immer in verstaubten Wissenschaftskollegs die Übung sein soll: Argumentiere kraftvoll, Übertreibung allein macht anschaulich. Dein Publikum soll überzeugt sein, ihm darf schon deshalb keine Chance zu berechtigten Zweifeln geboten werden.

Auch wenn Du – erwartungsgemäß – die Originalität Deiner Ausführungen alleine für Dich zu reklamieren gedenkst, zitiere gelegentlich den einen oder anderen – geistig wie argumentativ ohnehin unterlegenen – Autor, es ist so üblich. Sparsam angewendet und mit entsprechend einleitenden Bemerkungen („So in der Tat ..." oder „Abwegig immer noch einzig ...") versehen, sind solche Fußnoten letztlich besonders geeignet, dem Leser endgültig die Augen vor der Einzigartigkeit und Überzeugungskraft Deiner Argumente in dem Maße zu öffnen, das Du allein verdienst!

Sobald der Text erstmals zu Papier gebracht ist, schließe geistig und technisch mit Deiner Arbeit ab, denn spätere Zweifel verwirren nur den eigenen Kopf und stören erfahrungsgemäß die Naivität der ersten Einfälle. Lasse Dir Deine wohlverdiente Ruhe und Entspannung auch nicht durch Korrekturlesen oder das Überprüfen einzelner Textstellen rauben. Den Mangel solcher Abschlußarbeiten – sollten sich tatsächlich gelegentlich kleinere Schönheitsfehler eingeschlichen haben – zu kritisieren oder sogar in der Bewertung zu berücksichtigen, wirft ein bezeichnendes Licht auf die Krämerseele des Beurteilers, der nicht willens oder nicht in der Lage ist, dem großen Bogen und Gedankenfluß Deiner splendiden Ausführungen zu folgen.

Wird Deine Arbeit trotz dieser Ratschläge allerdings kein Knüller, halte es mit *Nicolas S. Chamfort:*

> „Der Erfolg vieler Werke erklärt sich aus der Beziehung, die zwischen der Mittelmäßigkeit des Autors und der Mittelmäßigkeit der Ideen des Publikums besteht."[1]

Suche Dir ein anderes!

---

[1] *Chamfort, Nicolas S.,* Maximen, 1803, S. 352.

Anhang

DIN-Normen zum wissenschaftlichen Arbeiten[1]

	DIN	Ausgabe	Bezeichnung
E	1304/Teil 1	1/1984	Formelzeichen; Allgemeine Formelzeichen (29 S.)
	1304/Beiblatt 1	4/1979	–: Zusammenhang mit Internationalen Normen (22 S.)
	1338	7/1977	Formelschreibweise und Formelsatz (8 S.)
	1338/Beiblatt 1	5/1980	–: Form der Schriftzeichen (2 S.)
	1338/Beiblatt 2	12/1983	–: Ausschluß in Formeln (2 S.)
	1338/Beiblatt 3	5/1980	–: Formeln in maschinenschriftlichen Veröffentlichungen (2 S.)
	1421	1/1983	Gliederung und Benummerung von Texten: Abschnitte, Absätze, Aufzählungen (4 S.)
	1422/Teil 1	2/1983	Veröffentlichungen aus Wissenschaft, Technik, Wirtschaft und Verwaltung: Gestaltung von Manuskripten und Typoskripten (6 S.)
	1422/Teil 2	4/1984	–: Gestaltung von Reinschriften für reprographische Verfahren (11 S.)
	1422/Teil 3	4/1984	–: Typographische Gestaltung (5 S.)
E	1422/Teil 4	4/1985	–: Gestaltung von Forschungsberichten
	1426	11/1973	Inhaltsangaben in Information und Dokumentation (8 S.)
	1427	6/1975	Verzeichnisse von fortlaufenden Sammelwerken (periodischen Veröffentlichungen): Regeln (3 S.)
	1429	8/1975	Titelblätter und Einbandbeschriftung von Büchern (4 S.)
	1502	1/1984	Regeln für das Kürzen von Wörtern in Titeln und für das Kürzen der Titel von Veröffentlichungen (5 S.)

[1] Stand: 1. 7. 1986
Die Angaben sind in Zusammenarbeit mit Frau *B. Garrecht* vom *Beuth Verlag*, Berlin, zusammengestellt worden, der ich für dieses Entgegenkommen danken möchte. Alle aufgeführten Blätter können gegen Kostenerstattung angefordert werden (Postfach 1145, 1000 Berlin 30, Tel. 030/2601–260).

	DIN	Ausgabe	Bezeichnung
	1502/Beiblatt 1	12/1975	–: Abkürzungen von Wörtern aus Sprachen mit lateinischen und kyrillischen Schriftzeichen (22 S.)
V	1505/Teil 1	5/1984	Titelangaben von Dokumenten: Titelaufnahme von Schrifttum (19 S.)
	1505/Teil 2	1/1984	–: Zitierregeln (18 S.)
E	1505/Beiblatt 1	3/1978	Titelangaben von Schrifttum: Abkürzungen (4 S.)
	2340	3/1977	Abkürzungsregeln für Benennungen von Fachbegriffen
E	2340	5/1982	Kurzformen für Benennungen und Namen: Bilden von Abkürzungen und Ersatzkürzungen, Begriffe und Regeln (5 S.)
	5007	11/1962	Regeln für die alphabetische Ordnung (ABC-Regeln) (7 S.)
E	5007	2/1985	Ordnen von Schriftzeichenfolgen (ABC-Regeln)
	16511	1/1966	Korrekturzeichen (4 S.)
V	31623/Teil 1	6/1983	Indexierung zur inhaltlichen Erschließung von Dokumenten: Begriffe-Grundlagen (6 S.)
V	31623/Teil 2	6/1983	–: Gleichordnende Indexierung mit Deskriptoren (17 S.)
	55301	9/1978	Gestaltung statistischer Tabellen (8 S.)

(E = Norm-Entwurf; V = Vornorm)

Literaturverzeichnis

Hier werden alle in der Arbeit verarbeiteten Sekundärmaterialien angeführt; Literaturhinweise im Text bleiben unberücksichtigt.

Ableiter, Gert [Festrede, 1984]: Festrede zur Eröffnung des Instituts für Zitierbetriebswirtschaft (IZB) an der Universität zu Köln, in: Soziale Welt 35 (1984), S. 372–377

Alsheimer, Herbert [Studientechnik, 1973]: Studientechnik für Betriebswirte, 2., neu bearb. und erw. Aufl., Wiesbaden: Gabler, 1973 (152 S.)

Aretz, Manfred/Gieleßen, Ralf [Erfolgreich, 1977]: Erfolgreich lernen – Ein Lehr- und Übungsbuch für wissenschaftsorientiertes Arbeiten, Essen: Giradet, 1977 (160 S.)

Bartsch, Eberhard [Bibliographie, 1984]: Die Bibliographie – Einführung in Benutzung, Herstellung, Geschichte, München u. a.: Saur, 1984 (UNI-Taschenbücher, Nr. 948) (280 S.)

Bea, Franz X./Dichtl, Erwin/Schweitzer, Marcell (Hrsg.) [Betriebswirtschaftslehre, 1985]: Allgemeine Betriebswirtschaftslehre, Bd. 2: Führung, 2. Aufl., Stuttgart/New York: G. Fischer, 1985 (UNI-Taschenbücher, Nr. 1082) (456 S.)

Beelich, Karl Heinz/Schwede, Hans-Hermann [Denken, 1983]: Denken–Planen–Handeln, 3., überarb. Aufl. (bis 2. Aufl. unter dem Titel „Lern- und Arbeitstechnik"), Würzburg: Vogel, 1983 (236 S.)

Berndsen, Hans-Peter/Kleine-Doepke, Rainer [Übersicht, 1978a]: Übersicht über deutschsprachige betriebswirtschaftliche Fachzeitschriften, in: WiSt 7 (1978), S. 191–194

– / – [Übersicht, 1978b]: Übersicht über englischsprachige betriebswirtschaftliche Fachzeitschriften, in: WiSt 7 (1978), S. 241–243

Binder, Alwin u. a. [Einführung, 1982]: Einführung in Techniken literaturwissenschaftlichen Arbeitens, 5., ergänzte und verb. Aufl., Königstein/Ts.: Scriptor, 1982 (Monographien Literaturwissenschaft, Bd. 8) (130 S.)

Börsenverein des Deutschen Buchhandels (Hrsg.) [Zeitschriftenkatalog, 1985]: Zeitschriftenkatalog der Fachpresse – Buchmesse '85, Frankfurt: Buchhändler-Vereinigung, 1985 (175 S.)

Boettcher, Erik/Homann, Karl [Richtlinien, 1982]: Richtlinien für das Anfertigen von wissenschaftlichen Arbeiten auf dem Gebiet der Wirtschaftswissenschaften, 3. Aufl., Herne: Neue Wirtschafts-Briefe, 1982 (24 S.)

Brinkmann, Karl [Seminararbeit, 1959]: Die rechtswissenschaftliche Seminar- und Doktorarbeit – Eine Aufbauanleitung, Berlin/Frankfurt: Vahlen, 1959 (212 S.)

Böttcher, Winfried/Zielinski, Johannes [Arbeiten, 1973]: Wissenschaftliches Arbeiten – Theoretische Grundlagen und praktische Einübung, Düsseldorf: Droste, 1973 (Droste Kolleg programmiert) (195 S.)

Borchardt, Knut [Vademecum, 1973]: Vademecum für den Volkswirt – Führer zu volkswirtschaftlicher Literatur, Quellen und Materialien, Stuttgart: G. Fischer, 1973 (Uni-Taschenbücher, Nr. 137) (212 S.)
Brownstone, David M./Carruth, Gorton [Business, 1979]: Where To Find Business Information, New York u. a.: J. Wiley, 1979 (616 S.)
Buß, Eugen/Schöps, Martina [Kompendium, 1979]: Kompendium für das wissenschaftliche Arbeiten in der Soziologie, Heidelberg: Quelle & Meyer, 1979 (181 S.)
Chamfort, Nicolas S. [Maximen, 1803]: Maximen und Gedanken VII, (Pensées et Anecdotes, 1803, dt.) in: *Fritz Schalk* (Hrsg. und Übers.): Die französischen Moralisten, Bd. 1, Bremen: C. Schünemann, 1962 (614 S.)
Churchill, Winston S. [Gedanken, 1943]: Gedanken und Abenteuer (Thoughts and Adventures, dt.), übers. von *Hendrik Guelder*, Zürich: Amstutz, 1943 (342 S.) (hier: S. 320)
Deutsch, Christian [Arbeiten, 1986]: Schriftliches Arbeiten – Knifflige Fälle, in: UNI – Berufswahl Magazin 10 (1986), Heft 6, S. 15–17
Deutsches Studentenwerk (Hrsg.) [Förderungsmöglichkeiten, 1985]: Förderungsmöglichkeiten für Studierende, 6. Aufl., Bad Honnef: K. H. Bock, 1985 (331 S.)
Dichtl, Erwin/Kaiser, Andreas [Verläßlichkeit, 1978]: Zur Verläßlichkeit der Ergebnisse empirischer Untersuchungen, in: WiSt 7 (1978), S. 490–492
Ebel, Hans F./Bliefert, Claus [Manuskript, 1982]: Das naturwissenschaftliche Manuskript – Ein Leitfaden für seine Gestaltung und Niederschrift, Weinheim: Verlag Chemie, 1982 (215 S.)
Eckardstein, Dudo von/Schnellinger, Franz [Personalpolitik, 1978]: Betriebliche Personalpolitik, 3., überarb. Aufl., München: Vahlen, 1978 (250 S.)
Erdmann, Hans-Werner/Petersen, Jörg [Strukturen, 1976]: Strukturen empirischer Forschungsprozesse, 2 Bände, Kastellaun: Henn, 1976 (320 S.)
Fill, Karl [Einführung, 1981]: Einführung in die Dezimalklassifikation, 4. Aufl., Berlin/Köln: Beuth, 1981 (102 S.)
Franck, Norbert/Stary, Joachim [Arbeitstechniken, 1984]: Lern- und Arbeitstechniken – Wie beiß' ich mich durch?, in: *Wolfgang Henninger* (Hrsg.), UniStart, Königstein/Ts.: Athenäum, 1984, S. 77–123.
Freymann, Claus Dieter [Anleitung, 1979]: Anleitung für die Abfassung wissenschaftlicher Arbeiten, Halle/Westfalen: Ohlsen, 1979 (24 S.)
Friedl, Gerhard [Abkürzungen, 1970]: Abkürzungen und Zitierregeln der österreichischen Rechtssprache (AZR), Wien: Manz, 1970 (145 S.)
Friedrichs, Jürgen [Methoden, 1984]: Methoden empirischer Sozialforschung, 12. Aufl., Reinbek b. Hamburg: Rowohlt, 1984 (430 S.)
Fromm, Friedrich Karl/Nordemann, Wilhelm [Urheberrecht, 1983]: Urheberrecht – Kommentar zum Urhebergesetz und zum Wahrnehmungsgesetz, 5., überarb. Aufl., Stuttgart: Kohlhammer, 1983 (676 S.)
Gerhards, Gerhard [Seminararbeit, 1984]: Seminar-, Diplom- und Doktorarbeit, 5. Aufl., Bern/Stuttgart: Haupt, 1984 (Uni-Taschenbücher, Nr. 217) (148 S.)

Geiss, Immanuel/Faber, Erwin [Arbeitsbuch, 1983]: Arbeitsbuch zum Geschichtsstudium – Eine Einführung in die Praxis wissenschaftlicher Arbeiten, Heidelberg: Quelle & Meyer, 1983 (Uni-Taschenbücher, Nr. 1170) (120 S.)

Gibaldi, Joseph/Achtert, Walter S. [Handbook, 1982]: MLA Handbook for Writers of Research Papers, Theses and Dissertations, 1st. ed., 5. printing, New York: Modern Language Association, 1982 (163 p.)

Golde, Roger A. [Durchwursteln, 1978]: Durchwursteln – Unkonventionell führen und organisieren, übers. von Walter Riedel (dt.), Heidelberg: Sauer, 1978 (206 S.)

Greschat, Martin u. a. [Studium, 1970]: Studium und wissenschaftliches Arbeiten – Eine Anleitung, Gütersloh: Mohn, 1970 (175 S.)

Grochla, Erwin/Wittmann, Waldemar (Hrsg.) [Betriebswirtschaftslehre, 1976]: Handwörterbuch der Betriebswirtschaftslehre, Bd. 1, 4. Aufl., Stuttgart: Poeschel, 1976 (1695 S.)

Grünfeld, Ernst [Anleitung, 1922]: Anleitung zum selbständigen Arbeiten für Volkswirte , Jena: G. Fischer, 1922 (78 S.)

Günther, Michael [Unternehmen, 1985]: Das Unternehmen „Magister" – Der ganz normale Ablauf einer Examensarbeit, in: SZ Nr. 125 vom 1./2. 6. 1985, S. 125

Hacker, Rupert [Grundwissen, 1983]: Bibliothekarisches Grundwissen, 4., neu bearb. Aufl., München: Dokumentation, 1983 (Uni-Taschenbücher, Nr. 148) (340 S.)

Hammer, Gerhard [Praxis, 1977]: Erfolgreich studieren – Praxis des wissenschaftlichen Arbeitens im Studium der Erziehungs- und Sozialwissenschaften, Freiburg/Basel/Wien: Herder, 1977 (Schriften des Willmann-Instituts) (109 S.)

Hanf, Reinhardt [Anfertigung, 1976]: Die Anfertigung wirtschaftswissenschaftlicher Arbeiten, Regensburg: Eigendruck, 1976 (Regensburger Diskussionsbeiträge zur Wirtschaftswissenschaft, Nr. 72) (46 S.)

Hanfland, Ferdi [Studium, 1978]: Das Studium der Wirtschaftswissenschaften, Tübingen: Mohr und Düsseldorf: Werner, 1978 (wisu-texte) (134 S.)

Hansen, Georg/Nyssen, Elke/Rützel, Josef [Einführung, 1978]: Einführung in wissenschaftliches Arbeiten – Grundlagen/Techniken/Verfahren, München: Kösel, 1978 (115 S.)

Harbrecht, Wolfgang [Übersicht, 1975 a]: Übersicht über die wichtigsten volkswirtschaftlichen Fachzeitschriften, in: WiSt 4 (1975), S. 194–197

– [Übersicht, 1975 b]: Übersicht über die wichtigsten fremdsprachigen volkswirtschaftlichen Zeitschriften, in: WiSt 4 (1975), S. 326–340

Harnack, Adolf [Anmerkungen, 1911]: Über Anmerkungen in Büchern, in: *Adolf Harnack*, Aus Wissenschaft und Leben, Bd. 1, Gießen: Töpelmann, 1911, S. 148–162

Hax, Herbert (Rez.) [Besprechung, 1977]: „Albert Scheibler, Technik und Methodik des wirtschaftswissenschaftlichen Arbeitens (München: Vahlen, 1976)", in: ZfbF 29 (1977), S. 537–538

Heidemann, Erwin [Informationsangebot, 1976]: Das Informationsangebot der Zentralbibliothek der Wirtschaftswissenschaften, in: WiSt 5 (1976), S. 589–591

Heidtmann, Frank [Literatur, 1985]: Wie finde ich Literatur zur Volkswirtschaft, Betriebswirtschaft, Psychologie, Soziologie, Politologie, Publizistik, Statistik, 2. Aufl., Berlin: Berlin-Verlag, 1985 (345 S.)

Hennemann-Böckels, Brigitte [Umgang, 1983]: Umgang mit Datenbanken, in: Blick durch die Wirtschaft, Nr. 160 vom 22. 8. 1983 (I), Nr. 163 vom 25. 8. 1983 (II), Nr. 165 vom 29. 8. 1983 (III), Nr. 168 vom 1. 9. 1983 (IV), Nr. 170 vom 5. 9. 1983 (V), Nr. 173 vom 8. 9. 1983 (VI), Nr. 176 vom 12. 9. 1983 (VII), Nr. 178 vom 15. 9. 1983 (VIII), Nr. 180 vom 19. 9. 1983 (IX), jeweils dort S. 7

Henninger, Wolfgang (Hrsg.) [UniStart, 1984]: UniStart – Das Orientierungsbuch für Studienanfänger, Königstein/Ts.: Athenäum, 1984 (279 S.)

Herrmann, Ingrid [Studieren, 1982]: Richtig studieren – Ein Handbuch, München: Ölschläger, 1982 (258 S.)

Heyde, Johannes Erich [Technik, 1970]: Technik des wissenschaftlichen Arbeitens mit einem ergänzenden Beitrag von *Heinz Siegel,* 10., durchges. Aufl., Berlin: Kiepert, 1970 (230 S.)

Hoepffner/Vieregge [Eingabe, 1984]: Eingabe betr. den Regierungsentwurf eines Gesetzes zur Änderung von Vorschriften auf dem Gebiet des Urheberrechts und die Stellungnahme des Bundesrates zu diesem Entwurf, in: GRUR 86 (1984), S. 419–423

Hofmann, Klaus [Einführung, 1983]: Einführung in das wissenschaftliche Arbeiten für Pädagogen, Düsseldorf: Schwann-Bagel, 1983 (131 S.)

Hubmann, Heinrich [Gedanken, 1981]: Die Gedanken sind frei, die Kopie aber auch, in: DUZ 37 (1981), S. 688–689

Hülshoff, Friedhelm/Kaldewey, Rüdiger [Erfolg, 1984]: Mit Erfolg studieren – Studienorganisation und Arbeitstechniken, 2., aktualisierte Auflage, München: Beck, 1984 (Beck'sche Elementarbücher) (394 S.)

– / – [Training, 1983]: Training – Rationeller lernen und arbeiten, 6. Aufl., Stuttgart: Klett, 1983 (141 S.)

Hummel, Thomas R. (Hrsg.) [Studium, 1984]: Das Studium der Wirtschaftswissenschaften, Frankfurt/New York: Campus, 1984 (211 S.)

Institut für Weltwirtschaft (Hrsg.) [Richtlinien, 1982]: Richtlinien für die Niederschrift wissenschaftlicher Arbeiten, Kiel: Selbstverlag, 1982 (15 S.)

Judt, Ewald/Wojtanowskyi, Sylvia [Fachzeitschriften, 1981]: Die wichtigsten kreditwirtschaftlichen Fachzeitschriften, in: WiSt 10 (1981), S. 242–246

Kaiser, Andreas [Anleitung, 1978]: Anleitung zur Anfertigung einer wirtschaftswissenschaftlichen Diplomarbeit, in: WiSt 7 (1978), S. 35–38 (I), S. 83–88 (II)

Keller, Gustav [Studiertechniken, 1984]: Studiertechniken – Lern- und Arbeitstechniken für Studierende, 2. Aufl., Bad Honnef: K. H. Bock, 1984 (118 S.)

Kern, Benno [Arbeit, 1961]: Geh an die Arbeit – Psychologie und Technik der geistigen Schulung, 6. Aufl., bearbeitet von *G. Clostermann*, Münster: Aschendorff, 1961 (192 S.)

Kirchner, Hildebert/Kastner, Fritz [Abkürzungen, 1983]: Abkürzungen für Juristen, 3., ern. und erw. Aufl., Berlin/New York: De Gruyter, 1983 (Jura Extra) (234 S.)

Kliemann, Horst [Anleitungen, 1973]: Anleitungen zum wissenschaftlichen Arbeiten – Eine Einführung in die Praxis, 8. Aufl., Freiburg: Rombach, 1973 (190 S.)

– [Vorträge, 1984]: So erarbeitet man Vorträge und Veröffentlichungen, München: Heyne, 1984 (Kompaktwissen, Nr. 141; textidentisch mit *Kliemann, H.*, Anleitung, 1973) (190 S.)

Koch, Hans-Albrecht [Wegweiser, 1986]: Wegweiser zur Literaturbeschaffung – Ein Bibliotheksführer, München u. a.: Saur, 1986 (Uni-Taschenbücher, Nr. 1241) [im Erscheinen]

König, René (Hrsg.) [Handbuch, 1973]: Handbuch der empirischen Sozialforschung, 14 Bände, 3. Aufl., Stuttgart: Enke, 1973–1978 (5202 S.)

Kohn, Hermann/Weber, Otmar [Uni, 1984]: Uni überleben – Studienbuch für Anfänger, Durchhänger, Draufgänger, Reinbek: Rowohlt, 1984 (252 S.)

Kröber, Walter [Kunst, 1971]: Kunst und Technik der geistigen Arbeit, 7., neu bearb. Aufl., Heidelberg: Quelle & Meyer, 1971 (202 S.)

Kunze, Horst [Registermachen, 1964]: Über das Registermachen, München: Dokumentation, 1964 (64 S.)

Leonhard, Joachim-Felix [Buch, 1984]: Kein Buch mit sieben Siegeln, in: UNI-Berufswahl Magazin, 8 (1984), Heft 5, S. 22–27

Leser, Hans [Bibliotheken, 1981]: Juristische Bibliotheken und juristische Dokumentationen, in: ZVglRWiss 80 (1981), S. 59–70

Lichtenstern, Hermann [Manuskript, 1971]: Manuskript und Drucklegung wissenschaftlicher Arbeiten – Eine Anleitung für Autoren, Lektoren und Redakteure, München: Goldmann, 1971 (90 S.)

Luik, Gabriele [Stolpersteine, 1983]: Stolpersteine – Schwierige Wörter und Kommas, die Ihnen manchmal zu schaffen machen, 3. Aufl., Bonn: P. Haacke, 1983 (279 S.)

– *may* – [Dokumentationszentren, 1983]: Dokumentationszentren – Wo werd' ich fündig?, in: UNI-Berufswahl Magazin 7 (1983), Heft 2, S. 17–24

Medawar, Peter B. [Ratschläge, 1984]: Ratschläge für einen jungen Wissenschaftler (Advice to a Young Scientist, 1979, dt.), übers. von *Max Werner Vogel*, München/Zürich: Piper, 1984 (199 S.)

Michelitsch-Traeger, Ingrid/Seel, Heidemarie [Lerntechniken, 1982]: Lerntechniken, in: UNI-Berufswahl Magazin 6 (1982), Heft 6, S. 29–31 (I), Heft 7/8, S. 23–25 (II), Heft 9, S. 23–25 (III), Heft 10, S. 26–28 (IV)

Müller-Klement, K[arl] G./Seiwert, L[othar] J. [Zielwirksam, 1985]: Zielwirksam arbeiten, 4. unveränderte Aufl., Sindelfingen: Expert, 1985 (expert-Taschenbücher, Nr. 5) (87 S.)

Müller-Merbach, Heiner [Einführung, 1976]: Einführung in die Betriebswirt-

schaftslehre, 2., überarb. Aufl., München: Vahlen, 1976 (WiSo-Kurzlehrbücher, Reihe Betriebswirtschaft) (239 S.)
Münch, Eva Marie von [Sitzen, 1983]: Sei's im Sitzen, sei's im Liegen, in: Die Zeit, Nr. 39 vom 23. 9. 1983, S. 62
o. V. [Hochschulführer, 1986]: Deutscher Hochschulführer, 56. Ausg., Bonn: Raabe, 1986 (450 S.)
o. V. [Urheberrechtsnovelle, 1985]: Urheberrechtsnovelle vom Deutschen Bundestag verabschiedet, in: DB 38 (1985), S. 1331–1332
Petri, Klaus [Anleitung, 1979]: Anleitung zur Anfertigung einer wirtschaftswissenschaftlichen Themenklausur, in: WiSt 8 (1979), S. 339–342
Poenicke, Klaus/Wodke-Repplinger, Ilse [Arbeiten, 1977]: Wie verfaßt man wissenschaftliche Arbeiten? – Systematische Materialsammlung/Bücherbenutzung/Manuskriptgestaltung, Mannheim/Wien/Zürich: Bibliographisches Institut, 1977 (Duden-Taschenbücher, Bd. 21) (208 S.)
Popst, Hans/Schöller, Rainer [Grundwissen, 1986]: Bibliographisches Grundwissen, München u. a.: Saur, 1986 (Uni-Taschenbücher, Nr. 1242) [im Erscheinen]
Posener, Paul [Jurist, 1904]: Der junge Jurist – Eine Anleitung zu wissenschaftlichem Arbeiten, Breslau: Kern, 1904 (239 S.)
Reiners, Ludwig [Stilfibel, 1979]: Stilfibel – Der sichere Weg zum guten Deutsch, München: Beck, 1979 (239 S.)
– [Stilkunst, 1980]: Stilkunst – Ein Lehrbuch deutscher Prosa, München: Beck, 1980 (784 S.)
Richter, Bernd [Fachzeitschriften, 1984]: Die wichtigsten wirtschaftswissenschaftlichen Fachzeitschriften, in: *Thomas R. Hummel* (Hrsg.), Das Studium der Wirtschaftswissenschaften, Frankfurt/New York: Campus, 1984, S. 193–207
Riedwyl, Hans [Gestaltung, 1979]: Graphische Gestaltung von Zahlenmaterial, 2. Aufl., Bern/Stuttgart: Haupt, 1979 (Uni-Taschenbücher, Nr. 440) (167 S.)
– *roe* – [Pfennigparade, 1985]: Pfennigparade für den Geist, in: SZ Nr. 148 vom 1. 7. 1985, S. 4
Rösner, Hans Jürgen [Seminararbeit, 1985]: Die Seminar- und Diplomarbeit – Eine Arbeitsanleitung, 4. Aufl., München: V. Florentz, 1985
Rothmann, Kurt [Anleitung, 1979]: Anleitung zur Abfassung literaturwissenschaftlicher Arbeiten, Stuttgart: Reclam, 1979 (93 S.)
Rückriem, Georg/Stary, Joachim/Franck, Norbert [Technik, 1983]: Die Technik wissenschaftlichen Arbeitens, 3., verb. Aufl., Paderborn u. a.: Schöningh, 1983 (Uni-Taschenbücher, Nr. 724) (340 S.)
Sachsen, Sophie von (Hrsg.) [Werke, 1887]: Goethes Werke, 55 Bände, Weimar: Böhlau, 1887 ff.
Scheibler, Albert [Technik, 1976]: Technik und Methodik des wirtschaftswissenschaftlichen Arbeitens, München: Vahlen, 1976 (WiSo-Kurzlehrbücher) (272 S.)
Schlösser, Kurt [Studium, 1979]: Studium der Naturwissenschaften – Eine

Einführung in das wissenschaftliche Arbeiten, Stuttgart/New York: G. Fischer, 1979 (Uni-Taschenbücher, Nr. 809) (168 S.)

Schuder, Werner (Hrsg.) [Gelehrten-Kalender, 1983]: Kürschner's Deutscher Gelehrten-Kalender – Biographische und bibliographische Daten aller lebenden deutschen Wissenschaftler, 14. Ausg., Berlin/New York: De Gruyter, 1983 (5265 S.)

Schweitzer, Marcell [Planung, 1985]: Planung, in: *Franz X. Bea, Erwin Dichtl* und *Marcell Schweitzer* (Hrsg.): Allgemeine Betriebswirtschaftslehre – Bd. 2: Führung, 2. Aufl., Stuttgart/New York: G. Fischer, 1985 (Uni-Taschenbücher, Nr. 1082), S. 101–150

Seidenspinner, Gundolf [Arbeiten, 1976]: Wissenschaftliches Arbeiten – Techniken, Methoden und Hilfsmittel, 8. Aufl., Kleve/München: Boss, 1976 (Schriften der Deutschen Studentenschaft, Nr. 4) (100 S.)

Seiffert, Helmut [Einführung, 1976]: Einführung in das wissenschaftliche Arbeiten – Bibliographie/Dokumentation/Manuskript – Mit einem Abschnitt Datenverarbeitung von *Benno Bachmair*, 2., durchges. Aufl., Braunschweig: Vieweg, 1976 (162 S.)

Seiwert, Lothar J. [Selbstmanagement, 1984]: Selbstmanagement, in: Management-Enzyklopädie, Bd. 8, Landsberg: Verlag moderne industrie, 1984, S. 368–404

– [Zeitmanagement, 1985]: Das 1 × 1 des Zeitmanagement, 2. Aufl. Speyer: Gabal, 1985 (50 S.)

– [Zeit, 1985]: Mehr Zeit für das Wesentliche, 5. Aufl., Landsberg: Verlag moderne industrie, 1985 (337 S.)

Seusing, Ekkehart [Bibliographie, 1983]: Wirtschaftswissenschaftliche Bibliographien 1974–1981, Kiel: Selbstverlag, 1983 (Kieler Schrifttumskunden zu Wirtschaft und Gesellschaft, Bd. 23) (294 S.)

Siegel, Heinz [Dokumentation, 1970]: Dokumentation, in: *Johannes E. Heyde,* Technik des wissenschaftlichen Arbeitens, 10., durchges. Aufl., Berlin: Kiepert, 1970, S. 112–164

Spandl, Oskar Peter [Methodik, 1977]: Methodik und Praxis der geistigen Arbeit – Beispiel und Anleitungen für schriftliche Arbeiten und Vorträge, 4. Aufl., München: Ehrenwirth, 1977 (141 S.)

– [Organisation, 1980]: Die Organisation der wissenschaftlichen Arbeit, 2. Aufl., Braunschweig/Wiesbaden: Vieweg, 1980 (Vieweg-Studium, Nr. 9) (113 S.)

Standop, Ewald [Form, 1984): Die Form der wissenschaftlichen Arbeit, 10., durchges. und verb. Aufl., Heidelberg: Quelle & Meyer, 1984 (Uni-Taschenbücher, Nr. 272) (200 S.)

Tettinger, Peter J. [Einführung, 1982]: Einführung in die juristische Arbeitstechnik, München: Beck, 1982 (JuS-Schriftenreihe, Nr. 81) (193 S.)

Theisen, Manuel R. [Arbeiten, 1984]: Wissenschaftliches Arbeiten – (K)ein Lehrstoff an den wirtschaftswissenschaftlichen Fakultäten?, in: WiSt 13 (1984), S. 373–375

Totok, Wilhelm/Weitzel, Rolf [Handbuch, 1984]: Handbuch der bibliographischen Nachschlagewerke, 2 Bd., 6. Aufl., Frankfurt: Klostermann, 1984/85 (472 S.)

Tucholsky, Kurt [Werke, 1975]: Gesammelte Werke, hrsg. von *Mary Gerold-Tucholsky* und *Fritz J. Raddatz*, 8. Bd., Reinbek b. Hamburg: Rowohlt, 1975 (346 S.)

Uschtrin, Sandra (Hrsg.) [Handbuch, 1985]: Handbuch für Autoren – Informationen und Adressen aus dem deutschsprachigen Literaturbetrieb, München: Gravenstein, 1985 (269 S.)

Walter, Raimund-Ekkehard/Heidtmann, Frank [Literatur, 1984]: Wie finde ich juristische Literatur?, 2. Aufl., Berlin: Berlin Verlag, 1984 (280 S.)

Weber, Wolfgang/Kolb, Meinulf [Einführung, 1977]: Einführung in das Studium der Betriebswirtschaftslehre – Ein Leitfaden für Studienplanung und Organisation des wissenschaftlichen Arbeitens, Stuttgart: Poeschel, 1977 (Sammlung Poeschel, Betriebswirtschaftliche Studienbücher, Bd. 84) (166 S.)

Werlin, Josef [Abkürzungen, 1979]: Wörterbuch der Abkürzungen, 2. Aufl., Mannheim/Wien/Zürich: Bibliographisches Institut, 1979 (Duden-Taschenbücher, Bd. 11) (260 S.)

Werneck, Tom/Ullmann, Frank [Arbeitsmethodik, 1973]: Moderne Arbeitsmethodik, München: Heyne, 1973 (Kompaktwissen, Nr. 21) (206 S.)

Witte, Eberhard (Hrsg.) [Nutzen, 1981]: Der praktische Nutzen empirischer Forschung, Tübingen: Mohr, 1981 (340 S.)

Wittmann, Anneliese [Bibliographie, 1976]: Bibliographie der Betriebswirtschaftslehre, in: Handwörterbuch der Betriebswirtschaft, hrsg. von *Erwin Grochla* und *Waldemar Wittmann*, Bd. 1, 4. Aufl., Stuttgart: Poeschel, 1976, Sp. 852–858

Wittmann, Waldemar [Betriebswirtschaftslehre, 1982]: Betriebswirtschaftslehre – Bd. I: Grundlagen – Elemente/Instrumente – Mit einem Anhang zur Technik des wissenschaftlichen Arbeitens, Tübingen: Mohr, 1982 (298 S.)

Zimmermann, Josef [Diplomarbeit, 1975]: Die Diplomarbeit, 2., überarb. und erw. Aufl., Wiesbaden: Gabler, 1975 (149 S.)

Rechtsprechungsverzeichnis

Gericht	Datum	Aktenzeichen	Fundstelle	Textstelle
Bundesfinanzhof	Urt. v. 14. 4. 1978	I ZR 11/76	GRUR 80 (1978) S. 474–477	S. 80
Bundesverfassungsgericht	Urt. v. 25. 10. 1978	1 BvR 352/71	BVerfGE 49, S. 382–405	S. 80
Hessisches Finanzgericht Kassel	Urt. v. 27. 1. 1983	IV 75/82	NJW 36 (1983), S. 1632	S. 20

Quellenverzeichnis

BT-DS 10/837 vom 22. 12. 1983

BT-DS 10/3360 vom 17. 5. 1985

Gesetz über Urheberrecht und verwandte Schutzrechte – Urheberrechtsgesetz (UrhG) vom 9. 09. 1965 (BGBl. I, 1273) idF vom 24. 6. 1985 (BGBl. 1985 I, 1137)

Namensverzeichnis

Das Namensverzeichnis enthält alle in den Vortexten, dem Text und den dazugehörigen Beispielen und Exkursen erwähnten Namen von Personen bzw. Institutionen. Autoren des Sekundärmaterials werden deshalb nur aufgenommen, wenn auf sie namentlich in diesen Teilen eingegangen wird.

Albach, H. 94
Albers, W. 34
Alsheimer, H. 168
Andersen, A. 31
Arbeitsgemeinschaft Deutscher Wirtschaftswissenschaftlicher Forschungsinstitute e. V. 74

Baetge, J. 33
Baldwin, W. L. 95
Ballabon, M. B. 48
Bartsch, E. 31
Baynes, J. 179
Bea, F. X. 94, 133
Beckerath, P. von 34
Beckmann, M. 34
Behr, V. IX
Bender, D. 33
Besterman, T. 40
Bestmann, U. 32
Beyer, H.-T. 32
Böhm, F. 54
Böhss, G. 31
Böing, G. 32
Börsenverein des deutschen Buchhandels 80
Bohn, G. C. 96
Bohrmann, H. 58
Borchardt, K. 53
Büschgen, H. E. 34
Bundesvereinigung der Deutschen Arbeitgeberverbände 69
Busse von Colbe, W. 122

Cäsar, G. J. 99
Chamfort, N. S. 193
Chmielewicz, K. 33, 34, 122
Churchill, W. S. VII
Coenenberg, A. G. 34, 122
Cooley, L. 40
Corner, C. M. 31
Creifelds, C. 31

Dahlhaus, H. 30
Dellmann, K. 123
Deutsch, C. 181
Dichtl, E. VI, IX, 94, 124, 133
Diefenbacher, H. 169
Dietl, C.-E. 31
Dlugos, G. 125
Dülfer, E. 125

Eckardstein, D. von 125
Egner, H. 125
Ehrlicher, W. 32
Eichborn, R. von 31
Eichenseher, H. IX
Eichhorn, P. 34
Englert, M. 58
Eynern, G. von 33

Federmann, R. 125
Fletcher, J. 48
Franck, N. 113
Frese, E. 125
Freytag, K. 31
Furubotn, E. 126

Gaugler, E. 33, 128
Geigant, F. 33
Glastetter, W. 34
Glass, S. H. VII
Goethe, J. W. von 20, 71, 119
Gorzny, W. 42, 43, 45
Greene, G. VI
Grochla, E. 33, 129, 171
Grünfeld, E. 173
Gunston, C. A. 31
Gutenberg, J. 71
Gutowski, A. 53

Habel, W. 78
Häfner, M. 32
Häfner, P. 32
Harnack, A. 139
Hax, H. VII, 130
Hax, K. 34
Heider, M. IX
Heider, S. IX
Heigl, A. 131
Heinen, E. 131
Heinhold, M. 131
Herzog, R. 31
Hessisches Finanzgericht 20
Heymann, H.-H. 131
Hinterberger, W. IX
Hintner, O. 34
Hommelhoff, P. 131
Honecker, M. 30
Hüwels, H. IX
Hummel, S. VII

Immenga, U. 131
Institut für Weltwirtschaft 143, 144, 153
International Committee for Social Science Information and Documentation 41
Issing, O. IX

Jacobs, O. H. 132
John, G. 132
Joost, D. 137, 169
Jürgensen, H. 53

Kern, W. 34
Keuk, B. 93
s. a. Knobbe-Keuk, B.
Kießler, O. 171
Kirchner, H. 48
Kittner, M. 171
Klose, A. 31
Kloten, N. 34
Knobbe-Keuk, B. 93
s. a. Keuk, B.
König, R. 34
Kolumbus, C. 191
Kommission der Europäischen Gemeinschaften 32
Kosiol, E. 33, 133
Kroeber-Riel, W. 133
Krüger, W. 134
Kruse, H. W. 171
Kunst, H. 31

Laßmann, G. 122
Le Coutre, W. 93
Leffson, U. 134, 152
Lengenfelder, H. 40, 44, 80
Littmann, K. 53
Lorenz, E. 31
Lück, W. 32
Lücke, W. 32
Lutter, M. 152

Mahler, M. IX
Mann, S. 52
Mantl, W. 31
Marschak, J. 128, 129
Medawar, P. B. 2
Meffert, H. 167
Menges, G. 34
Mentzel, W. 32
Meyer-Hentschel, G. 133
Molitor, B. 53
Monty, R. A. 133
Mors, M. IX

Moss, A. 31
Moxter, A. 167

Nagel, B. 171
Neumark, F. 34
Nutzinger, H. G. 169

Oberhofer, W. 167
Oberschelp, R. 42
Obst, G. 34
Oeckl, A. 75
Ortlieb, H.-D. 53
Ott, A. E. 53
Otto, F. 40
Otto, N. 191

Perlmutter, L. C. 133
Picasso, P. 107
Posener, P. VIII

Rebmann, K. 137
Recktenwald, H. C. 32
Riedwyl, H. 142
Ritter, U. P. 32
Roepke, F. 32
Romain, A. 32
Rose, K. 53
Rückriem, G. 113
Rugh, A. 47

Säcker, F. J. 137, 168, 169
Sauermann, P. 34
Schachtschabel, H. G. 170
Schäfer, W. 32
Schaller, M. VII, 104, 141
Schmidt, L. 135
Schmuck, H. 42
Schneemelcher, W. 31
Schnellinger, F. 125
Schober, T. 30
Schönfelder, H. 136
Schredelseker, K. 169
Schüler, A. 31
Schweitzer, M. 33, 94, 133
Seiffert, H. 42
Seiwert, L. J. 131
Selten, R. 34
Serfling, K. 170
Seusing, E. 40
Sieben, G. 47
Siemens AG 170
Sobotka, D. 33
Spandl, O. P. 80
Spillner, P. 52
Sprachendienst des Auswärtigen Amtes der Bundesrepublik 52
Stary, J. 113
Statistisches Bundesamt 170
Steffenhagen, H. 167
Stein, J. H. von 34
Stiftung „Gesellschaft und Unternehmen“ 170
Stigler, G. J. 170
Strecker, H. 53
Strickrodt, G. 34
Strohn, L. 170
Szyperski, N. 34, 171

Theisen, M. R. 131, 132, 169, 171
Thomik, R. 32
Tietz, B. 33
Tipke, K. 171
Toomey, A. F. 40

Ullmann, F. 145
Universitätsbibliothek Köln 81
Uschtrin, S. 75

Vasarely, V. 107
Vernon, K. 48
Verrel, B. 75
Verwertungsgesellschaft Wort 81

Wacker, W. 32
Wächter, H. 173
Wahrig, G. 31
Werneck, T. 145
Wessels, T. 34
Westphal, H. M. 33
Widdau, A. IX

Wiswede, G. 34
Wittelsberger, H. 32
Wittmann, W. 33
Wöhe, G. 173
Wysocki, K. von 34

Zahn, H. E. 32
Zander, E. 169
Zeller, O. 68
Zeller, W. 68
Zentes, J. 175
Zentralarchiv Köln 175
Zinn, K. G. 32
Zsifkovits, V. 31

Schlagwortverzeichnis

Dieses Verzeichnis enthält sowohl Stichworte als auch Schlagworte, die thematische Zusammenhänge kennzeichnen; synonyme Begriffe führen über Querverweise zu den im Text verwendeten Ausdrücken. In **Fettdruck** werden Seiten angegeben, die ein konkretes Beispiel oder einen Anwendungsfall im Text oder einer Fußnote aufweisen.

a.a.O. 122–124
Abdruckerlaubnis 160
Abkürzungen 116, 141, 144, 163f., 174
Abkürzungsverzeichnis **XVIII f.**, 65, 81, 116, 141, 163f., 174
Ablage 25, 84, 99, 101–108
Absätze 88, 114, 155
  hängende: s. Einzüge
Abschnitte 114, 154f., 162
Abstracts 69f., 102
Abstufungsprinzip **86f.**, 87, 162
Adelsprädikate 20, 93, **119**
Akademische Titel 93
Aktenordner 25, 105f.
Alarmkarten 26
Alphabetischer Katalog: s. Formalkatalog
Alpha-numerische Ordnung **87**, 87–89
Amtliches Schrifttum 45, 48–52, 75–77, **80**, 96, 136, **170**
Anführungszeichen 102, 126, 127, 155
  halbe 133, **134**
Anhang 112, 140f., 147–149, **195f.**
Anlage 149
Anlesen 61–67
Anmerkungen 66, 111, 138f., 141
Anonyme Veröffentlichungen 35
Arbeitsmittel 2, 23, 24–27, 80, 89
Arbeitsorganisation 13f., 17f., 23, 27f.
Arbeitsplanung 6, 14, 16–19
Arbeitsplatz 20–24, 105f.
Arbeitsschritte 13, 15, 17–19, 103
Aufbau 112–115
Auflage 36, 65, 93, 179
Aufsatzsammlung 91
Ausbesserungen 154, 182
Auswahlbibliographie 57
Auszeichnung: s. Hervorhebung
Autorenhonorar 186

Barsortimenterkataloge: s. Bibliographie, Buchhandel
Bearbeitungsvermerk 137, **171**, 179
Behörden: s. Amtliches Schrifttum
Berufsbezeichnungen 63f., 93
Beschriftung: s. Ablage, Markierung
Besprechungen 22f., 107f.
Bibliographie 38–48, 166
  allgemeine 41–43
  amtliches Schrifttum 45
  annotierte 39
  Buchhandel 46f.
  der Bibliographien 40f.
  Fach- 46, 47f., 125, 176
  Hochschulschriften 43f.
  unselbständige 39
  versteckte 39
  Zeitschriften 45

Bibliographische Angaben 62, 90–96, 121 f., 124, 167
Bibliotheken 21 f., 34–38, 79 f.
Ausleihe 21 f., 23, 79 f., 97
Benutzung 12, 21 f., 79
Kataloge 29, 34–38
Blattaufteilung: s. Rand
Buchbesprechungen 68–70, 93, **171**, 187
Buchbinder 12, 19, 27, 38, 183
Buchdruck 185–187
Bucherwerb 81 f.
Buchteile 87, 88
Buchzeichen 103–105, **104**

Darstellungen 27, 111, 140–144, **145 f.**, 163, 182, 183, 184
Maßstab in 141, 182
Darstellungsverzeichnis **XVII**, 141, 163
Datenbank: s. Informationsdienste
Datumsangabe 25, 103, 110
Debatte, stilistische 27
Deckblatt: s. Titelblätter
Dekadische Ordnung: s. Numerische Ordnung
Dezimalklassifikation: s. Numerische Ordnung
Diktiergerät 26, 118
DIN-Normen 165, 188, 195
Diplomarbeit 6, 10 f., 12, 16–19, 27, 44, 89, 90, 120, 124, 158, 161, 166, 179 f., 183
Disputation 11
Dissertation 11, 12, 27, 44, 65, 124, 158, 166, 170, 179 f., 183
Dissertationsdruck 183–185
Dokumentationsdienste: s. Informationsdienste
Doppelnamen 93, **208**
Doppelte Arbeitsunterlagen: s. Durchschlag
Druck 12, 183–187
Druckfahnen 187, 188 f.
Druckgenehmigung 185
Druckort 96, **170**
Drucktype 150 f., 154
Durchschlag 24, 151, 188

ebenda 122 f.
Eidesstattliche Erklärung 179 f.
Einleitung 65, 113 f., 154
Einstiegsliteratur 8, 33, 55–57
Einzüge 89, 154–156
Ellipsen 128 f.
Empirische Untersuchung 8, 73 f., 100, 106, 148
Enzyklopädie 30 f., 33 f.
Erfolgskontrolle 18, 27 f., 103
Exkurs **107 f., 144–146,** 146 f., 155
Exzerpt 24, 99, 102 f., 105

Fachausdrücke 116, 121
Fachbibliographien 46, 47 f., 125, 176
Fachhandwörterbuch 33 f.
Fachlexika 32 f.
Fachsprachwörterbücher 31 f.
Fachzeitschriften: s. Zeitschriften
Faksimile 96
Falttafel 140, **141**
Fehlzitat 132, 139
Fernleihe: s. Bibliotheken, Ausleihe
Festschrift 36, 91, 95, 170
Firmenunterlagen 77 f.
Flexionen 129
Flußdiagramm 143, **145 f.**
Formalkatalog 35 f., 38, 63
Formeln 121, 142, 143 f., 153 f., 165
Formelverzeichnis 165
Formulare, eigene 106
Formvorschriften 2, 109–111, 150–156, 166 f.
Forschungsinstitute 74 f.
Forschungsprojekte 44
Fremdsprachliche Zitate 95, 129 f.
Fremdwörter 31 f., 37, 116
Fundstellen 76, 99, 103, 131
Fußnote 66, 110, 119–137, 138
Numerierung 122, 151–153

Schreibtechnik 122f., 130f., **134,** 151f., 153, 166
Vermerk 110, 122, 131, 151f.

Gebrauchtzitat: s. Sekundärzitat
Geleitwort **V,** 65, 156, 160
Gesetzestexte 49, 50, 65, 135–137, 164, 174, 175, **205**
Gesetzgebung 49f., 75
Gliederung 23, 66, 83–89, 101, 109, 112–115, 162
alpha-numerische **87,** 87f.
Bezeichnungen 87, 88
Klausur 9
numerische **85f.,** 85–87
Glossar 149
Grammatik 117
Graue Literatur 96
Groß- und Kleinschreibung 129, 154, 156
Gruppenarbeit: s. Team-Arbeit

Habilitation 11f., 44, 170, 179f., 183
Hängehefter 105f.
Halbamtliche Veröffentlichungen 77
Handapparat 55–57
Handwörterbücher 33f.
Harvard-System 126
Hauptteil 114
Hausarbeit 5, 8, 61, 157f., 183
Hefte 25, 89, 105f.
Herausgeber 63f., 67, 93, 95, 137, 170f.
und Sammelwerk 91, 170f.
und Verfasser 35, 63f., 91, 169f., **170f.**
Herrschende Meinung 71
Hervorhebungen 128, **128f.,** 156, 178
Hochschullehrer-Verband 54
Hochschulschriften 43f., 120, 170

ibid. 122f.
ich-Form: s. Perspektive
Impressum 95
Index: s. Sachverzeichnis
Informationsdienste 44f., 57–60, 70
Inhaltsübersicht **XI,** 66, 163
Inhaltsverzeichnis **XIII–XVI,** 81, 161–163
Initialen 95f., 128f.
Institut der Wirtschaftsprüfer 54
Interpolationen 128
Interpunktion im Zitat 117, 129f.

Jahrbücher 53f.
Jahresangabe 96, **170,** 172

Kapiteleinteilung 66, 88, 114
Karteien 14, 24, 89–101
Anlage 83f., 89, 99
Kästen 26, 89
Karten 25f., 90, **94f.**
Leitkarten 26, 97, **98**
Reiter 25f., 97, 106
Wächter: s. Alarmkarten
Katalogarten 34–38
Kerblochkarte 97
Klappentext 65
Klammern 95f., 124, 128, 129, 172
Klassifikationssysteme 37, 85–87
Klausur 3, 9f.
Koautoren 168, **169**
Kommentar **80,** 135–137, 164, 170f., **171,** 175
Konsultationen: s. Besprechungen
Kopie 23f., 26, 61, 80f., 97, 99, 104f., 133, 151, 182f.
Korrektur 117, 154, 182, 186, 187–189
Kosten 12f., 16
Kreuzkatalog 38, 176
Kürzel 95, 98, 99
Kurzbeleg 124–127, **125,** 172f.

l.c. 122
Lebenslauf 63, 180f.
Lehrbuchsammlung 22
Linienprinzip 85f., 87, 162
Literatur
Angabe 165–173

Hinweise 32f., 54, 138, 166
Liste 90
Recherche 8, 29, 37, 38, 56, 61, 70f., 90
Übersicht 29f., 34, 54, 166
Verzeichnis 56f., 63, 66f., 81, 90f., 120, 122, 124, 126, 165–173, **197–204**

Manuskript 109–149
Arten 6
Bestandteile 109f., 111
Form 109–111
Gliederung 112–115
Verlust 106, 118, 151
Markierungen 25, 97, 102, 103, 106f.
Maßstab 141, 142, 184
Material
Ablage 101–107
Auswahl 24, 61–82
Auswertung 83–108
Beschaffung 12, 72–82
Bewertung 61–67, 93
Sammlung 8
Übersicht 24, 29–60
Mehrfachzitat 123
Millimeterpapier 182
Mitschrift: s. Protokoll
Motto **VII,** 65, 91, 159

Nachdruck: s. Faksimile
Nachschlagwerke 30–34
Nachtexte 179–181
Nachwort 65, 179
Namensverzeichnis 100, 176–179, **207–210**
Nationalbibliographien: s. Bibliographie, allgemeine
Nebeneinträge 36
Numerische Ordnung 85–87, **85f.**

op. cit. 122
Originaltitel 94
Ortsverzeichnis 176–179
o.V. 96, **169**

Paginierung: s. Seitenzählung
Papierformat 25, 103, 106
Paragraphennachweis 135f., 176–179
Periodika: s. Zeitschriften
Personalcomputer 27
Perspektive 118f.
Planung 3, 5–19
Preprints: s. Graue Literatur
Primärmaterial: s. Quellen
Probeseiten 110f.
Protokoll 7
Publikumszeitschriften 121
Pultordner 106

Quellen 48, 73–78
Beleg 96, 119f.
Definition 72
Material 72f., 90, 175
Verzeichnis 166, 175f., **205**
Querverweise 37, 88, 122f., 138, 177

Rand 109f., 152f., 183
Raster 182
Rechtschreibung 117
Rechtsprechung 50f., 59, 75–77, 101, 173f.
Verweise 33, **76,** 174
Verzeichnis 174, **205**
Referat: s. Seminararbeit
Referateblätter: s. Abstracts
Register: s. Sachverzeichnis
Registergericht 76f.
Reihe: s. Schriftenreihe
Reinschrift: s. Typoskript
Rezension: s. Buchbesprechung

Sachkartei 100f., 165
Sachkatalog: s. Schlag- bzw. Stichwortkatalog
Sachverzeichnis 176–179, 211–216
Sammelrezension: s. Buchbesprechung
Sammelwerke 91, 92, 93, 95, 170f.
Schlagwort 36, 98
Kartei 25, 98–100, **100,** 103

Katalog 36f.
Verzeichnis 176–179, **221–216**
Schlitzlochkarte 97
Schlußteil 114f.
Schneeballsystem 56, 70f.
Schreibarbeiten 12, 26f., 110f., 150–158
Schreibgeräte 24, 26, 150f.
Schriftenreihe 64, 167, 187
Schriftform 109–111, 150–154, 184
Schrifttumsverzeichnis: s. Literaturverzeichnis
Schrifttypen 150–152, 154, 156
Seite, freie: s. Vakate
Seitenangaben 81, 93, 152, 178f.
Seitenzählung 147, 148, 156f., 158, 162, 183
Sekundärmaterial 72f., 79–82, 90, 99, 120
Sekundärzitat **119,** 131, 132f., **133, 139,** 174
Seminararbeit 12, 61, 89, 120, 157f., 183
Serie: s. Schriftenreihe
Signatur: s. Standortangabe
Spiegelstriche 89, 143
Sprache: s. Stil
Sprachwörterbücher 30–32
Sprichwort: s. Motto
Standortangabe 2, 36, 37, 39
Standortkatalog 37f.
Statistik 52
Stichwort 36, 122, 124
Katalog 36f.
Verzeichnis 176–179
Stil 27, 115–118
Symbole 141, 164, 165
Verzeichnis 81, 165
Systematischer Katalog 37

Tabellen 143f., **144,** 183
Team-Arbeit 9, 118, 180
Termine: s. Zeitplanung
Text 111–119, 147
Textverarbeitung 27
Themenabgrenzung 20, 29f.
Thesenpapier 7f., 9
Titel 36, 46, 63
Titelblätter 65, 93, 156, 157f., 162, 183
Typoskript 27, 109, 118, 142, 150–181, 182, 184, 187f.

Überschriften 154–156
Übersetzung 27, 94, 129f., 138
Umfang 10, 16, 66, 114
Umgangssprache 116
Unternehmenshandbücher 78
Unterstreichungen: s. Hervorhebungen
Untertitel 36, 63
Urheberrecht 80f., 119
Urteile, unveröffentlichte 76
Urteilsverzeichnis: s. Rechtsprechungsverzeichnis

Vakate 156
Verfasserangabe 91f., 128
Ergänzungen 95f.
Erstbeleg 121f., 126f.
mehrere 93, 167, **169**
Verfasserkartei 25, 90–98, **94f.**
Verkleinerungen 142, 182, 184
Verlagsnamen 64, 93, 171
Ort 64, 91, 93, 96, 171
Vertrag 185–187
Vermerk: s. Eidesstattliche Erklärung
Veröffentlichung 182–189
Vervielfältigung 12, 80f., 182f.
Vgl. 130f.
Vollbeleg 121–124, **122,** 172
Vorbemerkung: s. Vorwort
Vortexte 156, 157–161
Vortrag: s. Seminararbeit
Vorwort **VII–IX,** 65, 156, 160f.

Werkszeitung 77
Werkverzeichnis 166, 176
Widmung 159f.
Wir-Form: s. Perspektive

Wirtschaftspresse 55, 78
WP-Handbuch 54

Zahlen 153f.
Zeichnungen: s. Darstellungen
Zeilenabstand: s. Formvorschriften
Zeitplanung 12, 13–18, **19,** 24, 27f., 101, 108
Zeitschriften 35, 45, 47, 51–60, 65, 68
  Aufsatz 67, 92, **164,** 171–173
  Ausschnitte 25, 59f., 78, 110
  Katalog 36, 45
Zitat 66, 119–137, 151f.
  Änderung: s. Flexionen
  Auslassung: s. Ellipsen
  direktes 99, 127–130, **128, 129, 134,** 155
  Ergänzung: s. Interpolationen
  Form 127–137
  im Zitat 127, 133f.
  indirektes 130–132, **131**
  Seitenangaben 152
  Umfang 119–121, 130
  Verkürzung 127, **129**
Zitattreue 10f., 127f.
Zitierfähigkeit 68, 120f.
Zitierstrich 152, 153
Zusammenfassung 7, 89, 105, 114f.
Zusatzinformationen 138